高职高专通识课系列教材

应用文写作

主　编	姚宝晶			
副主编	谢金苗			
参　编	吴志卿	曾宗怡	梁小惠	王馨然　黄曾可
	陈春蔓	龙晓菊	阙　砚	秦　商　陈　优
主　审	陈粟宋			

西安电子科技大学出版社

内容简介

　　本书根据高等职业教育的人才培养要求和教学实际需要编写而成,书中重点介绍了学生在学校和职场中经常用到的九类应用文,主要包括事务文书、礼仪文书、就业文书、会务文书、经济文书、管理文书、工科文书、党务文书和新媒体文书,旨在提升学生的写作技能和专业技能。

　　本书有机融入了中华优秀传统文化,增强了应用文写作与德育、美育和劳动教育之间的联系,以期增强学生对各类文书的人文性解读,从而增强人文素养和职业精神。

　　本书可作为各级各类职业教育学校的公共基础教材,也可作为企业文员、管理人员、新媒体从业人员等的参考书。

图书在版编目(CIP)数据

应用文写作/姚宝晶主编. --西安:西安电子科技大学出版社,2023.8
ISBN 978 - 7 - 5606 - 7019 - 5

Ⅰ.①应… Ⅱ.①姚… Ⅲ.①汉语—应用文—写作—高等职业教育—教材
Ⅳ.①H152.3

中国国家版本馆 CIP 数据核字(2023)第 152892 号

策　　划　明政珠
责任编辑　雷鸿俊
出版发行　西安电子科技大学出版社(西安市太白南路 2 号)
电　　话　(029)88202421　88201467　　　邮　　编　710071
网　　址　www.xduph.com　　　　　　　　电子邮箱　xdupfxb001@163.com
经　　销　新华书店
印刷单位　陕西天意印务有限责任公司
版　　次　2023 年 8 月第 1 版　　　2023 年 8 月第 1 次印刷
开　　本　787 毫米×1092 毫米　　　1/16　印张 14.5
字　　数　342 千字
印　　数　1～8000 册
定　　价　37.00 元
ISBN 978 - 7 - 5606 -7019-5/H
XDUP 7321001-1

＊＊＊ 如有印装问题可调换 ＊＊＊

前　言

高等职业教育是我国职业教育的重要组成部分，肩负着为社会经济建设与发展培养高素质技能型人才的历史使命。面对新时代提出的新要求和新目标，职业教育课程的改革和发展迫在眉睫。作为培养高技能人才人文素质的核心课程，"应用文写作"承担着提升高职院校学生语文素养和语文能力的重要任务，在立德树人、塑造人格、处理事务、沟通信息和解决问题等方面发挥着越来越突出的作用。

随着市场经济的发展和信息时代的到来，人们在经济、政治、文化、管理、法律等领域的联系和交流日益密切和频繁，对应用文写作技能的要求越来越高。因此，为适应社会经济实践和职业教育发展的需要，高职院校更应重视应用文写作教学，积极构建应用文发展新格局，进一步增强高职院校学生的语言应用能力、社会实践能力和综合职业能力。

根据教育部印发的《职业院校教材管理办法》，结合高职教育的教学规律和客观实际，我们编写了此书。全书分为通用基础篇、专用提升篇和实用拓展篇三大部分，共九章内容，具体介绍了九类26种应用文书的概念、作用、特点、基本格式和写作方法等。其中，通用基础篇重在介绍与学生在校生活和职业人生息息相关的文书，包含事务文书、礼仪文书、就业文书和会务文书；专用提升篇融合专业写作、凸显专业特色，依照专业分类，介绍了经济文书、管理文书和工科文书，有针对性地服务于学生的专业技能提升；实用拓展篇结合新时代特点和社会发展需要，介绍了党务文书和新媒体文书。本书从整体出发，依照文书的使用场景和重要程度进行综合排序，归纳应用文写作的内在规律，用词严谨、专业，具有工具性、人文性、科学性、适用性、创新性等特色。

(1) 工具性。本书系统、全面地阐述了各类应用文的知识框架，选用了与当代青年生活、学习与工作密切联系的案例，教会学生正确运用汉语言文字表情达意、沟通信息、反映现实、解决问题。

(2) 人文性。本书在"拓展阅读"部分有机融入了中华优秀传统文化，通过展示优秀的实用作品，帮助学生欣赏佳作、拓宽视野、吸收优美词句和感受真实情感，旨在提升学生写作技能的同时，增强他们对应用文书的人文性解读，从而进一步深化本课程与德育、美育和劳动教育的联系，培养学生知书达理、实事求是、守正创新、传承文化的态度、能力和素养，弘扬专业精神、职业精神、工匠精神和劳模精神。

(3) 科学性。本书清楚确切地叙述了各类应用文的概念、作用、特点、分类、基本格式、注意事项等内容，提供了可供模仿的优秀例文，准确标记了参考文献、专业术语、数据图表等信息，符合客观实际，反映出应用文的本质和内在规律。

(4) 适用性。为凸显职业教育特色、提高教材的适用性，本书精选了符合现代高职学生使用需求的各类文书，以项目任务和新颖案例为载体，创设写作情景，并通过"学习—体会—练习"三步法，让学生在阅读、模仿和操练中达到熟练运用基础知识、内化写作技巧、提高写作能力的目的。具体而言，每一章节在体例设计上都分为"情景导入""章前思考""学习目标""知识储备""例文分析""任务演练"六个学习模块，其中又穿插有"拓展阅读"和"知识链接"小栏目，通过系列情景模拟训练，切实提高学生应用文写作和处理事务的能力。

(5) 创新性。本书除了讲述写作技巧、提供写作模板外，还着力培养学生的思辨思维和创新能力。通过"拓展阅读"部分，让学生放眼世界，阅览古今中外的经典；通过不同文化的碰撞，让学生辩证地考虑问题，激发深层次的思考，在总结思考中发展创新思维、提出创新问题。

综上所述，本书在篇章结构、章节体例、思想方法等方面呈现独特性，兼具工具性、人文性、科学性、适用性和创新性，有利于提高学生写作的自觉性、务实性和专业性。

本书由姚宝晶担任主编，负责拟定大纲和统稿工作。谢金苗担任副主编，与主编共同拟定大纲，并修订了部分章节。陈粟宋教授担任本书的主审，负责全书的思想指导和内容审核工作，并提供了很多建设性修改意见，确保了全书的质量。主要编写人员的分工为(按章节排序)：姚宝晶、陈优编写了绪论，曾宗怡编写了第一章，龙晓菊、姚宝晶编写了第二章，梁小惠编写了第三章，王馨然编写了第四章，黄曾可、姚宝晶编写了第五章，陈春蔓、谢金苗编写了第六章，阙砚、姚宝晶编写了第七章，吴志卿编写了第八章，秦商、姚宝晶编写了第九章，陈优审核校对了全部章节。

本书的出版，得到了广东创新科技职业学院人文教育学院院长向安强，以及西安电子科技大学出版社明政珠编辑的大力支持，在此向他们表示由衷的感谢！

在本书的编写过程中，我们参阅并引用了相关文献和网络资料，在此谨对有关作者表示最诚挚的谢意！

由于编者水平有限，书中难免存在一些不足之处，敬请广大读者批评指正。

编　者

2023 年 6 月

目 录
CONTENTS

下 篇 实用拓展篇

绪论　应用文概述

【情景导入】

　　结束了上一阶段的中学生活，赵德怀揣着激动又紧张的心情进入大学校园，成为创新职业学院信息与计算科学专业的一名大学生。军训过后，他切实感受到了新生活、新环境带来的新变化。在生活环境方面，来自五湖四海的同学们离开了父母，住进集体宿舍，开始集体生活。他们既要学会处理舍友关系，又要学会独立处理生活中遇到的各种实际问题。在课程要求方面，同学们所学知识的广度和深度大大增加，所能支配的时间也增多了。面对专业化的知识体系和多样化的知识渠道，同学们要逐步提高学习的主动性、创新性和独立性，掌握科学方法，培养自主学习、分析问题和解决问题的能力。在社会活动方面，党组织、团组织、学生会、班委会和各类学生社团举办的活动丰富多彩，同学们可以根据自己的兴趣爱好，合理安排时间，积极参与各类活动。

　　为了尽快适应大学生活的新节奏，赵德开始制订第一学年上学期的学习和生活计划，合理安排学习、阅读、运动、饮食和睡眠等活动，培养科学的学习习惯和作息习惯。为提高个人能力、承担团队责任，赵德积极竞选班干部，总结自身优势，成功获选班长一职。为了帮助同学们融入新的班集体，赵德向辅导员提出申请、寻求帮助，策划和举办了各种各样的班会活动，进一步增强了班级的凝聚力。在学习"应用文写作"课程时，赵德发现应用文是非常实用的文体，在日常生活、工作和学习中经常使用，且不同于中学时期写的作文和阅读的文学作品。

【章前思考】

　　应用文的含义明确。不同于中学作文和文学作品，应用文是在特定情境下用来解决具体问题的实用文种。同学们知道应用文与中学作文、文学作品之间有什么区别吗？赵德在以上实践活动中会用到哪些应用文？

【学习目标】

　　1. 了解应用文的概念、作用和特点。

　　2. 能根据实际场景选择恰当的应用文文种并进行撰写，提高写作能力。

　　3. 培养严谨科学的写作意识和认真负责的工作态度。

【知识储备】

　　著名教育家叶圣陶先生曾在《作文要道》中指出："大学毕业生不一定能写小说、诗歌，但是一定要会写工作和生活中实用的文章，而且非写得既通顺又扎实不可。"作为新时代大学生，我们需要了解和掌握应用文这一实用文章的概念、作用、特点、种类等，从而高效率、高质量地开展学习和工作。

一、应用文的概念和作用

1. 概念

应用文通常是指各级国家机关、企事业单位、社会团体以及个人，为满足处理公私事务、传播信息、表达意愿等需求所使用的，具有一定格式要求的书面文体。

2. 作用

在不同的历史时期，应用文起着不同的作用。当前其作用主要有以下三个：

(1) 规范行为作用。应用文有助于规范人们的行为，推动生产和工作的顺利开展。法律法令、行政法规、规章制度等书面文体，约束着各类社会活动。特别是机关常用的应用文中的章程、准则、守则等，更可以起到规范和准绳作用。

(2) 记载资料作用。应用文有助于积累历史资料，是今后检查、监督和研究的重要依据。应用文反映了组织和个人的种种活动，记载着每个时期政治、经济、文化等各方面情况。相关研究者可以依据各类应用文中记载留存下来的历史资料开展研究活动。

(3) 宣传联系作用。任何单位或个人的发展，除了靠展示自身所创造的业绩外，很大程度上也需要通过应用文进行宣传、交流、沟通与联系。

二、应用文的特点和种类

1. 特点

(1) 广泛性。"广泛"意为使用范围大，内容广，涉及国家和社会生活的方方面面。无论哪一级别的党政机关、企事业单位、社会团体或个人，都会用到应用文。无论是在学校、工作单位，还是在公共场所、社交平台，经常可以看到各类应用文。

(2) 真实性。不同于虚构的文学艺术作品，应用文属于说理性写作文种，语义明确，逻辑清晰，格式固定，具有最直接的使用价值。为解决不同场景下的具体问题，相关人员须按照相应要求准确行文、规范办事。

(3) 时效性。应用文中的内容涉及时间、地点、场景等具体信息，会使用较多的处所词、时间词、数词、量词等，具有较强的时效性。例如，若通知明确了办理事项的时间限制，那么受文机关就要在规定时间内执行完成。

2. 种类

应用文的种类多样。

(1) 根据用途划分，可分为指导性应用文、报告性应用文、计划性应用文等。

(2) 根据性质划分，可分为一般性应用文、公务文书等。

(3) 根据行业划分，可分为财经应用文、银行应用文、外贸应用文等。

三、应用文的写作要求

(1) 内容要明确。不管是作出指示、部署工作，还是安排活动、处理事务，应用文的内容都应当明确具体，不能含糊其词、模棱两可。交代清楚做什么、为什么做、怎么做、做到什么程度、有什么其他要求等，这样相关人员才能把握要领，把工作落到实处。

(2) 层次要清楚。应用文内容的表述次序要符合一般人的思维逻辑，让受众一目了然。为此，撰写者要确保每个段落的单一性、鲜明性和连续性。单一性，即一个段落要突出一个中心思想，完整地将信息呈现出来；鲜明性，即段首句观点鲜明，段前可添加小标题；连续性，即段落间要有内在联系，使每段成为一篇应用文的有机组成部分，做到"分之为一段，合则为全篇"。

(3) 时间要充分。应用文具有较强的时效性，因此在撰写时要注意时间、效率，在特定时间处理特定问题。如通知的目的是让特定对象知悉并有效执行任务，因此需要撰写者提前制定、及时下发。每个通知下发后，受文机关需要一个接收、理解并执行的过程。若下发不及时，受文机关会非常被动，难以在规定时间内完成相应任务。

四、学习应用文写作的技巧

(1) 阅读大量范文，积累感性认识。阅读和借鉴大量优秀范文，是提高应用文写作能力的一条重要途径。在此过程中，要用"脑"思考，善于总结范文的优点，借鉴前人的成熟经验。比如，要分析文章的选题立意、框架构思，明晰题目、基调、方向、观点、实例、逻辑的布局特点等。阅读量积累到一定程度，相关文体的文本印象就会镌刻在脑海里，促成从量变到质变的转换，真正掌握应用文文体的写作方法和写作规律。

(2) 学习写作理论，掌握基本知识。掌握应用文写作的基本理论，是提升学习效率的最佳方法。尽管应用文文种众多、格式千差万别，各自都有特殊性，但是长期以来，人们在实践中总结出了一套实用的应用文写作理论知识，逐渐形成了一种约定俗成、规范稳定的基本格式，供写作时参考借鉴。因此，通过学习应用文写作的理论知识、掌握相关文体的写作模式，可以帮助学习者少走一些弯路。

(3) 多练多写多改，提高写作能力。原创才是真正的捷径和磨刀石。想要提升应用文写作能力，仅仅依靠阅读范文和学习理论知识是远远不够的。最根本的途径，是坚持多练多写多改，在实践中逐步增强应用文写作技能。因此，通过刻意练习、不断输出，才会熟能生巧、得心应手，切实提高自身的写作能力。

拓展阅读

中国可考的第一部应用文文集

《尚书》是儒家经典五经之一，是中国最早的一部历史文献汇编，也是我国可考的第一部应用文文集。按照古代标准，"尚书"一词的本义是指中国上古皇家档案文件的汇编。《尚书》一书中绝大部分的散文作品属于当时官府处理国家事务的公务文书。而据《左传》等书记载，《尚书》之前还有《三坟》《五典》《八索》《九丘》等古籍，但因亡佚而不可考。因此，《尚书》被称为中国古代政府文书的鼻祖，是中国传统政治哲学经典著作和必修教材之一，对中国古代政治体制的建设和发展起到了举足轻重的作用。

《尚书》记录了虞、夏、商、周各代文献，体裁分为典、谟、训、诰、誓、命等类型，对后世制诰、诏令、章奏之文产生了深远的历史影响。"典"是重要史实或专题史实，"谟"是君臣谋略，"训"是臣子开导君主的话语，"诰"是勉励的通告，"誓"是君主训诫士众的誓词，"命"是君主的命令。另外，有直接以人名、事由或内容为标题的文书。如《盘庚》《高宗肜日》《洪范》等，主要用来记录言论；如《顾命》《尧典》等，属于叙事较多的文献。

《尚书》崇尚"修德""敬畏"思想，主张德、力并重，既要重视道德，也要重视实力。如《尚书·尧典》所言："克明俊德，以亲九族。九族既睦，平章百姓。百姓昭明，协和万邦。"人人修养道德，与他人和谐相处。家庭和睦，国家才能团结和睦。这与《礼记·大学》所强调的"修身、齐家、治国、平天下"的家国情怀有异曲同工之妙。如《尚书·旅獒》有言："为山九仞，功亏一篑。"为修养道德、提升实力，我们要坚持不懈、永不止步，否则会半途而废、前功尽弃。这些内容至今仍对中国青年们产生着积极的启发和指导作用，值得我们细细品读。

知识链接

说理性写作 ——应用文写作

不同于中小学教育中的作文，应用文写作是说理性写作，更重视思维逻辑和证明过程。因此，在学习应用文写作时，学生不能全盘照抄过去的写作模式，而要改变对写作固有的观念和想法，提升思维能力。如李连江教授所言，写作能力是助推事业起飞的火箭燃料。说理写作背后是一套复杂的思维能力：敏锐的观察和提问能力、资料搜集与消化能力、抽丝剥茧的分析与论证能力、化无形为有形的整合能力、以读者为中心的共情和沟通能力。因此，通过应用文写作，可以培养学生查阅资料、分析文本、逻辑推理和论证说明的能力。

【例文分析】

例文一：

国务院办公厅关于2023年
部分节假日安排的通知
国办发明电〔2022〕16号

各省、自治区、直辖市人民政府，国务院各部委、各直属机构：

经国务院批准，现将2023年元旦、春节、清明节、劳动节、端午节、中秋节和国庆节放假调休日期的具体安排通知如下。

一、元旦：2022年12月31日至2023年1月2日放假调休，共3天。

二、春节：1月21日至27日放假调休，共7天。1月28日(星期六)、1月29日(星期日)上班。

三、清明节：4月5日放假，共1天。

四、劳动节：4月29日至5月3日放假调休，共5天。4月23日(星期日)、5月6日(星期六)上班。

五、端午节：6月22日至24日放假调休，共3天。6月25日(星期日)上班。

六、中秋节、国庆节：9 月 29 日至 10 月 6 日放假调休，共 8 天。10 月 7 日(星期六)、10 月 8 日(星期日)上班。

节假日期间，各地区、各部门要妥善安排好值班和安全、保卫、疫情防控等工作，遇有重大突发事件，要按规定及时报告并妥善处置，确保人民群众祥和平安度过节日假期。

国务院办公厅
2022 年 12 月 8 日
(资料来源：中华人民共和国中央人民政府网站)

【评析】　本文是一篇事务性通知，目的是将 2023 年部分节假日安排和要求提前传达给有关机构。由标题可知，此公文为国务院办公厅下发的通知，发文字号为"国办发明电〔2022〕16 号"，标明了发文机关代字、年份代码和发文顺序号，与落款信息相呼应。主送机关为"各省、自治区、直辖市人民政府，国务院各部委、各直属机构"等下级机关。正文的前言部分写明发文缘由，主体部分——列出具体的放假调休日期，结尾处阐明执行通知的措施和要求。此通知格式规范、事项明确、层次分明，便于下级机关及时传递信息并贯彻落实。

例文二：

关于 2022 年国庆节放假的通知
××职院〔2022〕22 号

各学院：

根据《国务院办公厅关于 2022 年部分节假日安排的通知》(国办发明电〔2021〕11 号)要求，结合我校实际，现将 2022 年国庆节相关事宜通知如下。

一、放假时间

10 月 1 日至 7 日放假调休，共 7 天。10 月 8 日(星期六)上班、上课，安排 10 月 6 日(星期四)的课程；10 月 9 日(星期日)上班、上课，安排 10 月 7 日(星期五)的课程。

二、工作安排

各学院要认真做好假期学生的安全教育工作。倡导就地过节，非必要不离校离省。注意途中人身及财产安全，做好个人健康管理，并按期返校。

三、值班要求

严格落实应急值守制度。遇有重大突发事件，相关部门要第一时间赶到事发现场，按规定及时报告并妥善处置。

特此通知。

附件：2022 年国庆节期间值班安排表

×××职业技术学院
2022 年 9 月 25 日

【评析】　本文是一篇事务性通知，结构完整、条理分明、用词准确、重点突出，使读者一目了然。标题点明发文事由、发文文种和发文字号，主送机关为"各学院"等下级机关。正文部分首先阐述发文的依据和背景，而后分三点陈述放假的调休安排，最后以惯用语"特此通知"作结，并附上 2022 年国庆节期间值班安排表。落款由发文机关"×××职业技术学院"和成文日期构成。此通知由×××职业技术学院撰写并下发给学校各学院的教职工和学生，告知 2022 年国庆节的放假时间、工作安排和值班要求，使他们对放假安排情况有基本了解，做到心中有数。

例文三：

教育部办公厅关于学习宣传和贯彻实施新修订的职业教育法的通知

教政法厅函〔2022〕4 号

各省、自治区、直辖市教育厅(教委)，各计划单列市教育局，新疆生产建设兵团教育局，有关部门(单位)教育司(局)，部内各司局、各直属单位：

《中华人民共和国职业教育法》已由第十三届全国人民代表大会常务委员会第三十四次会议于 2022 年 4 月 20 日修订通过，自 2022 年 5 月 1 日起施行。为做好新修订的职业教育法的学习宣传和贯彻实施工作，现将有关要求通知如下。

一、充分认识职业教育法修订的重大意义

职业教育是国民教育体系和人力资源开发的重要组成部分，是培养多样化人才、传承技术技能、促进就业创业的重要途径。此次职业教育法修订，深入贯彻习近平总书记重要指示批示精神和中共中央、国务院关于职业教育改革发展的决策部署，系统总结职业教育改革发展的政策举措和实践成果，进一步完善了新时代职业教育法律制度体系。新修订的职业教育法坚持目标导向，着力健全完善现代职业教育体系，推动职业教育高质量发展；坚持问题导向，着力创新制度机制，推动破解职业教育改革发展中的热点难点问题；坚持效果导向，着力多方位提高职业教育地位，推动形成全社会关心支持职业教育发展的局面。贯彻实施新修订的职业教育法，对于深化全面依法治教，推动职业教育高质量发展，建设教育强国、人力资源强国和技能型社会，推进社会主义现代化建设具有重要意义。

在全面建设社会主义现代化国家新征程中，职业教育前途广阔、大有可为。各地各单位要立足新发展阶段、贯彻新发展理念、构建新发展格局，把职业教育摆在更加突出的位置，通过学习宣传和贯彻实施新修订的职业教育法，深入推进育人方式、办学模式、管理体制、保障机制改革，增强职业教育适应性，加快构建现代职业教育体系，培养更多高素质技术技能人才、能工巧匠、大国工匠，为全面建设社会主义现代化国家、实现中华民族伟大复兴的中国梦提供有力人才和技能支撑。

二、深入组织职业教育法的学习宣传

各地要将学习宣传新修订的职业教育法作为近期一项重要任务列入议事日程，要作为教育系统"八五"普法规划的重要内容，切实加强组织领导，压实工作责任，精心部署安排，持续深入开展学习宣传活动。

(一) 集中组织学习宣传。2022 年的职业教育活动周，要把学习宣传新修订的职业教育法作为重点，集中组织开展形式多样、内容丰富的学习宣传活动。各地要将新修订的职业教育法作为各级教育行政部门、职业院校党委(党组)理论学习中心组学习、基层党组织"三会一课"的重要内容，组织集中学习。要纳入干部培训规划和法治宣传教育工作，采取专题讲座、座谈研讨等多种方式开展学习宣传。要扩大覆盖面，面向企业、事业单位、群团组织、行业组织等开展学习宣传活动。

(二) 聚焦学习宣传重点。要把新修订的职业教育法的学习宣传，与贯彻习近平法治思想和习近平总书记关于教育的重要论述相结合，与落实习近平总书记重要指示批示精神和中共中央、国务院关于职业教育的决策部署相结合，深刻领悟修法精神，准确把握修法内容。要全面学习了解新修订的职业教育法提出的一系列制度举措，重点领会加强党对职业教育的全面领导这一根本要求，领会职业教育是类型教育而不是层次教育的新定位，领会就业导向、多元办学、产教融合等新制度、新举措及其重大意义。

（三）突出学习宣传实效。要通过学习宣传，进一步统一思想、提高认识，推进教育系统各级领导干部、广大师生领会新修订的职业教育法的重要内容，从中寻找破解职业教育改革发展中突出问题的"金钥匙"，提高运用法治思维和法治方式推动职业教育改革发展的意识和能力。要通过学习宣传，提高行业企业参与职业教育的积极性，凝聚各方支持职业教育发展的合力。要通过学习宣传，大力弘扬劳模精神、劳动精神、工匠精神，营造职业教育发展良好社会氛围。

三、扎实做好职业教育法的贯彻实施

各地要抓住重点，扎实推动职业教育法的贯彻实施，落实法律要求，履行法定职责，深化职业教育改革，促进职业教育高质量发展。

（一）着力加强党对职业教育的全面领导。要按照法律规定，进一步健全党对职业教育全面领导的体制机制，着力落实公办职业学校基层党组织领导的校长负责制，加强民办职业学校基层党组织建设，形成落实党的领导纵到底、横到边、全覆盖的工作格局。

（二）进一步完善职业教育管理体制。各地要按照法律要求，将发展职业教育纳入国民经济和社会发展规划，统筹实施。要落实政府统筹、分级管理、地方为主、行业指导、校企合作、社会参与的管理体制。各地教育行政部门要加强职业教育工作的统筹规划、综合协调和宏观管理。各地要依法加强对职业教育工作的统筹，依法调整、优化职业教育的管理职责，提高管理效能。

（三）加快构建现代职业教育体系。要按照构建不同层次职业教育纵向贯通、不同类型职业教育横向融通、服务全民终身学习的现代职业教育体系的法律要求，加快建立健全各级各类学校教育与职业培训学分、资历以及其他学习成果的认证、积累和转换机制，推进职业教育国家学分银行建设，促进职业教育与普通教育的学习成果融通、互认。要鼓励支持普通中小学、高等学校根据实际增加职业教育相关教学内容。有条件的地方可以组织职业学校通过"请进来""送上门"等多种方式，对普通中小学开展职业启蒙、职业认知、职业体验等方面的教育提供支持。

（四）切实推动形成多元办学格局。要按照法律规定，鼓励发展多种层次和形式的职业教育，推进多元办学，充分发挥企业的重要办学主体作用，支持社会力量广泛、平等参与职业教育。要采取积极有效措施，推动企业深度参与职业教育，构建更加灵活的机制，鼓励有条件的企业特别是大企业举办高质量职业教育。要加强与行业主管部门、行业组织、群团组织的协作，充分发挥其举办或者参与举办职业教育的优势和参与制定职业教育专业目录、教育标准、人才需求预测等方面的重要作用。

（五）大力提升职业教育办学质量和适应性。要落实法律规定，适应产业布局和行业发展需要，大力发展先进制造等产业需要的新兴专业，加快培养托育、护理、康养、家政等方面的技术技能人才。要完善学校设置、专业设置、教育教学等标准和招生、管理、评价制度，完善教育教学模式，完善产教融合、校企合作、学徒制培养的政策体系。要依法落实职业学校办学自主权，鼓励和支持职业学校依法面向市场、结合产业需求，自主设置专业选用或者编写专业课程教材、设置学习制度、选聘专业课教师，培养适应市场需要的高素质技术技能人才。要推动职业学校面向社会提供高质量的职业培训服务，学校开展校企合作、提供社会服务等收入的一定比例可以用于支付教师、企业专家、外聘人员和受教育者的劳动报酬。

（六）强化职业教育支持和保障。要依法落实职业教育经费投入机制，使职业教育经费投入与职业教育发展需求相适应。各地要依法制定职业学校生均经费标准或者公用经费标准，职业学校举办者要按标准按时、足额拨付经费。要依法落实对职业教育的各种支持和优惠政策，特别是对企业等社会力量的税费优惠政策。要加强职业教育教师队伍建设，建立职业教育教师培养培训体系，健全符合职业教育特点和发展要求的职业学校教师岗位设置和职务(职称)评聘制度，鼓励职业学校聘请技能大师、能工巧匠、非物质文化遗产代表性传承人等高技能人才专职或兼职担任专业课教师。要营造促进职业教育发展的社会氛围，举办好职业教育活动周、技能大赛等活动，对在职业教育工作中做出显著成绩的单位和个人按照规定给予表彰、奖励。

各地各单位要抓紧全面清理现有相关的法规、规章和政策文件，凡与新修订的职业教育法规定不一致的，应当统一适用法律规定，并按程序和权限启动修订，及时进行修改或者废止。要按照职业教育法中的新规定、新举措和新制度，积极结合本地职业教育和经济社会发展实际需要，有计划、有步骤、有重点地制定或者推动制定配套落实政策、实施细则等，加快完善职业教育配套政策制度体系，并持续抓好落实。

各地学习宣传和贯彻实施新修订的职业教育法工作中的好经验、好做法，以及遇到的问题和有关工作建议，请及时报送教育部(政策法规司、职业教育与成人教育司)。

教育部办公厅

2022 年 4 月 25 日

（资料来源：中华人民共和国教育部网站）

【评析】   本文是一篇指示性通知，内容丰富，具有针对性、政策性和指导性。由标题可知，发文机关为教育部办公厅，事由是关于学习宣传和贯彻实施新修订的职业教育法。正文的前言部分介绍发文背景和目的；主体部分从职业教育法修订的"重大意义""学习宣传"和"贯彻实施"三个方面出发，对重要工作阐明方针政策，说明工作意义、工作内容、工作要求与工作原则；结尾部分提出反馈和指示性意见。最后，落款信息与标题、发文字号相呼应。此通知重在宏观指导，是上级机关对下级机关的工作进行部署与指示的公文。

【任务演练】

1. 在生活中，你了解或接触过的应用文有哪些？
2. 你觉得学习应用文写作的意义是什么？
3. 如何提升自己的应用文写作能力，有哪些具体的方法？

上 篇

通用基础篇

第一章　事务文书

【情景导入】

　　事务文书，一般来说，是在处理日常事务过程中形成的通用文书。事务文书在日常工作中使用的频率较高，便于人们处理公私事务、传递信息、解决问题。

　　新学期到来，校学生会为营造一个温馨和谐的校园氛围、喜迎大一新生，使其更快更好地融入大学新生活，计划举办一场精彩的迎新晚会。

【章前思考】

　　李娜作为学生会策划部的部长，负责策划本次迎新晚会，撰写工作计划与工作总结，并发布招募志愿者的启事。李娜需要有哪些知识储备？有什么注意事项？

　　在日常工作中，李娜会使用到哪些事务文书，这些事务文书的写作格式和写作要求是什么？

第一节　计　　划

【学习目标】

　　1. 了解计划的概念、作用、特点、种类和结构框架。

　　2. 掌握计划的写作要求，明确计划文种的写作要点。

　　3. 培养认真端正的写作态度和提前规划的工作意识。

【知识储备】

　　《礼记·中庸》："凡事豫则立，不豫则废。言前定则不跲，事前定则不困，行前定则不疚，道前定则不穷。"其中，"豫"通"预"，即预测、预计之意。意思是说，做任何事情，都要提前作好准备，擅长未雨绸缪，才能有备无患。正如富兰克林所说："没有准备的人，就是在准备失败。"因此，我们不能有"临时抱佛脚"的心态，在说话行事之前，一定要有所准备、有所安排，才能最大限度地降低风险，最终顺利解决问题、完成任务。

一、计划的概念和作用

1. 计划的概念

一般认为，计划(这里指计划形式)是党政机关、企事业单位、社会团体或个人结合过去的经验和实际情况，把对未来一定时期内工作、学习或生活的构想和安排加以书面化、条理化的一种常用的事务文书。计划是计划类公文的统称，主要包括规划、方案、纲要、安排、设想等类别，通常包含目标、措施和步骤等要素。

2. 计划的作用

(1) 指导与推进作用。根据工作、生产或学习需要，各机关团体、企业单位或个人编制行之有效的计划，有利于减少盲目性，提高积极性与主动性，进而提高工作效率，推动各项任务的顺利完成。

(2) 督促与检查作用。计划实施单位向上级机关递交计划文书后，上级机关可以根据计划内容对工作(生产、学习)进行督促与检查。相关人员可以督促计划按时、按需执行，保证工作顺利进行；定期进行考核与检查，随时掌握工作进度，及时总结经验教训。在检查过程中，可将积累的经验记录并推广；遇到问题时，也可及时反馈沟通并尽快找到解决措施。由此，计划在某种程度上可作为考察一个团体、单位或个人绩效的依据，能让工作标准化、规范化，减少低效行为。

二、计划的特点和种类

1. 计划的特点

(1) 针对性。根据主体能力、客观目标等实际情况的不同，计划的内容也有所不同。涉及的主体应按照计划中的方向与要求按时、保质地完成任务，不能脱离或违背计划中的原则。A单位的工作计划不能套用在B单位上，甲同学的学习计划无法帮助到乙同学，这都体现了计划的针对性。

(2) 预见性。计划是在行动前制订的、对未来实践活动作出的预想安排。它以实现今后目标、完成下一步任务为目的，不能凭空想象、盲目创造，因而具有一定的预见性。计划中要合理预测未来的发展趋势、明确未来工作的方向和重点，进而总结可能发生的问题、提出切实可行的解决方案。

(3) 可行性。计划中的目标、措施、步骤都要切合实际情况，做到合法合规、合情合理、科学严谨、周密翔实，以保证目标的顺利实现。计划目标定得太高，实践难度太大，很难达到预期成效；计划目标定得过低，工作太容易完成，会降低主动性和创造力，最终也不能取得理想的成果。

2. 计划的种类

按照不同的标准，计划可以分为不同的种类。

(1) 按照内容来分，有工作计划、生产计划、学习计划、采购计划、分配计划、教学计划等。

（2）按照性质与功能来分，有综合性计划、专题性计划、指令性计划、指导性计划等。

（3）按照时间长短来分，有长期计划、中期计划、短期计划三种，具体可以称为十年规划、五年计划、年度计划、学期计划、季度计划、月计划、周计划等。

（4）按照实施范围来分，有国家计划、地方计划、单位计划、部门计划、个人计划等。

（5）按照写作形式来分，有条文式计划、图表式计划、文表综合式计划等。条文式计划以文字为主，将指导思想、任务目标、措施步骤等分条逐项地列出；图表式计划则主要以图表形式展现计划内容；文表综合式计划是前两者的结合，既有文字阐述，又配以图表展现，阅读起来会更加直观明了。

三、计划的基本格式

一般来说，计划包含标题、正文、落款三个部分的内容。

1. 标题

标题一般由四个要素组成：实施单位名称、时间期限、实施内容、计划种类名称。在某些情况下，计划标题也可以省略部分要素，具体依实际而定。

1）完整式标题

四个要素都具备的标题就是完整式标题。如《××公司 2023 年成衣销售计划》，"××公司"是实施该计划的单位名称，"2023 年"是该计划的时间期限，"成衣销售"是它的计划内容，"计划"则是它的种类名称。又如《××市 2025—2030 年城市发展战略规划》《××物业第三季度回馈客户工作方案》等。

2）省略式标题

省略部分要素的标题就是省略式标题。一般来讲，实施单位名称或时间期限可以被省略，如《2023 年车间零件生产计划》《2022—2023 学年第一学期科研工作计划》《××展览馆现代艺术品布展工作要点》《××公司财务报销制度实施方案》等。当然，同时省略实施单位名称和时间期限也是可以的，如《教学工作安排》《装修工程方案》，二者只有实施内容和计划种类名称。

一般来说，省略实施单位名称和时间期限的计划，涉及的范围较小，省略了要素也能被人理解。反之，涉及范围较大的、正规严谨的计划，每个要素都不可被省略。

2. 正文

正文是计划的主干内容，一般由前言、主体、结尾组成。计划的目标、任务、措施和步骤都在正文中体现。

1）前言

前言是计划的开头部分，要提出计划的目标，说明该计划的背景、依据、指导思想、目的、意义、必要性等。前言的篇幅不宜过长，要做到简明扼要、文字精练。如"根据《××意见》的文件精神，为进一步贯彻××指导思想，加强学校专业建设，提高教育教学质量……我校本学期的教学工作安排如下……"，由此引入后面的主体文字部分。

2）主体

（1）任务：根据前言中提到的目标，明确具体的任务。任务其实就是将目标具象化、量化，知道"要做什么"，更要知道"要做到何种程度"。计划中应详细地阐述任务的数量、质量指标、完成程度、最终效益等。

(2) 措施与步骤：根据计划的目标和任务，确定具体的措施和步骤。措施是为完成任务而采取的具体方法，步骤是实施计划的程序和时间安排。通俗来讲，措施和步骤用于告知人们"怎么去做"。通过实施措施和采取手段，最终在规定的时间内达到设定的任务要求。主体部分通常是分条逐项列举，用序号和小标题标明层次，逐层递进。措施要具体，步骤要有序，分工要合理，条理要清晰。

3) 结尾

结尾可以强调重点、总结任务、明确要求、发出号召、提出展望等，也可不写结尾，具体依情况而定。

3. 落款

正文结束后，应在右下方署上名称(单位或个人)及日期。

四、计划写作的注意事项

(1) 立足实际，因地制宜。根据不同的指导思想、写作依据、适用范围、工作目标、责任分工、措施步骤等，计划的内容形式也会有所不同。这就要求我们写作计划时多考虑实际情况。

(2) 严谨认真，科学合理。要坚定不移地贯彻党和国家的方针政策、指导思想，遵循事物发展的规律，秉承科学严谨的行文宗旨和认真负责的写作态度。在确定计划目标时，既不能好高骛远，也不能安于现状，要事先进行充分的调查研究，设定切实可行的目标。只有设定恰当合理的任务目标，才能充分调动计划执行者的主观能动性。同时，应预估可能遇到的问题和困难，制定相应的防范措施和解决对策。

(3) 掌握全局，突出重点。要树立全局意识，用长远的眼光分析当前局势、待解决的问题。同时，要注意突出重点，分清主次，集中力量完成较重要的任务，最终让整个计划完整且主次分明。

(4) 用语简洁，条理清晰。计划的目标和任务要明确，不能含糊不清；措施和步骤要具体，不能一笔带过。一份合格的计划要做到文字简洁、条理清晰，切忌冗长无章。

拓展阅读

居安思危，有备无患

《左传·襄公·襄公十一年》中写道：居安思危，思则有备，有备无患，敢以此规。意思是：哪怕现时安定，也要考虑可能发生的危险，有所考虑才会有所准备，有所准备才能避免祸患。这是在强调事前计划的重要性，告诉我们无论做什么事情，有计划才有底气，有筹谋才不焦虑。

春秋战国时期，齐国是人口众多、经济富庶的强国，国力本远超秦国，但最后却招致灭国，其原因之一就是没有"居安思危"的意识。在三晋、燕、楚被灭国后，齐国仍然看不清局势，幻想和秦国和睦共处，不知谋划本国的未来。公元前221年，齐王建向秦王嬴政投降，秦国统一六国，齐国灭亡。

知识链接

计划与规划、方案、纲要、安排、设想的区别和联系

严格来讲，"计划"是一个广义的称呼，计划类文书涵盖了计划、规划、方案、纲要、安排、设想等。当其时间跨度大、涉及范围广、规模较宏大时，我们称之为"规划"；当其对某件事情的目标、要求、实施方法、流程进度、预期成果等都安排清楚时，我们称之为"方案"；当其对要点重点进行概括提炼时，我们称之为"纲要"；当其内容比较详细具体、切实可行时，我们称之为"安排"；当其内容粗略、简单、初步时，我们称之为"设想"。

【例文分析】

例文一：

广东××大学学生会 2022—2023 学年工作方案

我校学生会自成立以来，始终全面贯彻党的教育方针，秉承"全心全意为同学服务"的宗旨，以"遵从学校安排，助力学生成才"为己任，协助学校维持良好的教学秩序，组织开展各项活动，为同学们排忧解难。

回顾过去的一个学年，学生会的各位成员齐心协力，在各项工作中都取得了较好的成绩。在新学年到来之际，学生会将不忘初心、践行承诺，继续做好学校与学生之间沟通的桥梁，为更多同学提供学习与生活上的帮助。

为了更好地推进本学年的有关工作，本学年工作方案如下：

一、工作目标

(一) 强化服务意识

校学生会的服务宗旨是：服从学校、服务同学。一方面，根据学校要求，狠抓学风建设，协助教学工作良好运行。另一方面，为同学提供学习、生活、心理等方面的指导和帮助。

(二) 推进校园活动开展

校学生会将加大投入力度，整合资源，积极推动各项校园活动的开展，打造良好的校园文化氛围。在丰富同学们课余生活的同时，开阔他们的视野，提高同学综合素质。

(三) 加强队伍建设

加强校学生会内部队伍的规范化建设，首先要完善各项规章制度，根据工作的实际情况，不断修订规章制度及工作细则，更好地让各项工作规范化、精细化；其次要重视人才的持续培养，通过工作培训、素质拓展、思维训练等形式，增强学生会成员的综合素质，培养"精英式"人才，提高整个团队的工作能力和服务水平。除此之外，要想成为一个优秀的团队，良好的组织氛围是必不可少的。要以组织为纽带，充分发挥各个成员的主动性和创造性，以老带新，同心协力，建立一支有活力、有凝聚力、有创造力的队伍。

二、工作事项

(一) 学习生活两手抓

1. 学风建设。协助学院和辅导员完成课堂考勤工作，定期收集学生对课程及课堂教学的反馈意见，及时反映至学校有关部门，尽早沟通解决，为同学们营造良好的学习氛围。

2. 生活环境检查。配合学校，对教学楼、学生宿舍、食堂等区域进行卫生及安全检查，

为同学们创造良好的生活环境。

3. 定期组织座谈会。每月组织各专业学生召开座谈会，对同学们学习、生活、心理上的问题进行反馈跟踪，必要时联系学校有关部门沟通解决。

(二) 开展丰富的校园活动

1. 定期举办各类讲座，包括"学习与生活的平衡""培养阅读习惯""心理健康与人际交往""职业生涯规划""电器安全知识宣传"等。

2. 从 9 月开始，每月开展文化交流活动。通过开设读书角、树洞墙、创意集市等方式，促进不同学院、不同专业的学生进行交流，达到相互激励、共同成长的目的。

3. 筹办校园文体活动。学生会将根据学校课程时间安排，利用课余时间组织开展"校园歌手大赛""青春舞林大会""摇滚音乐节""迎新/节日文艺晚会""全民健身赛""趣味运动会"等活动，为同学们提供展示自我的机会，丰富大家的课余生活和精神世界。

(三) 内部队伍建设

1. 干事推举及培训工作。预计于 2023 年 3 月推荐选举一批新干事。次月，对准干事进行有针对性的培训，巩固中坚力量，培育新兴力量。

2. 收集意见，改进工作。秉承为同学服务的宗旨，在教学楼、生活区定点放置意见收集箱，收集同学们对学生会工作的意见和建议，不断改进和完善学生会工作。

3. 加强社团间的沟通。通过素质拓展、讲座培训、联谊活动等方式，与其他社团沟通交流，分享经验。

4. 做好内部考核工作。根据制定的规章制度，量化指标，每月对学生会内部成员进行工作考核，要求每一位成员都做到严格要求自己，提高工作积极性和创造性。

5. 加大力度推进外联工作。外联工作主要是维护和协调与其他社团、协会、企业之间的关系，为学生会的日常运行及组织活动奠定坚实的经济基础。本学年将制订月度外联工作计划，共同探讨提高外联工作成效的方法。

校学生会将继续坚持贯彻党的教育方针，遵循学校的指导安排，以饱满的热情、认真负责的工作态度、踏实进取的工作作风对待每一项任务，服务好每一位同学，为实现新学年的奋斗目标努力拼搏！

广东××大学学生会

2022 年 12 月 28 日

【评析】　该工作方案标题完整，由实施单位名称、时间期限、实施内容、计划种类名称四个要素组成，正文详细列明了年度工作目标和工作事项，落款处注明了单位名称和时间，目标明确、内容具体、条理清晰，是一篇较规范的条文式计划。

例文二：

大二学习计划

有人说大学生最不缺的就是时间。没有了高考的压力，有大把的空余时间，不需要对时间斤斤计较，时间观念自然也就淡薄了。大多数人都把制订学习计划的事抛到脑后了。仔细想想，从进入大学到现在，我们浪费了多少时间？假设我们都像高中时那样重视时间，把每一分钟都利用好，无论是学习还是生活，都作好规划，毕业时就会少一些找工作的焦虑。今天，现在，趁着这个机会，把计划重新拾起来，粗略规划一下我即将到来的大二学习生活。

此次学习规划的重点放在软件学习、专业课学习以及读书安排的制订上。软件学习的目标是提高软件制图水平，大二结束时能高效地操作软件进行制图和设计，同时为技能考试和以后的工作作准备，争取拿到技能考试资格证书。专业课学习方面，紧跟老师进度，适当超前，做到不留问题，真正学懂专业课，为以后工作做准备。读书安排方面，有计划地读书，训练自己的理解能力和思维深度。

具体措施如下：

一、软件学习

学习软件操作，贵在坚持，每天进步一点点，聚沙成塔，集腋成裘。

(一) 理论复习

学会积累复习，每天学习一些内容，隔天复习一次，每周末、月末各复习一次，没记住的内容反复复习。

(二) 作图实操

每周用软件完成一幅作品，然后对照原图，查漏补缺，发现不足。周六日晚上为作图时间。

以上计划，如遇突发事件，可延期完成。期末考试周期间，计划停止。总体计划每天花1小时时间学习软件，我相信，我有这个毅力坚持下去。

二、专业课学习

(一) 听课学习

跟着老师的授课进度学习，提前预习。不懂的地方及时解决，学习过程中不留问题。

(二) 考取证书

准备十二月份的技能考试。

(三) 循环复习

每周末复习一次本周学过的内容，每月末复习本月学习内容。

(四) 定期总结

发现学习中的不足，及时查漏补缺。

三、读书安排

(一) 时长

每周读书时间不少于5小时，每天抽出1小时读书。

(二) 内容

从文学方向向专业方向转变，开始读有关景观设计以及经济方面的书籍，多欣赏设计大师的作品。

(三) 总结

及时总结读书心得，将自己的见解变成文字，提高自己的文字表达能力；制作践行清单，从根本上改变自己的学习思维、学习习惯。

以上是我关于即将到来的大二生活的学习计划。我相信，我会按照学习计划走，不留遗憾，过充实的大学生活。

【评析】　这是一篇年度个人学习计划，符合计划文书的基本格式和写作要求。文中阐述了制订该学习计划的目的、学习目标和学习任务，采用序号和小标题的方式分条逐项地列举了各个实施措施。美中不足的是，学习计划的最后没有加上落款。总的来说，该学习计划内容详尽、逻辑清晰、条理分明、文风轻快，是一篇可圈可点的大学生学习计划。

【任务演练】

1. 假设你是××大学中文系的一名在校生，在大学四年的学习中，要修读"中国古代文学""中国现当代文学""外国文学"等课程，因此，需要在闲暇时间通过阅读大量书籍来提高自己的文学修养。请你根据本节中介绍的计划类文书的写作格式及要求，制订一份"学期阅读工作计划"。要求结构完整、内容明确、条理清晰。

2. 假设你是学校摄影协会(或其他社团)外联部的一名干事，新学期伊始，协会(或社团)要求每个部门提交一份学期工作计划，请你根据外联部的工作性质和工作内容，初步撰写一份部门工作计划。

第二节　总　结

【学习目标】

1. 了解总结的定义、作用、种类和结构框架。
2. 掌握总结的写作方法和注意事项，能够根据实际情况，撰写出条理化、规范化的总结。
3. 培养严谨认真的写作态度和总结分析的工作意识。

【知识储备】

《荀子·成相篇》云："前车已覆，后未知更，何觉时。"翻译过来的意思是：前面的车已经倾覆了，后面的车还不知道改道驰行，到底什么时候才能觉悟呢，即"前车之鉴"。该句告诉我们，之前失败的例子，可以为今后的行动提供经验教训。我们不但要积极地"向前冲"，也需要适时地"回头看"。及时总结前一阶段的成败得失，才能发现问题和不足，思考解决办法和改进措施，不断提高我们的办事效率和工作能力，在日后的各项实践活动中少走弯路。

一、总结的概念和作用

1. 总结的概念

总结是党政机关、企事业单位、社会团体或个人对过去一定时期的工作(生活、学习)作出全面系统的回顾分析和检查归纳，得出经验和教训，找出事物的发展规律，为今后的工作(生产、学习)提供借鉴和指导的一种常用的事务文书。例如，报告、回顾、体会、小结、经验等都属于总结类文书的范畴。

一般来讲，总结和计划是相对应的，总结能体现计划执行后的结果，包括做了什么、怎么做的、结果怎样。

2. 总结的作用

总结可以帮助我们对发生过的实践活动作出全面系统的分析研究，肯定取得的成绩，找出存在的问题，并发现规律、积累经验。做一件事，到底是成功了还是失败了，是基本完成了计划目标还是超额完成了所有任务，都可以从总结中得出结论，从而推动团体或个人的良好持续发展。具体来说，总结有以下作用：

(1) 推动实践活动有效进行。经过对上一阶段实践活动的认真总结和系统分析，我们可以得到很多有效信息，包括取得的成绩、犯过的错误、积累的经验、得到的教训，把所有这些有效信息结合起来，可以提高工作效率，减少重复劳动，推动下一阶段的各项实践活动顺利开展。

(2) 深化对事物规律性的认识。做总结的过程，是认识事物规律的过程。通过总结，我们可以把零星、表层的感性认知，升华为全面、本质的理性认知，探索事物的发展规律。深化对事物发展规律的认识，遵循客观规律，往往能够趋利避害，取得事半功倍的效果。

(3) 推广和借鉴作用。无论是团体还是个人，能够开展的实践活动都是有限的，在这种情况下，借鉴经验、交流分享就显得十分重要。一些经过实践证明的科学可行的经验总结，在信息互通后，既可以给其他单位或个人带来帮助，也可以对未来要进行的生产活动提供思路；既有现实意义，也有深远影响。

(4) 提升个人综合能力。总结的过程，实际上就是分析与提炼的过程。不管做任何事情，学会了"如何总结"，也就学会了"如何提高"。学会总结，可以帮助我们提升思维能力、转变思维方式、辩证看待问题、及时改进失误。因此，学会总结，不仅可以推动各项实践活动顺利进行，也可以让个人能力得到显著提高。

拓展阅读

《王阳明全集·与杨仕德薛尚谦书》中有云："经一蹶者长一智，今日之失，未必不为后日之得。"意思是说，受到一次挫折，便能增长一分才智。今日的损失，未必不会使以后有所收获。这是在告诉我们，不要太计较当下的成败，要善于在跌倒后积累经验，在失败中总结教训。只有不断积累、不断总结，才能有所进步、有所提高。

知识链接

计划、汇报与总结的区别和联系

1. 计划与总结的区别和联系

区别：从时间和内容来看，计划是事前的构想和安排，总结是事后的回顾和概括；从任务目的来看，计划写的是"做什么""怎么做"，总结写的是"做了什么""做得好不好"。

联系：计划是总结的前提，总结是计划的结论。总结要以计划为标尺和依据，根据计划提出的目标内容来作出最终评判；计划又要以上一阶段的总结为基础和参考，设定符合实际的任务目标。

2. 汇报与总结的区别和联系

区别：总结是对一定时期的实践活动进行概括、回顾、分析，从中获得经验、肯定成绩、找出问题、得出教训，是一种常见的事务文书。汇报一般是向上级机关部门反映情况、报告工作或答复质询，它可以是书面材料，也可以是口头报告，形式较为多样。

联系：两者一般都是对一定时间内工作(生活、学习)的概括提炼，介绍具体情况、有关成果。

二、总结的特点和种类

1. 总结的特点

(1) 真实性。总结的过程，是一个回顾过去的过程，这就要求我们要充分尊重历史，以事实说话。总结中陈述的事项、罗列的数据都必须真实准确，不得随意更改、夸大或者歪曲事实。只有从真实发生的实践活动中选取事实材料，再经过提炼分析得出的总结，才是有价值、有参考意义的。

(2) 自我性。一般来讲，不论是团体还是个人，总结的主体和对象都是"我"。当"本地区""本单位""本人"在做总结时，都是在对自身的实践活动进行概括和认识，采用的都是第一人称。这也反映出，真正优秀的总结，必须体现出"自我"的特征，无论是取得的成绩、积累的经验，还是得到的教训，都体现的是"我"这个主体，不可照搬别人的东西，这就是总结的自我性。

(3) 理论性。通过不断总结，我们可以将实践中获取的表面且直接的感性认知升华为全面且深刻的理性认知，从而提炼出规律性的见解。从理论的高度概括经验教训、寻找方式方法，便于指导下一阶段的各项实践任务。

(4) 概括性。总结不需要机械地记流水账，也不用生动地讲故事，它是要在有限的篇幅里，选择重要的材料进行提炼分析，得出规律性结论，因此具有高度的概括性。

(5) 广泛性。任何一个社会团体想要在工作中取得好成绩，都离不开广大群众的支持和理解。哪怕是个人的工作总结或是生活小结，都离不开领导、同事、亲友的教导和帮助。而这些通过总结提炼出来的经验和道理，也将为更多的团体和个人提供指导和借鉴，这就是总结具有的广泛性。

2. 总结的种类

根据不同的划分标准，总结可以分为不同的种类。

(1) 按照性质来分，有综合性总结、专题性总结等。

(2) 按照时间来分，有年度总结、季度总结、月度总结、每周小结等。

(3) 按照范围来分，有地区总结、行业总结、单位总结、部门总结、个人总结等。

(4) 按照内容来分，有生产总结、工作总结、学习总结、课程总结、思想总结、教学总结、销售总结、项目总结等。

当然，上述总结的分类并不绝对，它们之间往往存在交叉的地方。比如《××集团2023年度工作总结》，按照时间来分是年度总结，按照范围来讲是单位总结，按照内容来讲是工作总结。因此，在总结的分类上，我们应做到抓住重点、灵活把控，不必过于局限在种类的界定上。

三、总结的基本格式

一般来说，总结包含标题、正文和落款三个部分的内容。

1. 标题

总结的标题一般有两种，一种是公文式标题，另一种是文章式标题。

1) 公文式标题

公文式标题一般由实施单位名称、时间期限、实施内容、总结种类名称四个要素组成。例如，《××公司 2023 年坚果类产品销售情况总结》和《××大学 2022—2023 学年教学工作总结》，是四个要素都齐全的标题。当然，在某些情况下总结标题也可以省略部分要素，如《科研工作总结》《本周学习小结》等，具体依实际情况而定。

2) 文章式标题

文章式标题一般包括主旨式标题和双标题。

(1) 主旨式标题。该标题往往不出现总结的实施主体、文种等要素，它的特点是直接提炼主要内容、概括主要成绩、突出中心思想。如《加强团队建设，提高服务水平》《齐心协力，谱写宁乡新篇章》。

(2) 双标题。顾名思义，双标题由正副标题组成，正标题一般概括主要内容、点明中心；副标题则作出更具体的说明，标明单位、时限、文种等。如《坚持育人为本 提高教学质量——××学院 2023 年工作总结》《严格把控品质 提升品牌效应——××公司上半年推广工作总结》。

2. 正文

正文是总结的主干内容，一般由前言、主体和结尾组成。

1) 前言

前言是总结的开头部分，一般简要介绍总结对象的基本情况，包括事项依据、背景、指导思想、进展情况、主要成绩等。前言的篇幅不宜过长，应做到简明扼要、文字精练。

2) 主体

主体是总结的核心部分，主要介绍总结对象的具体情况、主要做法、取得的成绩、经验教训和未来的努力方向等。一般来说，总结时应重点阐明做了哪些工作、采取了何种措施、完成了什么任务、取得了哪些成果等。在肯定成绩的同时，还要找出存在的问题，分析其原因，提出解决意见，并说明未来努力的方向和重点。撰写这部分内容时需要注意的是，既要有理有据、条理清晰，又要详略得当、层次分明。

在主体写作中，通常有以下几种结构形式：

(1) 纵式结构。纵式结构就是根据事物发展的进程来归纳分析，将总结的主体按照时间的先后进行叙述。在写作时，纵式结构能够依据时间顺序阐述不同阶段的实绩、经验和体会，可以让我们更好地理清文章的思路。

(2) 横式结构。横式结构是对完成了的实践活动进行分析提炼，将不同的理论观点按照逻辑关系和规律属性进行罗列。一个观点就是一个层次，每个层次之间相互并列，这样呈现出来的内容集中且鲜明。

(3) 纵横式结构。纵横式结构是在写作过程中，既注意体现事物的发展进程，按照时间的先后顺序进行叙述，又强调各个观点之间的逻辑关系，从多方面总结经验教训。纵横式结构往往先提炼出多个观点(理论)，然后根据各个观点的逻辑关系将内容分为几个部分，每个部分按照时间顺序展开论述。

　　3) 结尾

　　结尾可以对上文进行简短概括，或再次总结经验教训、强调重点，提出解决问题的措施、展望、日后努力的方向等，篇幅应简短，文字应凝练。如正文中已有相关内容，也可不写结尾，具体依情况而定。

　　3. 落款

　　正文结束后，应在右下方署上名称(单位或个人)及写作日期。

四、总结写作的注意事项

　　(1) 实事求是，杜绝假大空。在总结的写作中，实事求是、不弄虚作假是第一大原则。总结不能套用，不能是空话，是实践出真知。这就要求我们根据真实发生过的实践活动得出客观公正的结论，不夸大成绩，也不缩小缺点，只有用真实的行动和数据说话，写出来的总结才能科学合理、令人信服。

　　(2) 既要全面把控，又要抓住重点。不论是何种性质的总结，都应该树立全局意识和重点意识。只有了解事物的全貌，掌握事物发展的全过程，学会统筹全局、高屋建瓴，才能作出准确的判断和科学的分析，从而得出概括性的结论和规律性的发现。与此同时，我们需要知道，全面把控不代表不分主次，不代表事无巨细地逐一陈述。分清事物的轻重缓急，抓住事情的关键和重点，让文章脉络完整且主次分明、详略得当，是高水平总结的必备特征。

　　(3) 语言凝练，文风朴实。总结作为一种常用的事务文书，它具有概括性、提炼性，在语言表达上要力求简明扼要、精确凝练，在文章风格上要力求质朴精当、言之有物，切忌冗长烦琐、华而不实。

【例文分析】

例文一：

兴宁市××职业技术学院 2021—2022 学年第二学期教学工作总结

　　一、总体概况

　　2021—2022 学年第二学期，在学校董事会和学校领导班子的指导下，在学校各个部门的大力支持和配合下，教务处同各教学单位共同努力，以《2021—2022 学年度第一学期工作计划》为指引，有序开展各项教学工作，规范日常教学管理。本学期，教学秩序总体平稳有序，教学质量逐步提升，教学建设与改革成效显著。

　　二、主要工作及成绩

　　(一) 专业建设成效显著

　　1. 优化、调整专业布局

　　建立健全学校专业增设、淘汰、改造的动态调整机制，开设专业要适应区域经济发展、人才需求变化，不断进行优化和调整，使之更加科学、合理。本学期启动 2023 年专业调整工作，初步确定了拟新增专业和拟停招专业。拟新增生物制药技术、药品经营与管理、汽车技术服务与营销、智能产品开发与应用、数字媒体技术等 5 个专业，拟停招公共艺术设计、音像技术 2 个专业。

2. 建设高水平专业群

2022年3月，学校立项建设校级高水平专业群6个，其中"工商企业管理专业群""智能控制技术专业群"获批省级高职院校高水平专业群建设项目。本学期，教务处对各专业群进行了中期检查，各建设项目均按照规定进展顺利。

在申报省级高职院校高水平专业群建设项目的过程中，为总结申报经验、确保申报水准，教务处组织召开了省级高水平专业群申报工作研讨会，对申报材料进行了多轮研究和打磨，以提升项目质量。

(二) 教师教学能力比赛取得突破性进展

本学期，教务处充分总结往年的比赛经验，加强组织管理、条件保障、选手培训、作品打磨等方面的力度，取得了较好的效果。

2022年1～4月，教务处组织举办了教师教学能力比赛，在校级比赛的基础上推荐了5支团队参加"2022年省职业院校技能大赛教学能力比赛"。最终艺术设计系的××老师团队荣获省职业院校技能大赛教学能力比赛二等奖。这是学校自参加省赛以来取得的最好成绩，实现了历史性突破。

(三) 教材建设取得新成就

我校积极开发本校特色教材，鼓励各院系与企业合作开发新型活页式、项目化教材，及时将行业新标准、新工艺、新技术纳入教学内容。本学期学校新增编写教材23本，分别是《×××》《×××》……，其中校企合作开发教材14本，对比往年有了极大的提高。

(四) "1+X证书试点"及课证融通改革覆盖面进一步扩大

本学期新增"1+X"证书试点6个(包括服装陈列设计职业技能等级证书、物联网智能终端开发与设计职业技能等级证书……)，学校目前的证书试点已达20个，涵盖试点专业23个。我们对23个试点专业的人才培养方案进行了修订，明确体现了"1+X"课证融通、育训结合的人才培养改革。

(五) 教育教学改革与教学质量工程项目的建设力度不断加大

抓住职业教育改革热点，对接省级质量工程建设要求，修订了所有项目类型的申报指南和申报书；组织结项一批省级质量工程项目，并总结存在的问题；整理了现有的课程资源库、即将结项的省级和校级质量工程，并修订了结项要求；启动了课程思政、精品在线开放课程、线上线下混合式"金课"、活页式教材、工作手册式教材的申报工作，收到申报材料64份，预计于本学期末完成立项评审；开展校级质量工程项目结题验收、中期检查工作，共验收和检查项目109项。

(六) 按时保质完成了学校的专项工作

教务处牵头完成了××省"省域高水平高职院校"的申报工作。在任务重、时间紧、工作量大、要求高的情况下，教务处积极调动全部门的人力物力，与其他部门进行多次协商沟通，并邀请了校内外专家进行针对性指导，最终高质量地完成了任务。

(七) 教学管理制度进一步完善

教务处负责统筹和制定《关于制(修)订专业人才培养方案的指导意见》及教学实施过程管理的规章制度，严格贯彻落实教育部、省厅等上级部门的有关规定，规范教学管理，确保教学质量。

三、存在问题

(一) 教风、学风还需加强

部分教师教学态度不够端正，尤其是个别外聘教师，只为完成教学任务，缺乏课堂管理，教学案例与生产一线吻合度不高，教学过程缺乏激情，与学生互动较少，课堂气氛沉闷。学生上课迟到、早退、睡觉、玩手机、讲话、吃早餐、不带教材、不做笔记等不良现象仍然存在，教风、学风还需加强。

(二) 教学环境仍需改善

据学校师生反映，部分教室的教学设备老化、损坏情况严重，影响了正常教学。学校的教学环境仍需改善，同时，教学信息化水平也急需提高。

(三) 教师教学能力有待进一步提升，教学团队建设有待进一步加强

通过教学能力大赛，暴露了学校部分青年教师尤其是刚毕业就执教的教师，在职业教育教学理念和教学方法上有巨大的上升空间。另外，教学团队成员间教学能力水平差别较大，教师团队建设有待进一步加强。

(四) 工程建设质量有待进一步提高

1. 因项目更换负责人等原因，项目交接不及时，后续工作没有跟上。

2. 项目研究成果(论文质量)有待提升。表现在三个方面：一是发表的论文没有挂靠该基金项目；二是有的论文与该项目的研究内容间缺乏相关性；三是存在不少豆腐块论文，字数不达标。

四、改进措施

(一) 强化教师课堂管理意识，不断促进教风、学风建设

针对学生上课迟到、早退、睡觉、玩手机、讲话、吃早餐等现象，任课教师要做到加强管理，不能不管不问，听之任之。任课教师应遵守考勤制度，同时将有关情况反馈至班级辅导员，及时处理学生违纪、逃课、旷课现象，保证学生出勤率。各院系应大力开展教风、学风建设活动，学校将抽取建设效果好的活动在全校进行推广。同时，还应加强外聘教师的管理力度。

(二) 尽力协调沟通，确保教学环境优良

教务处将尽全力协助各院系，与相关职能部门(实训中心、教育技术中心、后勤管理中心、保卫处)通力合作，确保教学仪器设备损坏、课室桌椅损坏问题能够得到及时处理，整个教学楼、实训楼的垃圾能够得到及时清理，让学生有一个良好的学习环境。

(三) 示范引领、以老带新，提升教师整体教学能力

通过校级和省级教学能力大赛，遴选一批优质课程作为校级示范公开课，组织教师参加培训，提升教学水平；组织校内外专家开展讲座，传授职业教育教学理念，让广大教师接触最新的职业教育发展趋势；以老带新，让有经验的老教师带领和指导青年教师，提升青年教师的教学水平。

(四) 加强质量工程项目建设管理

持续做好各个项目的跟踪管理工作，如有省级项目需要更换负责人，必须及时报省厅备案；要求各院系做好项目建设的跟进工作、更换负责人后的交接工作等，注重发挥团队效力，加强项目研讨，确保项目能按进度完成。

兴宁市××职业技术学院教务处

2022 年 7 月 10 日

【评析】 这是一篇比较规范的专项工作总结。标题表达准确，简单概括了这是一篇什么类型的总结；正文主要叙述做了什么事情、取得了哪些成绩、还存在什么问题、未来要怎么做。总的来说，本文条理清晰、层次清楚、贴合实际，符合总结类文书的写作规范。

例文二：

会计岗位实训总结

光阴似箭，时光飞逝，3 个星期的会计岗位实训结束了。在这 3 个星期的实训中，给我们带来的最深感受是会计任务的繁重。会计的分岗实训，让我们清楚了各个岗位的责任和工作内容。

经过这些天的手工记账，我的基础会计知识得到了巩固，自身的基本操作能力也得到了一定提升。在取得实效的同时，我也在操作过程中发现了自身的许多不足。比如，自己不够心细，经常看错数字或是遗漏业务，导致核算结果出错，引起不必要的麻烦。特别是在费用分配和结转时，经常出现小错误；校对每笔业务的分录时，对编制会计分录还不够熟悉，专业知识也略有不足，得继续加油，努力学习。

只有经历过，才知道其中的滋味。对我而言，会计实训课真真切切地让我了解了什么是会计，让我对会计工作的看法有了本质的改变。会计不仅仅是一份职业，更是对人生价值的诠释，是一份细心、一份耐心与一份责任心的有机组合。

通过实训，我对会计核算的认识进一步加强。这次实训是综合性训练，避免了分岗实训工作中的不完整、不系统现象；深入理解了会计核算的基本原则和方法，将所有的基础会计、财务会计相关课程进行了综合运用；了解了会计内部控制的基本要求，掌握了从理论到实践的转化过程；熟练掌握了会计操作的基本技能，将会计专业理论知识和专业实践有机结合起来；开阔了我的视野，增进了我们对企业实际运作情况的认识，为我毕业走上工作岗位奠定坚实的基础。

王××
2022 年 12 月 28 日

【评析】 这是一篇实训专题的个人总结，与实习报告有类似之处。从格式来看，标题、正文、落款均符合要求；从内容来看，主要围绕自身存在的不足、收获的心得体会、学到的知识展开描述。作为大学生的实训总结，本文情感真实、言之有物。当然，也有一些需要修改的地方：1. 通读全文，这是"我"一人的心得总结，但文中出现的称谓有"我们"也有"我"，应当进行修正；2. 重点不够明确，内容不够全面，对于实训收获的呈现杂乱无章，且没有提及改进措施，应再斟酌调整一下，最终形成脉络清晰、主次分明、结构完整的文章。综上所述，这篇实训总结应做进一步修改，才能成为一篇规范的总结类文书。

【任务演练】

1. 请根据你自身的实际情况，就本学期学习的某一门课程撰写一份课程学习总结。要求符合写作的基本格式和要求。

2. 你是学校书画协会的一名成员，在本学期多次策划和组织书画类活动，传播和弘扬了中国传统文化。请你根据总结类文书的写作格式与要求，撰写一篇活动总结，要求格式完整、要素齐备、条理清晰。

第三节　启　事

【学习目标】

1. 了解启事的概念、作用、特点、种类和基本格式。
2. 掌握启事的写作方法和注意事项。
3. 培养严密周全的思维逻辑、简洁凝练的行文风格。

【知识储备】

启事是人们在生活和工作中常见的一种事务文书。你可能会经历这样的一天：早上在网页上看到了几则招聘启事，中午路过一家饭店，发现它张贴了一份迁址启事，下午在图书馆看到了失物招领启事，傍晚在回家的电梯里看到了一则寻宠启事，晚上在网络上刷到了一位公众人物的道歉声明……我们日常接触到的"短信息"，很多都是以启事的形式传递的。

由此可见，启事的使用频率是相当高的，在沟通渠道如此畅通的当代社会，启事就是人们交流和互通信息的"书信"，是非常实用、便利的"沟通型文本"。

一、启事的概念和作用

1. 启事的概念

启事是党政机关、企事业单位、社会团体或个人将认为有必要说明的事项向大众公布，或希望得到群众、团体的反馈和帮助而使用的一种事务性文书。

启事的涉及范围非常广泛，适用于各种工作和生活场合。启事的公布渠道有很多，可以通过电视台、官方博客、报纸刊物、办公平台等媒体进行发布，也可以直接张贴于公共场所。

2. 启事的作用

(1) 陈述与告知作用。"启"有陈述、说明之义，启事就是陈述一件事，说明这件事的情况，并将其向公众公开，以达到告知作用，如"搬迁启事""招聘启事""活动启事"等。

(2) 广告及宣传作用。有些启事不仅起到了告知作用，还附带了宣传作用，如"开业启事""招商启事"等，张贴这类型启事的企业或商铺，可以彰显自己的实力和优势，达到良好的宣传效果。

(3) 求助作用。"寻物启事""寻人启事"是典型的求助型启事，发布此类型启事的最终目的是希望通过他人的帮助，解决自己的问题。

拓展阅读

启萧太傅固辞夺礼

昉启：近启归诉，庶谅穷款，奉被还旨，未垂哀察，悼心失图，泣血待旦。君於品庶，示均熔造。干禄祈荣，更为自拔，亏教废礼，岂关视听，所不忍言，具陈兹启。

昉往从末官，禄不代耕。饥寒无甘旨之资，限役废晨昏之半，膝下之欢，已同过隙，几筵之慕，几何可凭？且奠酹不亲，如在安寄，晨暮寂寥，阒若无主，所守既无别理，穷咽岂及多喻。

明公功格区宇，感通有涂，若霈然降灵，赐寝严命，是知孝治所被，爱至无心，锡类所及，匪徒教义。不任崩迫之情，谨奉启事陈闻。谨启。

点评：《启萧太傅固辞夺礼》是南朝任昉所作的一篇"启"类文，借父丧之名，表明自己不想与萧鸾合作的态度和决心。文章最后写道："不任崩迫之情，谨奉启事陈闻。"意思是：我实在不堪承受悲痛和急迫的心情，特此呈上我的启事(陈述事情的奏章)让您知晓。这里的"启事"指的是用于禀明事项、陈述情况的奏章函件，与我们如今使用的"启事"意义相近。

二、启事的特点和种类

1. 启事的特点

(1) 公开性。无论是何种类型的启事，无论是通过社交媒体、网络平台发布，还是张贴传播，最终都是面向公众的，其内容是公开透明的。

(2) 广泛性。启事是面向公众的，它具有传播力强、受众广、影响广泛的特点。

(3) 简明性。启事讲求的是言简意赅、一目了然，没有启事是长篇大论的，简洁明了是它最大的行文特征。

(4) 实用性。启事不是论述道理或是阐明意义，讲清楚"是什么事情"即可，而这件事情也必然是贴近生活和工作实际的。

2. 启事的种类

启事作为一种实用性相当高的文书，种类非常丰富，涉及的范围也十分广泛。按照内容的不同，我们主要把启事分为以下几个种类：

(1) 声明类启事。主要用于告知公众某件事情，如开业启事、搬迁启事、庆典启事、更名启事、作废声明、澄清声明等。

(2) 征招类启事。一般用于陈述事项，并征招合适对象，如招聘启事、招租启事、招商启事、征稿启事、征兵启事、征婚启事等。

(3) 寻领类启事。用于丢失或捡到某人或某物后，向公众寻求帮助，如寻人启事、寻物启事、寻狗启事、招领启事等。

三、启事的基本格式

一般来说，启事包含标题、正文、落款三个部分。

1. 标题

启事的标题在首行的中间位置，一般字体须加粗加大。标题有以下几种形式：

(1) 完整式标题：一般由实施单位名称、时间、事件内容、文种名称构成，如《××图书馆9月失物招领启事》《××大酒店2023年装修升级启事》等。

(2) 省略式标题：省略时间要素，如《××集团办公室文员招聘启事》《××饭店搬迁启事》等；省略实施单位名称和时间，直接由事件内容+文种名称构成，如《寻人启事》《开业启事》等；省略实施单位名称、时间和文种名称，直接写事件内容，如《招租》《寻物》《征婚》等；也可以直接写文种名称，在正文中说明事件内容即可，如《启事》。

(3) 创意性标题：如《广纳天下英才，实现精彩人生》《旺旺，我在老地方等你!》《匠心独运，初心不改，与您再会》等。

2. 正文

正文是启事的主干部分，这部分必须对公布的事件进行说明，包括发布该启事的目的、时限、条件、价值、意义、联系方式等。如果是招聘启事，要清晰标明招聘目的、招聘对象、招聘条件、工资待遇、岗位职责等；如果是寻物启事，要写清楚丢失物的种类、数量、外观特征等，交代丢失的时间和地点，留下自己的联系方式、联络地址等，还应对捡到物品者表示感谢；如果是声明类启事，则应交代清楚发表启事的原因，表明对相关事件的观点、态度和立场。

一般而言，撰写正文需注意以下问题：其一，篇幅不宜过长。内容要做到言之有物、突出重点，行文要做到简明扼要、通顺流畅。其二，一般正文是在标题下另起一行，段首空两格。正文结束后，可另起一行空两格注明"特此启事""此启"等内容。

3. 落款

正文结束后，应在右下方署上名称(单位或个人)及成文日期。以单位名称落款的，还要加盖单位公章。

四、启事写作的注意事项

(1) 实事求是，真实有效。启事是向公众公开某件事情、某项决定的事务文书，必须建立在内容真实有效的前提下。如果一篇启事的内容弄虚作假、随意编造，毁掉的必然是发文者的名誉。

(2) 内容唯一，去繁化简。一般来说，一篇启事就讲一件事情，"招租启事"应该是对招租单位的地址、楼层、面积大小、租金等的介绍，其他无关内容没必要出现。"寻人启事"里应讲明的是被寻人的基本情况，包括姓名、性别、年龄身高、体貌特征、衣着打扮等，寻找者的联络方式、联络地址等，不应有其他无关信息。如果一则启事有两项以上不相关的内容，会造成人们浏览不便、记忆模糊，从而影响启事发布的效果。

(3) 用词准确，言简意赅。在撰写启事时，要注意做到用词准确、语言凝练。人们往往不会在阅读启事上花费大量时间。因此，启事在遣词造句上要简单明了，让人浏览一遍就能获取基本信息。

知识链接

启事与启示、声明的区别

1. 启事与启示的区别

"启事"是一种事务性文书，是向大众说明、公布某件事情时用到的应用文体，会以文字的形式发表或张贴。"启事"中的"启"是陈述、说明的意思,"事"可以直接理解为要被说明的事情。

"启示"是一种思维的启发,是人们精神世界的升华,无必要的外在表现形式。"启示"中的"启"有开导、启发的意思,"示"则有提示、指示之义。启示是指在经历某些事情、学到某些知识之后,得到了启发,有所领悟。

因此,"启事"和"启示"的概念是完全不一样的,不能混用。

2. 启事和声明的区别

声明是团体或个人就有关事项、问题或传言等向社会公众陈述事实,表明立场和态度的一种应用文体,如常见的"道歉声明""作废声明""警示声明"等。

启事作为一种常用的事务性文书,涵盖的种类较多,其中就包括"声明类启事"。因此,严格来讲,启事类文书涵盖了"声明"。

【例文分析】

例文一:

"香江云雁杯"2022年全国诗歌大赛征稿启事

为号召群众多读书、多动笔、多创作,增加人们对诗歌创作的热情,陶冶个人情操,香江市南城区文化局联合《云雁》杂志社共同举办本次"香江云雁杯"2022年全国诗歌大赛,现面向全国征集诗歌稿件。

一、征稿要求

(1) 诗歌体裁:古代诗歌、现代诗歌均可。

(2) 每人投稿不超过2首,原则上一首诗的总行数不超过40行。

(3) 题材不限、内容不限、题目自拟。投稿作品要求具有艺术性、感悟性、创新性、可读性,传递的思想要积极向上,观念要科学先进。投稿诗歌内容不得有悖于国家法律法规。

(4) 要求为本人原创作品。所有参赛作品必须未在报纸、杂志、网页等平台公开发表。不得抄袭、剽窃,一经发现,即刻取消参赛资格。

二、征稿时间

2022年8月8日—2022年9月30日

三、评奖办法

征文结束后,大赛组委会将组织杂志社编辑、著名诗人、文学评论家、中文系教授等专家作为大赛评委,评选出获奖作品。

大赛设一等奖5名,奖金各5000元;二等奖15名,奖金各3000元;三等奖30名,奖金各1000元;优秀奖50名,奖金各500元。

大赛结束后,组委会将制作《"香江云雁杯"2022年全国诗歌大赛作品集》,该作品集会收录所有获奖作品。在评奖结束后一个月内,工作人员会把获奖证书及作品集邮寄给每一位获奖者。

四、投稿须知

本次征稿采用电子邮箱方式收稿。所有参赛作品请使用Microsoft Word文档撰写,要求标题使用方正小标宋简体,三号字体,加粗;内容使用宋体,四号字体。稿件下方应注明作者的笔名、联系电话、电子邮箱。来稿请以附件形式发送至大赛指定邮箱：×××××@163.com。邮件标题格式为："诗歌大赛投稿+作者笔名+作品名称"。

请各位参赛者不要重复投稿，不要催促评选。评选结果将在香江市阳光网、《云雁》杂志社官网、"相约云雁"公众号公布。

未尽事宜，由本次大赛组委会负责解释。

香江市南城区文化局、《云雁》杂志社
2022 年 8 月 8 日

【评析】　这是一篇征稿启事，文中交代了征稿的目的、意义、举办单位，对征稿的对象、稿件要求、投稿时间、奖项评定、报名限制等作出了说明，落款为两个联合单位和发文时间。全篇格式工整、思路清晰、表达准确，是一则可圈可点的征稿启事。

例文二：

北京邦超快递有限公司更名启事

考虑到公司发展迅速，业务量不断增加，经营范围需继续扩大，经上级相关部门批准，从 2022 年 11 月 10 日起，我司正式由"北京邦超快递有限公司"更名为"北京邦超物流有限公司"。现公司的经营范围包括：国内货物运输代理、国际货物运输代理、仓储、租赁及装卸服务等。

公司的联系电话、总部地址不变。开户行及账号不变，账户名变更为"邦超物流有限公司"。

特此启事。

北京邦超物流有限公司
2022 年 11 月 10 日

【评析】　一般情况下，更名启事是机关团体、企事业单位在更改名称后向公众通报更名信息时需要用到的一类启事。这则更名启事简要说明了更换公司新名称的原因，更改后的经营范围和银行账号名称，落款中标明了新的公司名称，主旨明确，属于较规范的更名启事。

例文三：

房 屋 出 租

本人于德馨小区有三房一厅闲置出租，如有意向租赁，请电话联系。

联系人：韦先生　联系电话：××××××××

2022 年 12 月 8 日

【评析】　这则租赁启事非常简短，告诉了我们在哪里有房屋出租这个事情。但是一般来讲，出租启事应该简略介绍房屋地址、租金、面积、楼层、有无电梯、家电是否齐全、可否拎包入住、周围交通等基本信息，让看到启事的人对房屋有一个初步印象，认为各项条件符合自己需求的人才会联系出租人。这则启事缺少了这些基础信息，部分看到该启事的人可能会降低租赁意愿，有意向租赁的人还要联系出租人询问具体情况，大大增加了出租人的时间和精力成本，这本来在写启事的时候就可以避免的。因此，我们在撰写租赁启事

的时候应该注意，在追求文字简洁的同时，最基本的信息应该公开写明。

例文四：

迁 址 启 事

由于租赁合同到期，我司将于 2022 年 9 月 19 日搬迁至新址办公，原有的办公电话、传真、邮编变更。

公司新址：华南市万道开发区卫风大道××号××大厦 A 座 8 楼 801-805 室。

联系方式：办公电话：×××××××；传真：×××××××；邮编：×××××××。

如需来司洽谈，可提前进行电话预约。承蒙各位客户长期以来对我司的信任与支持，在此，我们对各位表示诚挚的感谢！如给您带来不便，我们深表歉意，敬请谅解！

特此启事。

×××商贸有限公司
2022 年 9 月 13 日

【评析】　这是一则比较典型、规范的迁址启事，启事中将迁址原因、新的公司地址、联系方式等都交代得非常清楚，对客户的支持表达了感谢，对公司迁址带来的不便表示了歉意，表达清晰、主旨明确、文辞恳切，值得我们参考。

【任务演练】

1. 李明是广东××大学的一名大一新生，在入学当天，不慎于返回宿舍的途中遗失了自己的钱包。钱包为咖啡色横款两折样式，内有个人身份证件、现金(人民币 1000 元)、银行卡等物品。请你根据以上信息，为他撰写一则寻物启事。

2. "食知味"饭店已开业十年有余，因城市发展规划需要，饭店即将搬迁至本市光明路与新丰路交叉路口，饭店名称及订座电话不变，乘坐公交 6 路、8 路、48 路可以到达。请你根据以上信息，为该饭店拟一则迁址启事。要求：既要说明具体的迁址情况，又要表达对新老顾客的感谢。

3. 假设你是××大学学生会的副主席，在新的学年，组织部、学习部、外联部、宣传部、纪检部、文艺部等多个部门急需招募新成员，请你根据不同部门的人才需求特点，选择三个部门，拟出对应的人才招聘启事。

第二章　礼　仪　文　书

【情景导入】

礼仪文书是在社会交往活动中，人们常用来对他人表达祝福、感激和尊重的一类应用文书。它不仅展现着个人的礼仪修养，也关系到交际活动的效果和效率。无论是在招待会、座谈会、宴会场合中，还是在开业典礼、结婚典礼、毕业典礼上，恰当地使用好礼仪文书，可以赢得他人的尊重、认可和帮助，从而获得事业、学业和生活上的成功。

作为新时代大学生，我们应传承古代经典著作《周礼》《仪礼》《礼记》中优秀的中华传统礼仪文化，明确人际交往活动时应遵守的礼仪规范，学会撰写礼仪文书。为此，本章系统地介绍了礼仪文书中的祝贺词、答谢词和邀请函，帮助当代大学生提升礼仪文书的写作水平。

【章前思考】

随着社会的飞速发展和文明程度的不断提高，越来越多的人意识到礼仪文书的重要性。当前形势下，礼仪已不再是个别行业、个别人员的需求，而是全民所需。作为新时代大学生，在校园社交和未来的工作场合当中，不可避免地会用到各类礼仪文书。那么，请问礼仪文书有哪些类别？它们的写作要求又有什么不同？

第一节　祝　贺　词

【学习目标】

1. 了解祝贺词的文种和写作技巧。
2. 能够根据不同的场合，撰写恰当的祝贺词。
3. 提升大学生知礼、懂礼、行礼的内在品质和道德修养。

【知识储备】

祝贺是日常人际交往中的礼仪艺术，也是激发自我和他人积极情绪的一种有效途径，可以增加喜庆氛围、传递热烈情感，使交际双方更加亲近。饱含真诚祝愿的祝贺词，对于个人、团体、国家间的和谐关系起到了不可替代的维系作用。因此，看到值得祝贺的他人或事情时，大学生应该主动表达祝福、勇于传递快乐。

一、祝贺词的概念和作用

1. 祝贺词的概念

祝贺词泛指单位、团体或个人应邀在重大会议或活动上发表讲话时所使用的，表达祝贺、感谢之意的一类应用文书。它不受级别、隶属关系的约束，组织、个人、上下级单位、同级单位、其他无隶属关系的机关以及亲朋好友之间，都可以互致祝贺词。

祝贺词是祝词和贺词的统称。从广义的角度看，祝词和贺词都泛指对人、对事表示祝贺，因此在很多场合都可以互用，或联合成"祝贺词"来使用。从狭义的角度看，祝词与贺词之间是有区别的。祝词表示祝愿、希望的意思，对象一般是正要开始或尚未有结果的事情；贺词表示庆贺、道喜的意思，对象是已完成或有结果的事情。

2. 祝贺词的作用

祝贺词可以表达情感、增进友谊，是社会交往活动中用来维护和谐关系的必备手段，具体作用如下：

(1) 表达美好祝愿。祝贺词能够传递关心、祝福、温暖等积极情感，鼓舞斗志。《增广贤文》曾言："好言一句三冬暖，恶语伤人六月寒。"祝贺词所表达的美好祝福，能够带给他人希望、勇气和爱，传递积极向上、鼓舞人心的人生态度，传播善意和正能量。

(2) 维护和谐关系。《礼记·曲礼上》："往而不来，非礼也；来而不往，亦非礼也。"礼仪上你来我往、相互祝福，才能构建良好的人际关系，赢得他人的尊重。正如《旧唐书·席豫传》所言："不敬他人，是自不敬也。"因此，不论对象是亲朋好友还是客户伙伴，祝贺词都能够表达尊敬、化解冰冷、展开话题、获得好感，起到凝聚团队、调节人际关系的作用。

(3) 展现礼仪修养。祝贺词展现了撰写者的文化涵养和价值观念。在合适场景下使用恰当的祝贺词，可以活跃气氛，同时展现撰写者良好的文化素质、礼仪修养和个人风采，潜移默化地对身边人产生积极的影响，起到正面宣传的榜样作用。

二、祝贺词的特点和种类

1. 祝贺词的特点

(1) 祝愿性。祝贺词是用来表达祝愿和祝贺的文字材料，文首多用"向……表示热烈祝贺"的句式，结尾部分多采用"祝愿……圆满成功"等句式，文中主体部分多用于赞扬对方的功绩。全文字里行间充满着庆贺、祝愿的思想感情。

(2) 可读性。因为祝贺词是在公开场合宣读的文书，所以其内容和语言要适合听众，具备一定的阅读和欣赏价值。内容应具体翔实、饶有兴味，语言朴实自然、简明流畅，表达生动真切、节奏明快。

(3) 多样性。祝贺词无须拘泥于某种文体，可以根据祝贺对象的具体情况采用合适贴切的文章体裁。一是书面型祝贺词，又称文章型祝贺词，全文结构紧凑、内容丰富；二是简约型祝贺词，通常以口头形式向对方表达祝福，可以采用诗、词、对联等文体样式。

2. 祝贺词的种类

(1) 节日祝贺词。传统节日是中华民族文化体系的重要部分。在节日期间，人们通过集体参与、互相联系来传递情感和寄托愿望。无论是在家人或朋友还是在老师或同学间，都可以表达节日祝贺。如元旦献辞、新春贺词等。

(2) 寿诞祝贺词。寿诞祝贺词又称祝寿词。按照中华传统的文化习惯，对年轻人的生日祝贺一般不称"祝寿"，因此祝寿词的对象主要是老年人，主要内容是祝愿过寿者幸福健康，赞颂过寿者的功绩和德行。

(3) 婚嫁祝贺词。婚嫁祝贺词又称祝婚词。从古至今，婚姻都是人生大事。不论是古代的三书六礼，还是现代的婚嫁礼仪，都体现了人们对情感联系和家庭关系的重视。因此，婚礼仪式上使用的婚嫁祝贺词，表达的是对新婚双方未来生活的美好希望和真挚祝福。

(4) 事业祝贺词。《易经·坤卦》曰："而畅于四支，发于事业。"《疏》曰："所营谓之事，事成谓之业。"事业是指人们所从事的职业、参加的活动以及获得的个人成就。事业祝贺词多用于公司开业、会议开幕、机构创办等场景。

三、祝贺词的基本格式

一般由标题、称呼、正文、落款四个部分组成。

1. 标题

标题居中呈现，通常有两种形式：一是直接写明祝贺词类型，如"祝寿词""祝婚词"等；二是具体祝贺内容和文书种类，如《中共中央、全国人大常委会、国务院、全国政协、中央军委关于庆祝广西壮族自治区成立 30 周年的贺电》《庆祝中国共产党成立 100 周年大会上的祝贺词》《×××在××开业典礼上的祝贺词》等。

2. 称呼

称呼位于标题之下第一行，左顶格书写。祝福对象为个人时，要求与书信的写作格式一致，表明亲切感，如"尊敬的各位来宾""亲爱的朋友们"等。祝贺对象为企业时，直接写明单位或部门名称。注意称呼的先后顺序，以示尊重。

3. 正文

正文是祝贺词的核心。这部分写法比较灵活，针对不同的祝贺对象，祝贺内容会不同，但总的来说，正文主要包含以下三个部分。

1) 祝贺缘由

向受祝贺的单位或人员表示问候或庆贺，并说明祝贺的事由、原因或动机。如"值此……之际，谨代表……向……表示热烈祝贺"，概括出祝贺时间、祝贺对象和祝贺事宜。

2) 回顾成就

对祝贺对象已做出的成就进行适当评价或指出其意义。例如，事业祝贺词中可以回顾创业的艰辛和辉煌，评价公司所取得的成绩，褒扬该组织的重要地位、发展意义和作用；祝寿词中可以回顾寿星的光辉事迹，赞美其成就、品德等。

3) 祝愿、希望或鼓励

再次提出良好的祝愿、希望或鼓励，可以表达对在场嘉宾的祝福。如"再一次祝愿……""祝福大家……"等语句。

4. 落款

落款位于正文右下方，包括祝贺人(单位或个人)的名称和日期。日期处写清年、月、日，一般指祝贺活动举办的时间。

四、祝贺词写作的注意事项

(1) 生动活泼，饱含深情。作为加强联系、增进交流的重要手段，祝贺词所表达的感情要真挚热烈，语言要生动活泼，做到"言之有情，言之有物"，让人发自内心地感受到温暖和鼓舞。所谓"有情"，即真诚地表示祝贺，用词热情友好、生动活泼；所谓"有物"，即表达内容符合受贺方的实际情况，而不是满口客套话、虚言应酬。

(2) 主题集中，结构紧凑。祝贺词要围绕一个主题组织材料、安排结构、精简篇幅，不能东拉西扯、漫无边际，切忌写成流水账、履历表。因此在言辞表达上要简洁扼要、准确具体，说明"谁祝贺""祝贺谁""祝贺什么"以及"为什么祝贺"等内容。

(3) 场景适合，气氛融洽。婚嫁祝贺词要庄重典雅，寿诞祝贺词要郑重亲切，节日祝贺词要热情欢快。如《国家主席习近平发表二〇二三年新年贺词》指出："只要有愚公移山的志气、滴水穿石的毅力，脚踏实地，埋头苦干，积跬步以至千里，就一定能够把宏伟目标变为美好现实。"该新年贺词带给全体人民以殷切期望和深切勉励。

【例文分析】

例文一：

祝 寿 词

尊敬的各位来宾：

大家好！

春秋迭易，岁月轮回。在中秋佳节到来之际，我们欢聚一堂，共同迎来又一个喜庆的日子，庆祝我爷爷七十岁古稀大寿。这真是：金秋八月桂花香，生日庆典聚一堂，儿孙亲友同祝贺，共祝爷爷福寿长。

我的爷爷，是千百万中国农民中的普通一员。七十年风风雨雨，七十载岁月沧桑，爷爷饱尝了生活的酸甜苦辣，见证了人生百态，费尽心血将6个孩子抚养成人。即使现在到了古稀之年，仍在为孙子孙女们担心操劳。我忘不了爷爷骑着自行车顶风冒雨接送我上下学的日子，堂姐丹彤和堂哥汉文也忘不了爷爷在他们身上付出的心血和留下的财富。这宝贵的财富就是善良、纯朴、宽厚、正直、勤俭、节约的美德和无私的爱，值得后代继承和发扬下去。作为长孙女，我代表丹彤和汉文向爷爷奶奶承诺：继承您的精神，努力学习，团结一致，长大了做个对社会、对家庭有用的人！不辜负爷爷奶奶的一片苦心！

风雨七十年，弹指一挥间！回忆过去，忆苦思甜，看看今天，四代同堂，我们高高兴兴地围在爷爷奶奶身边，真是人生一大幸事！爷爷奶奶啊，你们一生的苦和累，你们一生的付出，一定会有好的回报。

最后，再一次祝愿爷爷：福如东海长流水，寿比南山不老松！山清水秀春常在，人寿年丰福无边！同时祝愿所有的长辈增福、增寿、增富贵，添光、添彩、添吉利！祝福我们每个家庭心想事成、幸福安康！

长孙女

2022 年 9 月 10 日

【评析】　这是一篇格式规范、情感真挚、主题明确的祝寿词，包括完整的标题、恰当的称呼、丰富的正文、恳切的结束语和标准的落款。在正文部分，长孙女首先说明了撰写祝贺词的理由，并向寿星表示问候；接着对爷爷已做出的成就、留下的智慧财富进行简要概述；最后再次向爷爷表示祝贺，并对到场的所有家人朋友表达了美好祝愿。

例文二：

证婚人祝婚词

尊敬的各位来宾、亲爱的各位朋友：

大家晚上好！

正值兔年正月初十，一段好姻缘近在眼前。在这里，我谨代表新娘李芳所在单位××学校党政工团向台上的这对新人致以新婚的祝福，向台下的各位宾客致以节日的问候。祝新娘新郎和和美美，"芳"香迷人，"豪"气冲天！祝各位宾客虎年吉祥，十全十美，幸福安康！

我们××学校是一所国家级重点专科学校，新娘李芳是我们团队中优秀的一分子。她2019 年到校任教，是教研室的一名教师，连续担任两届班主任，2020 年取得中级会计师职称。她精心施教，带领计算器集训队、手工账集训队参加市级比赛并多次获奖；她勤于钻研，所撰写的德育论文和专业论文也多次获得省级奖项；她为人谦虚，受到同事们的尊重和学生们的拥戴；她朴实勤俭，常常坐父亲的自行车赶学校班车，风里来雨里去，这一来一去就是 4 年。借此机会，我也向这位可爱的父亲表达敬意。

台上的新郎官能追求到我们这么优秀的新娘，肯定也是十分优秀的。首先，这名字十分大气：龚豪，"功"高盖世，"豪"气冲天啊！其次，他也是作家笔下最可爱的人！根据资料显示，他是×××大学国防生，在部队锻炼了两年，如今正研究生在读，毕业后将回部队效力。在此，我也祝愿新郎官早日学成归队，成就王者之师！

两个年轻人一见钟情，情定终身。无论是大节还是小节，双方都把对方放在心上，并准备了小礼物。一路走来，走向今日的春暖花开。两位新人于 2022 年 9 月 10 日教师节领取了结婚证，这也体现了李芳对教师职业的热爱，更体现了龚豪对李芳的爱护！

作为证婚人，我十分荣幸地与各位宾客共同见证两位新人今日婚礼的光辉时刻，同时提醒两位新人：有了小家不忘大家，学习工作报效国家，夫妻恩爱孝敬爹妈，争取明年孕育小娃！

多谢大家！

××学校党政工团

2023 年 1 月 31 日

【评析】　本篇祝婚词格式正确、条理清晰、贴合实际，符合祝贺词的写作规范和要求。标题完整，点明了证婚人的身份和祝贺词的类型。称呼左顶格，表达了对在场人员的尊重和问候。正文部分首先向新婚夫妇表达了祝福和希望；接着赞美了两位新人在学习、工作、生活等方面所获得的成就；最后再次对新婚夫妇和在场观众表示祝贺，情真意切，感人至深。落款部分写明了证婚人代表的单位以及发言时间。

知识链接

祝词与贺词的区别

祝词与贺词通常被合称为祝贺词，用来表示对人、事的祝贺，具有强烈、积极的感情色彩。但严格地说，二者是有区别的。

1. 祝贺对象不同

祝词的使用对象一般为尚未成功或尚未结束的事情，而贺词一般针对已经完成的事情表达庆贺。

2. 细分类型不同

根据内容和场合的不同，祝词可分为祝事业、祝酒、祝寿、祝婚等类型；贺词一般分为贺乔迁、贺升学、贺开业、贺新春等类型。

3. 具体用法不同

祝词在事前祝。祝词主要用于将要进行而尚未进行，或刚刚开始进行，或正在进行之中，但尚未取得可喜结果的事情或事业，撰写者出于美好的心愿而对之表达祝愿。

贺词在事后贺。贺词主要用来对他人已获得的成绩、成就或幸福表达高兴、欣慰等情感。如企业领导发表的新春贺词，首先会向各界人士致以问候，接着，主体内容则是对过往一年的公司成绩进行总结与肯定，最后再向到会的所有人表达祝愿。其中重点强调的是，领导对公司过往成绩感到高兴和欣慰的情感。

【任务演练】

1. 你的表哥要结婚了，将在下周宴请亲朋好友。作为发言者，请你准备一篇祝贺词。
2. 请结合本节所学内容，修改这篇祝贺词。

教师节祝贺词

一年一度的教师节又悄然而至。如果说父母是最值得感恩的人。那么，老师，您就是我们最值得尊敬的人。今天，我非常荣幸地站在这里，代表全体同学向全体教师衷心地道一句：老师，您辛苦了，祝你们节日快乐！

经历多少季节的轮回，多少个春夏秋冬，您就像那红烛燃烧着亮丽的生命，您用真情传播着智慧的火种，就像那春蚕献出一生的忠诚，就像那冬梅吟唱着早春的歌声。您不知经历了多少个不眠之夜，多少次通宵达旦，但却不曾有任何怨言，您用友爱缩短了心与心的距离，您用真知指引我们走出了黑暗。

老师，没有诱人的权利，没有令人羡慕的家财，但是你们有一颗真诚的心，你们用朴实无华的本质引领我们，用寓教于乐的教学方式吸引我们，用亲切和蔼的态度打动我们。你们培养了许许多多的优秀人才。再过几年、十几年，当我们手捧奖杯、证书，当我们建功立业，我们一定不会忘记，是你们付出了辛勤的汗水，引导我们追求各自的理想之光。祝你们节日愉快，身体健康！

拓展阅读

祝福语"恭喜发财"的由来

每年春节，海内外炎黄子孙都盛行拜年贺岁的习俗，互祝"新春快乐""万事胜意""身体健康""恭喜发财"等。这一习俗源远流长，可以追溯到唐宋年间。唐代诗人元稹诗云："富贵祝来何所何遂"，可知当时好友新岁见面，多是互祝"富贵"。宋代诗人陆游曰："行人相贺新年健"，可见古人当时已经互祝身体健康。至于互道"恭喜发财"，又始于何时？

据专家考证，"恭喜发财"这句祝福语系广州人的"特产"，它出现于 18 世纪末 19 世纪初。19 世纪 60 年代，洋务运动在中国兴起，许多外国的商人来到广州做生意，开办洋行，招收了不少中国人到洋行工作。一位自称"老中国通"的洋人威廉·亨德在《洋人在广州》一书中描写了广州十三行过农历新年的热闹景象，经常听到"恭喜发财"这一祝福语。

关于"恭喜发财"的由来，还有一个传说：

在很久以前，有一个叫张恭喜的老人。有一天，他儿子出去挖地的时候，挖到了一块金砖，便高高兴兴地把金砖拿回家交给了父亲。张恭喜心里也很高兴，把金砖翻来覆去地看了好久，见金砖上还刻了几个字："张恭喜、李发财"。张恭喜是个不贪财的人，他对家里人说，要去找李发财平分金砖。张恭喜找了个破烂背袋背起，装成个叫花子的样子到处去打听李发财。不知道走了多少天，也不晓得走了多少路。

有一天，他走到一个村子里，见两个人坐在屋门口摆龙门阵，他正想去问问村里有没有叫李发财的人，就听见他们说："喂，今天李发财接媳妇，你去吃酒不？"张恭喜一听，赶忙上前，问清楚了李发财住什么地方，直接往李发财家去。李发财家里的人正忙着办喜事，见来了一个叫花子，心里很不高兴，就把李发财喊出来，想叫他把叫花子打发走算了。李发财是个很好客的人，他不撵叫花子走，还把他请进屋里吃酒席，晚上又留他住宿。第二天还一再留他多玩几天。

一晃过了好几天，张恭喜怕家里人担心他，就想把事情办了早点回去。他悄悄地对李发财说："哥，其实我不是叫花子，我的儿子挖地的时候挖到了一块金砖，上面刻有我们俩的名字，我才装成叫花子到处找你。"说完从身上摸出金砖交给李发财看。李发财一见忙说："哎呀！老弟，你捡到的钱财我咋能要呢？既然上面有你的名字，又是你捡到的，你还是拿回去吧！"但张恭喜不要。李发财又说："老弟，那上面既然有我们俩的名字，那我们干脆平分算了。"他找来一把大刀，一刀砍下去，金砖不晓得跳到哪里去了，找了半天都没有找到，两人却一点不后悔，李发财还说啥不让张恭喜走，要留他再玩几天。

过了两天，张恭喜和李发财出去散步，走到一堆乱砖头前，只见那块金砖在里头闪闪发亮。再仔细一看，里面隐藏着更多金砖，而且上面都刻有他们俩的名字。于是两人都发了大财。

后来，人们为了讨吉利，到别人家里去玩时，都要说声："恭喜发财"。

第二节　答　谢　词

【学习目标】

1. 了解答谢词的定义和写作方法。
2. 能够根据情景，独立撰写恰当的答谢词。

3. 培养学生的感恩意识，提高表达感谢的语言艺术。

【知识储备】

《增广贤文·朱子家训》："滴水之恩，当涌泉相报。"自古以来，人们提倡"知恩图报"的传统美德，在人际交往中推崇致"谢"的言行：或揖拳，或鞠躬，或以言辞道谢，或以纸笔作书，写成谢函、谢帖、感谢信等。《荀子·修身》有言："人无礼则不生，事无礼则不成，国家无礼则不宁。"学会撰写答谢词，不仅能增强当代大学生与人为善、乐于助人的处世信条，提升道德修养、文化素质和社交能力，还能促进他们形成积极向上的健康人格。

一、答谢词的概念和作用

1. 答谢词的概念

答谢，是指对别人的恩惠或款待表示感谢的行为。而答谢词，是指在特定的公共场合，宾客对主人的热情接待、真挚关照等友善行为表示谢意时使用的讲话稿。

2. 答谢词的作用

答谢词是表情达意的主要工具，在沟通情感、加深理解、巩固友谊等方面发挥着重要作用。在社交、外交活动日趋频繁的当代社会，答谢词能充分地表达尊重，积极地肯定他人的行为价值，声情并茂地传递正能量，有助于加深交际双方的关系，促进互帮互助的社会风气的形成。对于个人而言，掌握答谢词利于提高自身修养，美化形象、生活，改善人际关系，从而获得更多的社会支持。

二、答谢词的特点和类型

1. 答谢词的特点

(1) 口语性。答谢词属于书面语体的口头转换形式，具有自然朴实、通俗平易、生动活泼等特征，富有浓厚的生活气息。答谢词所使用的口头语言是社会交际中的有声语言，语音多变、语调丰富，句子简短、感情浓烈，目的是与他人沟通思想、交流情感。

(2) 真诚性。在礼仪场合，必要的客套话是不能省略的。但答谢词更讲究真诚性原则，即真实诚恳，坦诚相待。清代文学家方苞曾言："感人以诚不以伪。"以诚待人是一种品德，能够感化他人、广结善缘。如果不能真诚地表达谢意，只讲些空话、套话，会给人一种虚伪、虚假之感，无法赢得听众的认可和信赖。

(3) 应对性。"应对"意为酬对、对答，是指答谢词要根据具体情境临场应变、修改补充，尊重当地的风俗习惯。如在欢迎仪式上，主人致欢迎词表示热烈欢迎，客人则需要照应欢迎词的部分内容，用相对的答谢词回应，以此表达诚挚的谢意。

2. 答谢词的类型

依据不同的致谢缘由和致谢内容，答谢词可划分为以下两种类型：

(1) "谢遇型"答谢词。"遇"，本义为相逢、不期而至，引申为对待、招待等义。"谢遇型"答谢词，即用来答谢别人招待的话语，可用于欢迎仪式、会见仪式或欢送仪式、告别仪式。

(2)"谢恩型"答谢词。"恩",本义指好处,即别人的帮助。"谢恩型"答谢词,即用来答谢别人帮助的话语,常用于捐赠仪式或送别仪式上。

三、答谢词的基本格式

1. 标题

答谢词标题常见的写法有:

(1) 答谢者+答谢场合+文种名称。答谢者姓名前可以标示其身份,对于文种名称,可以灵活使用"答谢""谢词"等代替,如"×××在欢送宴会上的答谢词"。

(2) 答谢场合+文种名称。如"毕业典礼答谢词"。

(3) 正标题 + 副标题。正标题用一句简洁的句子表达答谢词的主旨或答谢者的心愿等,副标题标示答谢者名称、答谢场合、文种名称等,如正标题"为了崇高而美丽的事业",副标题"×××创作 20 周年祝贺酒会谢词"。

2. 称谓

在标题之下另起一行,顶格书写答谢对象的名称。由于答谢词有应对性的特点,一般先称呼发表了欢迎词、欢送词、祝贺词等人的姓名,并在姓名前加上"尊敬的"等敬语,姓名后加上"先生""女士"等称呼;接下来称呼在座的人,如"尊敬的各位来宾"等。在称谓后加冒号,表示强调。

3. 正文

在称谓之下另起一行,每段开头空两格。正文内容一般包括四个部分:一是感谢和问候,对主人或到场嘉宾表达谢意,展现最基本的礼仪修养;二是回顾和赞赏,客观肯定答谢对象的精神风范和发展成果;三是评价和总结,针对双方共同关注的问题进行点评,并发表自己的观点;四是再次感谢,与开头呼应,强调感情。

4. 结束语

在正文之下另起一行,空两格书写。内容大多是简洁的致谢语或祝颂语,也可酌情省略或融入正文。

5. 落款

将署名和日期置于正文之后右下方落款处,表明答谢者姓名和答谢时间。

四、答谢词的写作要求

(1) 感情要真挚热烈。既然要"答谢",就应该动真情、吐真言,展现真挚坦诚、热情洋溢的正面感情,给人如沐春风的温煦之感。相反,冷冰冰、干巴巴的虚假话语难以获得他人的认可,反而会引来对方的反感。

(2) 评价要适度恰当。对答谢对象或自己的评价要恰如其分,不可过分拔高、无限升华,也不能过分简单、一笔带过。一般而言,适度评价对方的行动、精神风貌,向在场嘉宾清楚地介绍对方的情况；客观回顾自己的进步和不足，展现自我谦虚谨慎的风范。

(3) 篇幅要简短，语言要精练。答谢词是在公关礼仪活动刚开始时发表的讲话，绝不可太过冗长。要想篇幅简短，语言必须精练，应尽可能地将可有可无的字、句、段删掉，努力做到言简意赅，明确各部分的表达主题。

【例文分析】

例文一：

婚 礼 答 谢 词

尊敬的各位领导，尊贵的各位嘉宾，亲爱的朋友们、同事们：

大家晚上好！

非常感谢各位在临近年关的百忙时刻莅临我女儿、女婿的婚礼；非常感谢省电视台新闻频道主持人冬安兄弟在任务繁重、时间紧迫的情况下来为我女儿、女婿主持婚礼。我代表我的妻子还有我的亲家，以及我们的一双儿女，真诚地感谢大家！

刚才，我特别尊重的韩教授以我女儿导师的身份为两位新人证婚，我特别要好的朋友兼领导周副校长代表来宾向婚礼致辞，著名诗人沈教授现场赋诗，著名歌唱家任××当场献艺，在座的各位亲友、嘉宾都以不同的形式表达了对新人的真诚祝福；特别是××学院的同事们和我早年的学生们，多日来为筹备今天的典礼四处奔波、昼夜操劳，付出了巨大的劳动。这些，都是我女儿、女婿一生中最珍贵的精神财富之一，值得我和我的家人及亲家永远珍惜、永远回味！

各位亲友、各位嘉宾，在过去几十年的岁月中，你们对我的工作支持良多，对我的家庭关爱良多，对我们的女儿呵护良多。我们一家会永远铭记你们的帮助，我也希望你们在以后的岁月里一如既往地关照、爱护、提携两个孩子。拜托大家了，向大家鞠躬！

再过半月就是庚寅年春节了，我借此机会向各位亲友、嘉宾拜年了！祝大家在新的一年里，身体健康，阖家欢乐，万事如意！

再一次谢谢大家！谢谢冬安兄弟！谢谢所有为今天的婚礼付出辛劳的朋友家人们！

×××
××××年××月××日

(来源：《应用文写作大全》张瑞年，张国俊主编.商务印书馆国际有限公司，2016.)

【评析】 这是一位父亲在女儿婚礼上发表的答谢词，结构完整，情感真挚，可供学习和借鉴。标题点明了场合和文种，称呼表示了对在场嘉宾们的尊重和欢迎。正文部分条理清晰，答谢人首先对参加婚礼的领导、嘉宾及婚礼主持人表示了问候和感谢，然后对婚礼环节中各类嘉宾的祝福方式进行简单的叙述并作了高度评价，接着回顾了几十年时光岁月中与各位嘉宾的深厚情谊，结合时序节令向到场的所有人士表达新春祝福之意，最后以再次感谢收结全文。

例文二：

升 学 宴 答 谢 词

尊敬的各位老师、叔叔阿姨，亲爱的同学、朋友们：

大家晚上好！

我谨代表我的家人，感谢所有来宾在百忙之中抽出宝贵的时间来参加此次升学宴，希望大家能度过一个愉快的夜晚。今天我能够站在这里，与在座各位的支持、学校老师的教导、班级同学的帮助是分不开的，在这里，我想说声：谢谢你们！

首先，我要感谢我的父母，是你们把我带到这个世界，感谢你们为我的成长一直以来的无私奉献，谢谢你们！其次，我也要感谢我的所有老师们，感谢你们多年来的谆谆教导，让我能昂首阔步地迈进大学的校门，谢谢你们！同时，我要感谢所有看着我长大的长辈们，感谢你们一直以来对我的照顾和关心，谢谢你们！最后，我还要感谢我的同学和朋友们，是你们在我最失意的时候，在身边陪我走过了最难过的日子，谢谢你们！

高考是人生道路上一个小小的考验，接下来我将面临更多的新挑战。对于这次高考成绩，我并不满意，所以在进入大学后，我不会懈怠。相反，我将怀着一颗感恩的心发奋努力，以更加优异的成绩回报各位。请大家相信，我未来一定会更努力地走向更远、更好的未来。

谢谢大家！

【评析】　在格式和内容上都满足规范和要求，才是一篇好的答谢词。在内容方面，此篇答谢词重点突出、主题明确、情真意切。但在格式上存在一些错误，这篇答谢词没有落款，应该在右下角注明"署名和成文日期"，这样在结构上才是一篇完整的答谢词。

知识链接

迎送词和答谢词的区别

迎送词和答谢词是在迎送宾客、集会应酬时使用的讲话稿，都是为社交活动服务的。欢迎词和欢送词合称为迎送词，是嘉宾光临或离别时，主办方为表达热烈欢迎或依依惜别之情而发表的友好讲话，体现出主人接待客人的诚意。答谢词用于表达谢意的场合，可以是指客人对主人的热情接待表示感谢的讲话，或是主人对客人的到来表示感激的致辞。二者在写作方法、基础格式方面是大致相同的，但也存在较多差异。

1. 对象不同

迎送词是活动主办方向到来的嘉宾发表的欢迎或欢送的讲话；答谢词则是用于向答谢对象表达谢意的讲话。

2. 时间不同

迎送词一般是在活动开始或结束时使用的；而答谢词一般是在活动中进行的，通常紧跟在欢迎词之后，是对主人的热烈欢迎和真诚招待表示的礼貌性回应。

3. 特点不同

答谢词的特点与迎送词的特点大致相同，皆具有谦恭性、真挚性、委婉性、简短性。

除此之外，答谢词还具有一定程度的被动性，比如说需要答谢主人的哪些方面，具体还要视主人的迎送活动的安排而定，因此答谢词有一定的局限性。

4. 重点不同

欢迎词用于欢迎宾客的到来，欢送词用于欢送宾客的离去，二者的重点都是表达对客人的尊重和赞美；答谢词是在特定的公共礼仪场合下用来表达谢意的讲话，一般在主人致欢迎词和欢送词后，重点在于表达对答谢对象的感激之情。

【任务演练】

1. 新华中学地理科组组长王老师带领该校天文社学生成员到当地天文研究所参观学习，天文研究所所长、部分项目主要负责人等骨干成员对大家的到来表示了热烈欢迎，并耐心为大家解疑释惑。请你代地理科组组长王老师写一篇答谢词。

2. 某生态工程职业学院农学专业的学生于2022年10月10日前往当地农业科学研究院进行专业见习，研究院内的师兄师姐们针对农作物的选育、农业生物技术的研究与开发等问题展开详细讲解和答疑，让学生们受益匪浅。请你以该院农学专业学生代表的身份写一篇答谢词，对师兄师姐们表达谢意。

拓展阅读

古代经典感恩故事

一、怀橘遗亲

陆绩，东汉末年吴郡吴县(今江苏苏州)人，科学家。东汉末年孙权麾下官吏，官至郁林太守、偏将军。陆绩成年后，博学多识，通晓天文历法，星历算数无不涉猎，曾作《浑天图》，注《易经》，撰写《太玄经注》。

六岁时，他随父亲陆康到九江谒见袁术。袁术拿出橘子招待，而陆绩往怀里藏了三个橘子。跪拜告别时，怀中的橘子滚落地上，袁术嘲笑道："陆郎来我家做客，走的时候还要怀藏主人的橘子吗？"陆绩回答说："母亲喜欢吃橘子，我想拿回去送给母亲尝尝。"袁术见他小小年纪就懂得孝顺母亲，十分惊奇。后人有诗为颂，意思是：孝顺皆是出自天性，比如人间的六岁儿童就是这样。怀藏橘子留给母亲，这也堪称奇事了。

二、漂母饭信

此典故源于《史记·淮阴侯列传》，记载了"汉初三杰"之一的韩信知恩图报的故事。

最初，淮阴人韩信出身贫寒、家境穷困。虽有才能却得不到他人赏识，没有被推选去做官，又不会做买卖维持生活，所以只好寄人篱下，经常受到当地人的辱骂和鄙视。有一次，韩信在城下钓鱼，旁边有几位老大娘在漂洗丝絮。其中一位大娘看见韩信饿了，就拿来饭菜给他吃。几十天都如此，直到漂洗完毕。韩信非常感激，对那位大娘说："我一定会重重地报答您老人家。"大娘生气地说："我是可怜你这位公子才给你饭吃，难道是想要你的回报吗？"

韩信是个懂得感恩的人。尽管"漂母"并无图报之心，但韩信还是履行了他对"漂母"的承诺。成了大汉将军后，韩信找到了当初恩予他的"漂母"，给了她一千两黄金。历史记载，"漂母"去世后，为传递报恩之情，韩信亲率十万将士共同为漂母墓添土。于是淮阴运河码头上，便留下了方圆约二十五米的大墓。至今，漂母墓、漂母祠仍巍然屹立在淮安境内，成为国内著名的母爱文化教育基地。

三、结草衔环，以报恩德

"结草衔环"，是由"结草"与"衔环"两个有关报恩的传说组成的成语，比喻感恩报德，至死不忘。每个人都应该怀有一颗向善的心，并且相信善行必会得到善报。

"结草"即把草结成绳子，搭救恩人。其典故出自《左传·宣公十五年》，据说晋国大夫魏武子有个小妾叫祖姬，没有生儿子，不过魏武子很喜欢她。有一次，魏武子生病了，他对儿子魏颗说："我死了以后，你就把祖姬嫁给别人。"但是到了他临死之时，又改变了主意："我死了以后，一定要让祖姬给我殉葬。"

魏武子死后，魏颗并没有把祖姬拉去陪葬，而是把她嫁给了别人。对此，魏颗的弟弟非常不爽，他质问哥哥为什么。魏颗说，他父亲刚生病的时候，头脑是清醒的，所吩咐的事情是他真实的想法。后来他病得很重的时候，神志混乱不清，说的是胡话。因此遵照真话去执行，没有什么不孝的地方。

公元前594年7月，秦桓公出兵伐晋，晋军和秦兵在晋地辅氏(今陕西大荔东)交战。晋将魏颗与秦将杜回相遇，二人厮杀在一起，正在难分难解之际，魏颗突然见一老人用草编的绳子套住杜回，结果这位堂堂的秦国大力士站立不稳，摔倒在地，当场为魏颗所俘，使得魏颗在这次战役中大败秦师。

晋军获胜收兵后，当天夜里，魏颗在梦中见到那位白天为他结绳绊倒杜回的老人。老人说："我是祖姬的父亲，感谢你把她嫁走而没有让她为你父亲陪葬，我'结草'，是为了报答你的大恩大德。"说完老者就消失了。

"衔环"意为嘴里衔着玉环，语出《后汉书·杨震传》。杨宝是东汉名臣杨震的父亲，是一位才华横溢、品德高洁的名士。传说他9岁那年，在华阴山北(今华山之北)救了一只受伤的黄雀。当时，这只黄雀被凶恶的老鹰咬伤坠落，又被一群蚂蚁团团围住，善良的小杨宝动了恻隐之心，救了黄雀并将它带回家中治伤。他悉心照顾着这只黄雀，将它放在箱中保护起来，并只给它喂饲黄花。直到百日后，黄雀的伤养好了，羽翼丰满了，才振翅飞走。

就在当天晚上，杨宝梦见这只黄雀幻化成了一个黄衣童子，真诚地对他拜谢，说他是西王母的使者，非常感谢杨宝的救命之恩。还将四枚白玉环赠给杨宝，说此环可保佑杨宝子孙位列三公(西汉指太尉、司徒、司空)，为政清廉，处世行事就像白玉环一样洁白无瑕。结果，真如黄衣童子所言，杨宝的儿子杨震、孙子杨秉、曾孙杨赐、玄孙杨彪四代都官至太尉，而且都刚正不阿，为政清廉，他们的高洁美德也为后世广泛传颂。

第三节　邀　请　函

【学习目标】

1. 了解邀请函的写作格式与技巧。

2. 能够根据不同的场景撰写格式正确的邀请函。

3. 能够准确表达交际意图，关注邀请函交际语境的复杂性，学习符合特定场景的文化礼仪。

【知识储备】

"邀请"二字出自唐代卢纶的《浑赞善东斋戏赠陈归》一诗，意为请人到自己的地方来或到约定的地方去。子曰："有朋自远方来，不亦乐乎？"为了对远道而来的朋友表达发自内心的喜悦和尊敬，邀请人需要使用较为正式的礼节性信件来邀请八方宾客、汇聚四海宾朋，发扬中华民族乐于交友、以和为贵的优秀传统。因此，邀请函是实际生活工作中使用较多的一种文体，呈现形式较为多样。如在喜宴中，它叫"喜帖"；在生活中，它叫"请柬"；在日常工作中，它叫"事务信函"。但不管怎么变，邀请函都依托于书信形式而存在。

一、邀请函的概念

邀请函是邀请亲朋好友、知名人士或专家等参加某项活动时所发的请约性书信，与日常交际中的邀请活动有着密切关系。不同于具有指导性、约定性的通知，邀请函必然带有礼仪性质。在国际交往以及日常的各种社交活动中，这类书信使用广泛。

二、邀请函的作用

使用邀请函，既可以表达对被邀请人的尊重，又可以表明邀请方对此事的郑重态度。如在各种会议、婚礼邀请、典礼仪式、公司聚餐等活动上，均可以使用邀请函，使被邀请人体味到主人的热情与诚意，感到喜悦和亲切。同时，邀请函还可以表明邀请方的重视程度和充分准备，证明邀请方对被邀请人的心意，从而加深双方的交流与合作。

三、邀请函的特点和种类

1. 邀请函的特点

(1) 针对性。针对性即指对确定的对象采取具体的措施，提高工作效率。邀请函是企事业单位、团体、组织或个人为邀请有关人士参加某项活动而写的一种书信，其邀请对象和邀请的具体内容都具有较强的针对性。

(2) 事务性。事务性即指为邀请工作提供基础服务。邀请活动是事务性极强的社交活动，要呈现基础信息并考虑客观效果。因此，邀请函要提供活动或会议的具体内容、时间、地点等因素，以便邀请对象权衡决定。

(3) 礼貌性。邀请函是为社交活动服务的礼仪文书，因此礼貌性是邀请函的基本原则和显著特征。这体现在内容表达上的赞美肯定和对固定礼貌用语的使用上，强调双方和谐友好的交往。同时，要注意用词准确、富有文采，让被邀请人感受到邀请方的热情、诚意和尊重。

2. 邀请函的种类

(1) 按照邀请对象的不同，邀请函分为单位邀请函和个人邀请函。

(2) 按照邀请内容的不同，邀请函分为会议邀请函和活动邀请函。其中，会议邀请函一般分为两类：一类是对某些重要人物，如专家、学者等发出的邀请函；另一类是对特定对象、群体或人员发出的邀请函。活动邀请函包括商务活动邀请函和学术活动邀请函等。

四、邀请函的基本格式

邀请函通常由标题、称谓、正文、结尾和落款五个部分组成。

1. 标题

标题一般由礼仪活动名称和"邀请函"组成，如《中国农业发展论坛邀请函》《联谊活动邀请函》等。

2. 称谓

左顶格呈现被邀请者(个人或单位)的姓名或名称，写明主送对象。姓名之后可以加"书记""主席"等职务或"先生""女士"等尊称，如"尊敬的×××女士""尊敬的×××总经理"等。单位名称要用全称，以示尊敬。称呼之后加冒号，表示与正文有联系。

3. 正文

在称谓下一行空两格开始写正文，要求书写格式正确，符合公文规范。此部分通常包括邀请目的、时间、地点、对象、日程、事项、联系方式等内容。务必把活动的各种事宜写清楚、周详，如差旅费等活动经费的开销来源，被邀人应准备的材料、文件、节目、发言等。为了方便安排活动，如有必要，可请对方回复能否应邀，并说明其他具体要求。

4. 结尾

一般以常用的邀请惯用语来结尾，表示感谢的同时，致以礼节性问候，如"恳请光临""欢迎指导""致以敬意"等。

5. 落款

在落款处要署上邀请者的全称和成文日期，写明具体的年、月、日，如 2023 年 5 月 26 日。

五、邀请函写作的注意事项

(1) 信息要全面。在起草邀请函之前，要充分了解邀约活动的各方面情况，如活动主题、邀请意图、报到路线、食宿安排等，确保呈现出准确真实、条理清晰、全面具体的邀请信息。可以采用开门见山或层层深入的写法，明确主题、突出重点，邀请事项务必周详，减少意想不到的麻烦。此外，邀请函要提前发送，让被邀请人有足够的时间作统筹安排。

(2) 态度要严肃。邀请函的内容和格式都是相对固定的，但由于被邀请人的身份、地位、职务、职业等不同，写邀请函时要注意态度和语气，不可随意敷衍或开玩笑。写错邀请对象的姓名、遗漏有关内容，都是写邀请函的大忌。因为无论出现何种差错，最终受到影响的还是邀请方的社交活动，所以邀请函一定要反复检查，避免出现低级错误。

(3) 语言要精练。语言应得体、委婉、礼貌、通俗、精练，既要写清楚相关事务，又要符合礼仪要求，给对方一种热情周到、亲切自然的感觉，进而取得较好的交际效果。一封邀请函不用长达上千字，也不用长达几十页，篇幅短小反而利于阅读和传播。在写作时，不要使用过于冗长的句子，尽可能用简洁精练的语言表达。同时不要使用过于含糊的语句，避免引起对方的误会。

【例文分析】

例文一:

××中学×级×班同学"再相会"联谊活动邀请函

×××同学:

你好!

每提及你的名字,仿佛你就站在我们眼前,仿佛又回到火热的学校生活,思念之情油然而生。想来你也和我一样,很想一聚。

四十五年啦,但多彩的学校生活还是那么清晰。我的眼前常常浮现出教室门前那棵葱绿的核桃树,浮现出假山旁那几杆婆娑的青竹,浮现出那带有神秘色彩的西式建筑——教堂;耳畔常常回响起徐李云校长那幽默的话语,回响起张德沛老师那振动人心的演讲,回响起刘洪铃师傅摇动的悠远、清脆的铃声;脑海里更浮现起××年辉煌的高考,记得我们高一(1)班演出的引人注目的"红梅赞",记得我们清晨书声琅琅、志存高远。

四十五年啦,不论浪迹于天涯、还是踟蹰于海角,不论在从军路上、还是在三尺讲台,不论享受着成功的辉煌、还是咀嚼着失意的苦涩,那深深的同学情啊,始终像一坛陈年老酒,日久弥浓的醇香,深深地陶醉着我们。多少次神游母校,多少次梦醒相会。聚吧,日已过午,不聚更待何时?

四十五年啦,我们这一群鬓染微霜、年过花甲之人又要相聚了,那赤子之情犹如激流般涌动。撂下厨房的汤勺,丢下手里的菜篮,扶下膝头的爱孙,不顾汽车的颠簸,不怕航轮的惊涛,不惧飞机的气旋,奔跑着,跳跃着,唱着,笑着,紧紧相拥,有无数深情要叙,有无数挚语要说!

四十五年啦,来吧!相聚的激情、相聚的欢乐、相聚的回忆,将是尚满天际的红霞、重阳佳节的黄菊,描绘成我们人生中一道亮丽的风景线。给我们鼓舞,给我们热情,给我们感悟,给我们温馨。来吧!你的到来将给联谊增辉,你的缺席将使每一个人怅然。来吧!我想每一个同学都将张开着热情的双臂,期待着、期待着你的到来!

×××
2023 年 5 月 21 日

【评析】 这篇邀请函文采飞扬、感情充沛,结构上标题、称谓、结尾和落款都非常清晰准确,但没有呈现活动的具体内容、目的、时间、地点、方式以及邀请方所做的工作内容等信息,从而使得整篇邀请函的内容华而不"实",重点不突出。因此,除了要掌握邀请函的基本写作格式外,还要注重邀请函的事务性这一特点。

例文二:

××年中国农业发展论坛邀请函

尊敬的领导、专家们:

2016 年是"十三五"开局之年,中央一号文件连续多年聚焦"三农",强调坚持不懈推进体制机制创新,大力推进农业现代化,中国农业面临前所未有的历史机遇。但中国农业发展也必须应对一系列的重大挑战。中国农业必须进行供给侧结构性改革,加快转变农业发展方式，推动产业融合发展；我国农业企业必须利用国内国际两个市场、两种资源，赢得参与国际市场竞争的主动权。各路资本和商业领袖进军农业，农业投资竞争压力越来越大，农业企业必须转变观念，创新投融资方式。

"××中国农业发展论坛——'十三五'与中国农业发展"将围绕'十三五'规划的中国农业，就农业供给侧结构性改革、中国农业走出去、中国农业金融、农业互联网+等问题，邀请各领域专家学者、政府高级官员、农业企业领袖、投资机构等与会互动交流，共同探讨阐释中国农业发展的挑战与机遇。

"中国农业发展年度论坛"始于2010年，每届论坛聚焦中国农业政策、经济发展与企业管理的热点问题，集官、学、商各界精英于一堂，被认为是中国最具影响力的农业领域公开学术论坛和年度管理论坛之一，是各方代表关于农业的一场思想盛宴。

我们诚挚邀请您出席此次论坛！

若确认参会，请按照附件填写报名表，并在论坛现场进行签到。

会议时间：××年×月×日，周日8:00至18:00。

会议地点：中国农业大学食品学院报告厅

论坛组委会地址：北京市×××路17号

邮编：×××89

电　话：010-××××××

传　真：010-××××××

联系人：×××老师

E-Mail：×××168@edu.cn

附件：中国农业发展论坛报名表

中国农业大学

×××年×月×日

(资料来源：李阳，刘一凡."2016中国农业发展论坛"聚焦农业大格局[J].中国农资，2016(15):1-1.)

【评析】　这是一篇关于论坛会议的邀请函。函中交代了主办单位、会议时间、会议地点、会议内容及具体的联系途径，信息完整。同时，活动的时间、地点和联系方式另起独立行写明，这样更加醒目，会给受邀人留下清晰准确的印象，做好参加论坛的准备。整体来说，全篇语言简洁、思路清晰、表达准确，是一篇不错的邀请函。

知识链接

邀请函和请柬的区别

1. 内涵性质差异

邀请函一般是为具有实质性的工作、任务或事项发出的正式信件，属于公务活动的范畴，如学术研讨会、科技成果鉴定会等。这种信函在行文时，需要在标题中明确说明"邀请函"的文种。在内容上，要明确表明邀请宾客参加某种活动的意图。对于这种信函的书写格式、用语规范，要求非常严格，不能有任何差错。否则会使人产生误解，认为是一种"通知"性质的信函。

请柬一般是为礼仪性、例行性、娱乐性活动发出的卡帖，如"婚宴""庆典""晚会"等。它不具有正式性，一般用于普通朋友之间、同学之间、同事之间、兄弟姐妹之间等。在内容上，不需要写得很正式，表述清楚邀请人的意图即可。这种信函的书写格式和用语要求一般不会影响被邀请人和邀请人之间的关系，而且一般只需简短地表达一下自己对对方到来的欢迎之意即可。

2. 结构要素差异

邀请函往往对事宜的内容、项目、程序、要求、作用、意义作出介绍和说明，结构复杂、篇幅较长。文尾还要附着邀请方的联络方式，且以回执的形式要求被邀请人回复是否接受邀请，文尾处邀请方需要加盖公章表示承担法律意义上的责任。

请柬内容单一、结构简单、篇幅短小，可用两三句话写清活动的内容要素。一般可购买统一制作的卡帖成品，有时也可自行制作随意化、人性化的精美卡帖，不要求被邀请人回复是否接受邀请，邀请人不必加盖印章。

3. 语言特征差异

邀请函的文字容量大于请柬。从整体而言，邀请函对事宜的内容、项目、程序、要求、作用、意义作出详细的介绍和说明，务必使被邀请人明确其中的意思，达到正常交流交际的效果，最终做到表意周全、敬语有度、语气得体。

请柬的文字容量有限，要十分讲究对文字的推敲。语言务必简洁、庄重、文雅，但切忌堆砌辞藻；语气尽量热情、轻松，但切忌俚俗的口语；请语以文言词语为佳，但切忌晦涩难懂。最终做到话语简练、达雅兼备、谦敬得体。

【任务演练】

1. 假期生活即将结束，我们又要回到熟悉的校园。学校将于9月1日上午，在操场举行以"乐于拼搏，勇于创新"为主题的开学典礼，计划邀请的嘉宾有：教委领导、家长代表、公安局或司法局人士、往届优秀毕业生。参会嘉宾的邀请工作由学校团委宣传部负责。作为团委宣传部部长，请你从被邀嘉宾中选择一位邀请对象，撰写一份邀请函。

注意：

(1) 介绍清楚活动的时间、地点、主题等内容；

(2) 根据嘉宾身份进行得体表达。

2. 请结合所学知识，指出以下邀请函中存在的问题，并加以修改。

邀 请 函

尊敬的王馆长：

您好！

为让大家知晓身边的文化遗产，了解曲靖历史文化，我校拟举办"走近爨文化"的综合性学习活动。我们深知您在爨文化研究方面颇有建树，特邀请您为全体师生做"爨文化知识"专题讲座。我校将于2023年5月30日下午3点整，在学校礼堂举行"走近爨文化"活动。

期待您的到来！

××学校(签章)
2023 年 5 月 30 日

拓展阅读

以诗相邀，优美文雅

一、陌上花开，可缓缓归矣

五代十国时期，吴越王钱镠从贩卖私盐开始，南征北战，最后独霸一方。但事业上的成就并没有影响钱镠的浪漫基因，他一如既往地宠爱妻子，为我们留下了"陌上花开，可缓缓归矣"的典故。钱镠的妻子戴氏，每年寒食节都要回娘家祭奠祖先、陪侍双亲。那一年，戴氏在娘家一住就是几十天，从春天住到夏天，让钱镠思念不已。怎么让妻子早点回来呢？钱镠看着葳蕤的草木、各色的花朵，提笔写下一封家书，末句云："陌上花开，君可缓缓归矣。"作为吴越君主，人家钱镠没有呵斥妻子"怎么还不回来"，也不说"我想你了快回来吧"，而是说："亲爱的，你看，我们一起走过的小路，花都开了，每次走过，我都会想，如果你在我身边一起赏花该有多好。你愿意的话，就回来吧，回家也不用着急赶路，不要累着，一路上边走边看，慢慢走！"钱镠通过巧妙的文字邀请妻子回家，伴着陌上花开的香气，带上缓缓归矣的优雅。

二、不及汪伦送我情

"李白乘舟将欲行，忽闻岸上踏歌声。桃花潭水深千尺，不及汪伦送我情。"这首诗写于唐玄宗天宝十四载(公元755年)，李白游泾县(今安徽皖南地区)桃花潭。汪伦是此地的县令，生性豪爽，经常仗义疏财，慷慨解囊。当时李白虽然官运不济，但诗名远扬。汪伦非常仰慕，希望有机会一睹诗仙风采。可是，泾县名不见经传，自己也是无名小卒，怎能请到大诗人李白呢？为了邀请李白到桃花潭做客，汪伦竟然不惜"撒谎"，他写了一封邀请函，其中写道："先生好游乎？此地有十里桃花，先生好饮乎？此地有万家酒店。"——先生啊，您喜欢游玩吗？春天来了，我们这儿几十里桃花林的桃花都盛开了！先生啊，您喜欢饮酒吗？我们这里新开了万家酒店，咱们俩来个一醉方休吧！

十里桃花、万家酒店，谁能挡得住这般诱惑？接到汪伦的书信之后，本就嗜酒如命的李白立刻动身，马不停蹄地去找汪伦，一见面便要去看"十里桃花"和"万家酒店"。汪伦微笑着告诉他："'桃花者'，潭水名也，并无桃花；'万家者'，店主人姓万也，并无万家酒店"——桃花是我们这里潭水的名字。桃花潭方圆十里，并没有桃花。万家是酒店店主的姓，并不是有一万家酒店。李白听了，先是一愣，接着哈哈大笑。

汪伦留李白住了好几天，在这里，群山环抱，重峦叠嶂，池塘馆舍，清静深幽，仙境一般，李白每天饮美酒，吃佳肴，听歌咏，高谈阔论，欢愉达旦，对主人产生了相见恨晚的情感。当李白想爬山的时候，汪伦更是不遗余力地陪同左右。当李白爬山玩累了，想到湖边走一走的时候，汪伦更是包下了一艘游船，让李白感到非常惬意。对李白来说，与汪伦相处的一段时间，才是他一生中最快乐的时光，心中的烦心事儿烟消云散。

或许正是基于此，李白在临别之时，才会为对方吟诗一首《赠汪伦》。这首诗不仅让汪伦这个县令名垂青史，还使桃花潭因此成为游览胜地，吸引众多游人。而这首诗，看起来直白显露，却率真洒脱，很有人情味，正是清水出芙蓉，天然去雕饰，看似寻常，却是最奇绝的典范。

三、晚来天欲雪，能饮一杯无？

《问刘十九》是白居易晚年隐居洛阳、思念友人时所作。刘十九是作者在江州时的朋友，作者另有《刘十九同宿》诗，说他是嵩阳处士。在一个风雪飘飞的夜晚，白居易邀请朋友前来喝酒："晚来天欲雪，能饮一杯无？"描写了共叙衷肠的美好情景。此诗以如叙家常的语气、朴素亲切的语言，写出对把酒共饮的渴望，表现了朋友间诚恳亲密的关系。全诗简练含蓄，轻松洒脱，而诗句之间，一脉相通，一气贯之。

第三章　就 业 文 书

【情景导入】

毕业前夕，辅导员老师在班级群里转发了一条关于下周校园招聘会的微信推文，毕业生赵德看到A公司的名字出现在参会企业名单中。A公司是市里著名的企业，不仅规模大、实力雄厚，还致力于公益慈善事业，赵德一直向往去A公司工作。如今机会来了，他很是激动，却瞬间陷入迷茫，一是担心自己在招聘会上无法得到A公司的青睐，二是就业后的工作情况对他来说充满未知。为此，赵德向辅导员老师请教了求职和就业的事宜。

【章前思考】

子曰：工欲善其事，必先利其器。赵德要实现成功就业的目标，就需先掌握就业文书的相关内容和写作技能。那么，你知道什么是就业文书吗？就业文书有哪些类别？它们的写作要求又有什么不同？

第一节　自 荐 信

【学习目标】

1. 了解自荐信的概念、作用和特点。
2. 掌握自荐信的基本格式和写作要点。
3. 提升营销自我、展现优势的能力。

【知识储备】

美国著名学者戴尔·卡耐基认为，生活是一连串的推销，我们推销商品、推销项目计划，我们也推销自己。当前我国高等教育事业发展日新月异，不断迈向新台阶，一批又一批人才涌现，给经济市场带来大量生机。日益增长的人才量、有限的工作岗位，必然导致就业市场的竞争日益激烈。高校毕业生时常顶着压力在求职市场中穿梭往来，在互不了解的面试过程中，需要利用各种途径和方法去介绍自己、展示自己、推荐自己，让用人单位了解并选择自己。而其中一种有效的自我推荐途径，就是撰写自荐信。

一、自荐信的概念和作用

1. 自荐信的概念

自荐信是求职者为寻求工作，向用人单位介绍自我、推荐自我的信件，通过表述求职意向和概述经验能力，证明自己适合担任某项工作或从事某种活动。

2. 自荐信的作用

作为谋职的重要材料之一，自荐信是大学毕业生涉足社会、寻找工作的敲门砖，也是与用人单位进行沟通交流的一种简单直接的方式。对求职者而言，一封好的自荐信，能吸引用人单位的注意和兴趣，创造面试机会，增加就业成功的概率。对用人单位而言，通过自荐信可以初步了解求职者的文化知识水平、语言文字素质、工作能力、思想性格等情况，从而快速判断其是否符合求职单位的用人标准。

拓展阅读

毛 遂 自 荐

据《史记·卷七十六·平原君虞卿列传》记载，战国时，秦国出兵攻打赵国，包围了赵都邯郸，情况十分危急。于是赵王派平原君前往楚国，请求救援。平原君打算在其门下食客中挑选出二十个文武人才一同前往，但只挑选出十九个，剩下的都不符合条件。这时，有一个名叫毛遂的人，主动向平原君推荐自己，请求加入前往楚国的行列。平原君问："你在我们门下多久了？"毛遂回答："三年了。"平原君说："一个真正有才能的人，就好像一把放在袋子里的锥子一样，立刻就会显露出锋利的锥尖。而你在我门下三年了，我却没听说过你有什么表现，你还是留下吧！"毛遂说："我现在自我推荐，就是请求你把我放进袋子里，如果早点有这样的机会，那我就不只是露出锥尖而已，而是早就显露出才能，锋芒毕露了！"平原君觉得毛遂说得有道理，就答应让他一同前往。

到了楚国，平原君和楚王会谈，从早上到中午，都没有结果。毛遂于是持剑走到楚王面前，极力说明赵、楚联合抗秦的利害关系。楚王终于被说服，答应赵国愿意出兵援救。于是两国当场歃血为盟，誓守联合抗秦的盟约。毛遂这次不仅帮平原君完成任务，也为国家立下了功劳，让大家对他刮目相看，平原君因此待他为上宾。后来这个故事被浓缩成"毛遂自荐"这个成语，比喻自告奋勇，自我推荐。

二、自荐信的特点

(1) 针对性。针对性指自荐信要根据用人单位情况、岗位职责、任职条件、读信人心理、个人自荐目标来写。因为自荐的前提是求职者要符合用人单位的要求，具备从事目标工作的能力，所以为达到成功推荐自我的效果，自荐信内容要有针对性。

(2) 推举性。推举性指自荐信具有鲜明的自我推销特点，其目的就是推销自己。"取士之方，必求其实"，用人单位要选贤任能，却不知自荐者是否能人，此时自荐信充当了两者之间沟通的媒介。因此，书写自荐信时应当充分展示自己的能力、工作业绩和优势，以卓异的自身条件吸引读信者的眼球，得到用人单位的重视。

(3) 竞争性。竞争性指自荐信能在求职角逐中给自荐人带来竞争力。求职是一个竞争过程，在你投递出自荐信的同时，很多竞争者也在争取这个岗位。利用自己的智慧和创造性思维，撰写一封有个性特色、有亮点的自荐信，让个人才能和潜能在有限的空间里绽放光彩，彰显出强劲的综合能力，才能在激烈的竞争中脱颖而出。

三、自荐信的基本格式

从形式上看，自荐信属于书信文体，同书信的写作格式基本一致，但也有特定的写作内容。一般分为标题、称呼、正文、致敬语、落款和附件六个部分。

1. 标题

自荐信通常以文种名称为标题，可直接使用"自荐信"三个字，位于首行的居中位置，字体略大于正文字体。因为自荐信一般比较简明扼要，因此标题也应简洁明了，文字不宜过多，显得庄雅、大方。

2. 称呼

称呼是对主送单位或收件人的呼语，须顶格写，后加冒号。称呼一般由招聘单位名称+收件人职位组成，前面冠以"尊敬的"表示尊重，如"尊敬的××公司人事处处长""尊敬的××小学校长"等。若不清楚收件人的具体信息，可直接称呼"尊敬的××厂负责人""尊敬的贵单位(公司/学校)领导"等。自荐信不同于普通的私人信件，它具有私事公办的特点，其称谓用语应严谨，不宜使用过分亲昵的称呼。

3. 正文

正文是自荐信的核心，一般包括问候语、简介、自荐目标、自荐缘由、自荐人条件、自荐人期待等内容。

1) 问候语

通常用"您好""衷心感谢您在百忙之中垂阅我的自荐信"等语句开头，以表达对读信人的问候致意。

2) 简介

简介写明姓名、性别、年龄、政治面貌、学历、毕业院校、所学专业等要素。根据招聘要求、自荐目标，有选择地进行自我介绍，注意详略得当。

3) 自荐目标

可说明招聘信息的来源，并表达自己的求职意向，明确自己要应聘的具体岗位或职位名称，如"从网上获悉贵公司拟招聘一名文秘工作人员，故特呈自荐信以应聘"。

4) 自荐缘由

指期望获得该工作的原因，一般简述对用人单位的认识，并适当表达对其知人善任的用人理念、唯才是举的管理思想等方面的赞誉之情。要尽可能地体现出对用人单位的熟悉和高度认可，以及对从事该单位某工作的强烈愿望。

5) 自荐人条件

自荐人条件是自荐信的关键内容，主要阐述自己的才能、特长和成绩。写作时应根据招聘岗位信息，有针对性地展示自身条件，突出优势，强调与岗位的契合度，以取得用人单位的认可。具体可以从以下几个方面去写：

(1) 基本条件。基本条件包括专业知识、专业技能等。具体可描述求学期间所学的课程知识、成绩情况、专业能力、研究成果、计算机操作技能、外语水平、普通话水平、写作能力等内容。

(2) 特殊条件。特殊条件包括爱好特长、校园实践、社会实践等。具体可描述在校期间担任过的职务、参加或组织过的大型活动、比赛或培训进修情况、所获荣誉、社会实践活动、业余爱好、个人特长等内容。

(3) 自我评价。自我评价包括思想素质、性格特征、特殊经历等，如介绍自己对工作学习的态度、以某段经历简述自己的性格类型。

6) 自荐人期待

自荐人期待部分一般应强调求职者的愿望决心，表达出加入所应聘单位的强烈期望，期待收到对方的回复与面试机会。

4. 致敬语

正文写完后，另起一行写上敬意、祝颂、感谢之类的语句。如"此致敬礼""祝愿贵公司蓬勃发展，日甚一日"等。

5. 落款

致敬语的右下方写上自荐人的真实姓名，可写成"自荐人：×××"，或为表谦逊礼貌，可写成"×××敬呈""×××谨呈"。若自荐信是打印的，则落款需亲自手写，字体要工整。姓名下一行要规范地写上日期"××年×月×日"。

6. 附件

自荐信附件主要包括个人简历、成绩单、推荐信(表)、职称证书、技能证书、获奖证书、个人作品及其他证明自己能力和特长的材料。电子附件材料要修改好文件名，按顺序排列，纸质附件材料应附在自荐信之后。

四、自荐信的写作要点

一份好的自荐信能带来面试甚至被录用的机会，而一份不好的自荐信会使投出的简历变废纸、泥牛入海。要写好自荐信，需掌握以下写作要点：

(1) 知己知彼，找准目标。《道德经》提到："知人者智，自知者明。"能了解、认识他人的人拥有智慧，能了解、认识自己的人非常聪明。在撰写自荐信前，首先从自身条件着手，全面地了解自己，找准个人职业规划、价值追求，认真、客观地剖析自己的优势和劣势。其次，从用人单位方面入手，通过多个渠道获知单位的发展历史、运营规模、经营策略、奋斗目标等信息。最后，换位思考，即站在招聘者的角度思考问题，探析招聘者的想法与期望，做到知彼知己，使自荐目标更为明晰。

(2) 有的放矢，突出重点。自荐信的撰写必须要有针对性，抓住重点，做到有的放矢、对症下药。一是针对用人单位所需、目标岗位选拔条件来写，从罗列的个人基本信息中，留意自己的学历专业、技术技能等是否符合对方的要求，逐条对应且言简意赅地介绍自身基础情况，表明自己切合对方的要求。二是针对自身特长来写，介绍自己的能力、专长、兴趣爱好、个性特点，表明潜在的实力，凸显自身卓尔不群的优势条件。三是要处理好主次内容，突出重点。可自我介绍的内容有很多，但不可一一列举，要突出介绍能引起读信人兴趣或关注的内容，展示具有说服力的事实材料和数据，以达到最优的自我推荐效果。

(3) 增强自信，展示潜力。"用人不限资品，但择有才"，选择任用人才不应该局限于资历或品级，只要有才能，就应大胆选择。毕业生求职缺乏实际工作经验、社会资历浅，在经验阅历比拼上，劣于社会人员。但毕业生有独特的优势，理当增强自信心，切勿气馁，做到扬长避短，展示潜在能力，敢于推销自己。一要坦诚直白地陈述自我想法与期望，直截了当地提出想要争取的岗位和机会。二要大胆展示个人综合素质，如专业成绩、人际沟通能力、学生干部任职收获、社会实践活动经历等，让企业了解自己的才能。三要敢于表露自己的努力与决心，适度地介绍自己不畏艰险、任劳任怨、斗志昂扬的优良品质，表达要为企业做出一定贡献的决心。当然，自信不等于大吹大擂、夸大其词，而应恰如其分、实事求是。

(4) 言简意赅，表述清晰。自荐信的言语可以体现一个人的语言表达与运用能力、沟通能力、逻辑性、细心程度。写作要注意繁简得当、表述清晰明了，好的自荐信能给用人单位很好的印象；倘若写作不当，结果将适居其反。首先，自荐信内容要言简意赅，用简练的词句表达较丰富的思想，切忌拖沓冗长。招聘负责人事务繁忙，每日要处理大量求职信件，无暇阅读长篇大论式文章，但也不能太短、过于粗略，否则无法说明清楚个人信息。其次，表述要清晰具体，描述爱好特长、工作成就时，多用数字、实例等，少用含糊笼统的字眼，做到当繁则繁，该简则简。最后，自荐信要反复翻看、修改，仔细斟酌其内容和语言表达有无错漏，切忌出现错别字、病句、词不达意等问题。

(5) 态度诚恳，措辞得当。自荐信要遵循礼节，无论是称呼、问候、祝词还是字里行间的表述，都要做到尊重对方，讲究恭敬有礼，这体现了求职者的素质。求职者或许会存在一信多投的情况，在投递前，务必检查对用人单位的称呼是否准确无误。同时，措辞表达也应讲求分寸，不必降低身段去过分迎合吹捧对方，要以坦坦荡荡的谦敬之词明示诚心，做到不卑不亢，自信而不自傲，恭而不近于谀。表明一旦入职，与单位共患难、同进退的决心，谱写共同奋斗拼搏的愿景，做到以心感人、以情动人。

(6) 富有个性，忌公式化。要想从几十上百封信件中脱颖而出，富有个性的自荐材料会更引人注目。第一，自荐信是与简历一同呈现给用人单位的，有相辅相成的作用。因此，自荐信不应全盘重复简历上的内容，应当重点突出"为何荐""凭何荐""怎么荐"。第二，切忌套用公式化模板或照抄照搬他人的材料，"放诸四海而皆准"的通用型自荐信看似适合全部岗位，实则缺乏个性化与针对性，难以达到谋职目的。因此，撰写自荐信不该拘泥于通用的写法要以创新的想法、新颖的立意、独特的语言风格，吸引阅信人眼光。第三，恰当地运用修辞手法，以提升用语的表现力，使表达生动形象，还可适当使用诗词名句、文言词语，以增强信件的表达效果。

拓展阅读

　　自荐和引荐，古时谓之"干谒"。"干"是指追求、请求、谋求，"谒"即进见、拜见之意。干谒，就是求得宰辅大臣、文坛巨擘、前辈乡贤等大人物的关照，以赢得政治声誉，或增加仕进筹码。

　　干谒诗则为古代文人为引荐自己而写的一种诗歌，类似于现代的自荐信。不同的是，古人的干谒诗往往十分含蓄，不像现代自荐信那般直白，多咏物抒情，向达官贵人呈献诗文，展示自己的才华与抱负，以求引荐。王维、高适、欧阳修、李白、杜甫、孟浩然等著名文人都曾干谒求仕，留下了许多流传千古的名诗佳句。

望洞庭湖赠张丞相
孟浩然(唐)
八月湖水平，涵虚混太清。
气蒸云梦泽，波撼岳阳城。
欲济无舟楫，端居耻圣明。
坐观垂钓者，徒有羡鱼情。

与韩荆州书
李白(唐)

　　白闻天下谈士相聚而言曰："生不用封万户侯，但愿一识韩荆州。"何令人之景慕，一至于此耶！岂不以有周公之风，躬吐握之事，使海内豪俊，奔走而归之，一登龙门，则声价十倍！所以龙蟠凤逸之士，皆欲收名定价于君侯。愿君侯不以富贵而骄之、寒贱而忽之，则三千之中有毛遂，使白得脱颖而出，即其人焉。

　　白，陇西布衣，流落楚、汉。十五好剑术，遍干诸侯。三十成文章，历抵卿相。虽长不满七尺，而心雄万夫。皆王公大人许与气义。此畴曩心迹，安敢不尽于君侯哉！

　　君侯制作侔神明，德行动天地，笔参造化，学究天人。幸愿开张心颜，不以长揖见拒。必若接之以高宴，纵之以清谈，请日试万言，倚马可待。今天下以君侯为文章之司命，人物之权衡，一经品题，便作佳士。而君侯何惜阶前盈尺之地，不使白扬眉吐气，激昂青云耶？

　　昔王子师为豫州，未下车，即辟荀慈明，既下车，又辟孔文举；山涛作冀州，甄拔三十余人，或为侍中、尚书，先代所美。而君侯亦荐一严协律，入为秘书郎，中间崔宗之、房习祖、黎昕、许莹之徒，或以才名见知，或以清白见赏。白每观其衔恩抚躬，忠义奋发，以此感激，知君侯推赤心于诸贤腹中，所以不归他人，而愿委身国士。傥急难有用，敢效微躯。

　　且人非尧舜，谁能尽善？白谟猷筹画，安能自矜？至于制作，积成卷轴，则欲尘秽视听。恐雕虫小技，不合大人。若赐观刍荛，请给纸墨，兼之书人，然后退扫闲轩，缮写呈上。庶青萍、结绿，长价于薛、卞之门。幸惟下流，大开奖饰，惟君侯图之。

(引自：石恒.谈谈自荐材料的制作[J].应用写作，2021，08:27-29)

【例文分析】

例文一：

自　荐　信

尊敬的院领导：

　　您好！

　　衷心感谢您在百忙中垂阅我的自荐信。我叫×××，是一名来自××市医学高等专科学校临床医学系临床专业的毕业生。在贵医院招贤纳士之际，鉴于扎实的医学基础知识、熟练的操作技术、出色的社会工作能力及较强的自学提高能力，我有信心很快胜任临床相关工作。因此，特向贵医院毛遂自荐。

　　本着医术求精、认真负责的职业道德，加以老师的教育和指导，我渴望朝临床医师方向发展。我热爱我的专业并为其投入了巨大的热情和精力，大一期间学习了临床医学专业的基本理论知识，初步学会对常见疾病的诊断，并学习了药理知识；大二时开始对专业知识进行进一步的学习，加深对临床医学的认识。我始终坚持理论知识与实践相结合，积极学习基本的操作技能，取得了优异的成绩，一直保持班级前五名。

　　在校期间，我还积极参加校系举办的各项活动。在校辩论赛中荣获临床系第一名，在全国大学生英语 D 类竞赛中荣获三等奖。同时，还获得校级一等奖学金、××市优秀团员等称号。在技能提升方面，通过了全国计算机二级考试、全国大学英语四级考试。曾在校担任学生会干部，在临床系担任学生会女生部副部长一职。在学生会工作中，我锻炼了自身的组织协调能力和团队协作精神，并通过这些工作锻炼，形成了很强的责任感和事业心，养成了脚踏实地办好每一件事的习惯，拥有吃苦耐劳、诚实信用的品质、踏实敬业的精神和求索创新的个人素质。

　　通过在××市人民医院的实习，我对××市医疗环境已经基本熟悉，我相信我能够很好适应工作。为期 8 个月的实习让我对理论知识的学习更深刻，能把专业理论知识和临床实践充分结合，对知识和技术操作更为熟练和灵活，也让我对疾病诊治有了更深一步的认识。实习期间，我以"责任心、爱心、细心、耐心、事业心"为座右铭，认真对待每一位病人，争取取得他们的信任与配合，得到了导师的认可和肯定。至今，我对各种常见疾病的诊治已基本掌握，在导师的指导下，能顺利完成各项操作。

　　欣闻贵院重人才、识人才，有很大的发展前景，能为新人提供广阔的发展空间。我殷切期望成为其中一员，为伟大的医学事业做贡献。恳请贵院能给我一次面试的机会，我一定不会让您失望的！

　　此致

敬礼

×××
××××年×月×日

　　附件：个人简历、学校推荐表、计算机等级证书、英语等级证书、获奖证书

【评析】　这篇自荐信的格式规范、思路清晰有条理，值得学习。措辞上得体谦逊，体现

了自荐者对招聘人员的尊重，符合自荐信的写作要求。在内容上，针对岗位性质，比较全面地介绍了学习情况、校园经历、实习经验、技能等，突出专业优势，强调符合该岗位要求。在语境上，能表达出强烈的求职愿望，给人较强的感染力。

例文二：

自 荐 信

亲爱的人事先生/小姐：

　　您好！我对贵公司招聘公告上的出纳一职很感兴趣，财务部王总经理要我直接写信给你，请多关照。

　　我叫×××，女，22岁，汉族，广东深圳人，是一名共青团员，现在是××学院财务管理专业的应届生。通过前两年的学习和训练，我已具备扎实的专业知识和技能技巧，成绩处于班里的中上游。在大学期间，参加了很多校内外的实践活动，担任过学校社团联合会的副会长一职，组织过好几次社联活动，荣获颇多，不仅提升了个人能力，还学会了如何为人处事、怎么去和他人相处。同时，我还参加过市工人文化宫举办的摄影培训班，并获得结业证书，从中学到很多关于摄影的知识和技巧，大大提升了摄影水平，日常很喜欢外出拍摄。

　　在校期间通过了高校英语应用能力B级考试和全国计算机一级考试，外语听说和计算机操作能力良好，能熟练使用Microsoft Office办公软件和财务系统。今年的初级会计职称考试很可惜差几分没通过，但目前正在全力备考中，这次肯定能考上，届时就更符合该会计岗位要求。

　　我对出纳工作有极大的热情，每年寒假暑假都会在亲戚的超市里兼职做收银员，积累了丰富的工作经验。虽然有出现过误收假币、金额计算错误等问题，但我对点钞、收费操作流程等都很熟练。

　　鉴于我对出纳会计、财务管理的精晓和喜爱，以及我自身的条件、工作经验，我绝对是最佳人选，胜任该岗位绰有余裕。虽然说出纳的工作待遇一般，但我还是很希望得到贵公司的尊重、考虑和录用。

　　现随信附上我的简历，由于本人10月22日有事要赴外地，敬请人事领导务必于10月28日前复信为盼。诚祝领导身体健康、工作顺利，贵公司越办越好！

　　此致　敬礼

×××
2022 年 10 月 15 日

【评析】　此自荐信存在以下问题：1. 称呼"亲爱的的人事先生/小姐"，前缀过分亲昵，称呼一般写一个即可，若不清楚对方性别，直接称呼"尊敬的人事领导"，2. "财务部王总经理要我直接写信给你"，带着一种以上压下、飞扬跋扈的口吻，不够得体；3. 列举过多个人信息，简历上已提供的个人信息不必再在自荐信上展示；4. 参加摄影培训班与该职位关联不大，应点到为止，不宜展开细说；5. 还未考上的技能证书不必提，会影响读信人对求职者个人能力的判断，"届时就更符合该会计岗位"与应聘的"出纳"岗位前后矛盾；6. "出现过误收假币、金额计算错误等小问题"等不利于自我的信息，切勿出现在信上；7. "绝对是最佳人选，胜任该岗位绰有余裕"显得过分自夸，不够虚心，同时体会不到应聘者真诚的求职意愿；8. 结尾处"敬请人事领导务必于 10 月 28 日前复信为盼"，给对方下命令、限定时间回复，不够礼貌；9. 致敬语"敬礼"一词应另起一行顶格写。

知识链接

自荐信与自我鉴定的区别

自荐信与自我鉴定虽然都有自我描述、自我总结的内容，但属于不同的文种，从含义、作用、格式上看，有很大区别。

1. 指代不同

自荐信，是展现自我时使用的一种专用信件，通过介绍担任过的工作或活动来推荐自己，以便对方接受。

自我鉴定，是个人在一个时期、一个年度、一个阶段对自己的学习和工作等方面表现的一个自我总结。写作时应该篇幅短小，用语概括、简洁，具有评语和结论性质。

2. 作用不同

自荐信是毕业生向用人单位推荐自我的书面材料，其写作质量可能直接关系到毕业生择业的成功与否。自荐信被称为毕业生求职的"敲门砖"。

自我鉴定的作用，一是总结以往思想、工作、学习，展望未来，发扬成绩，克服不足，指导今后工作；二是帮助领导、组织、评委了解自己，作为入党、入团、职称评定、晋升的依据材料；三是重要的自我鉴定将成为个人生活的一个阶段性小结，具有参考价值，被收入个人档案。

3. 写作格式不同

自荐信属于书信文体，一般分为标题、称呼、正文、致敬语、落款和附件六个部分。自我鉴定的结构由标题、正文和落款三个部分构成。

【任务演练】

1. 大三的学习生活已接近尾声，赵德为了心仪已久的工作，正准备撰写自荐信。请你站在赵德的角度，以他的名义写一份自荐信。

2. 假设你即将毕业，有向往的工作单位和岗位，请按照自荐信的写作要求，拟写一封自荐信。

第二节 个人简历

【学习目标】

1. 了解个人简历的概念、特点和作用。

2. 掌握简历的形式、类型、基本内容和写作要点。

3. 通过练习提升制作个人简历的能力。

【知识储备】

求职就业的本质是人岗匹配和价值交换，在未与用人单位见面之前，简历便是个人与职位匹配度的最好体现，其重要性不言而喻。递上一份简历，不仅期许引起招聘者细读的兴趣，更渴望借助简历获得一个面试机会。但有不少大学生对简历认识不深，对简历写作内容不明确，过分依赖网上简历模板，导致简历缺乏个人特色、千篇一律、毫无新意。因此，毕业生求职不仅要用实力说话，还要学会用简历博得用人单位的青睐。

一、个人简历的概念、特点和作用

1. 个人简历的概念

个人简历是求职者对个人成长经历作简要概述的一种应用文书，是展示自我能力与价值的一种规范化、逻辑化的书面材料，是重要的求职文件。

2. 个人简历的特点

(1) 真实性。真实性指个人简历的内容必须是真实的，这是简历最基本的特征。诚信乃人的立身之本，"言不信者，行不果"，弄虚作假的简历，一旦被发现将失去他人的信任，造成严重的后果。因此，简历写作要以事实为基础，进行客观的分析总结，做到内容真实准确。

(2) 趋利性。趋利性指个人简历的内容应当是正面的，即呈现对自己有利的信息。简历可视为个人的宣传广告，写作上不能撒谎、以伪乱真，但可以进行适当优化，突出强项、省略劣势。对自己不利、负面的信息不必体现在简历上，否则会影响用人单位的判断。

(3) 条理性。条理性指个人简历的内容表述要简明扼要，结构要清晰有条理，页面布局要重点突出，这是简历最突出的特点。面对众多的竞争者，整洁大方、重点突出、条理清晰的简历，能让招聘者一眼找到所需信息。一般情况下，一面简历足矣，杂乱烦琐的页面内容只会反映此人做事的无效性。

3. 个人简历的作用

投递简历是求职过程中的一个重要环节，会对招聘决策起到极大的影响作用。对毕业生来说，个人简历好比个人名片，是业绩、能力、经验等的综合表现，这关系着能否获得面试的机会、实现自己的职业规划。对用人单位来说，通过简历可进一步了解应聘者信息，高效地对求职者进行分析、比较、筛选，并以此作为是否录用的主要依据。一份好的简历，既可让毕业生找到一个理想的工作，又可使单位招聘到合适的人才，从而推动社会人力资源的优化配置。

二、个人简历的形式和类型

按照页面布局、表达方式分，简历可分为叙述式、表格式、创新式三种形式。按内容布局、排列方式分，简历可分为时序型、功能型和复合型三种类型。每一种形式类型都有它特定的目的和影响力，选取哪种简历，应结合用人单位要求、个人求职目标、自身实际情况而定。

1. 个人简历的形式

(1) 叙述式。叙述式即文字表达式，用文字详细清楚地描述个人经历，一般有分条列项式叙述和作文式叙述两种形式。作文式叙述的简历，每自然段表达一个要点，这是比较早期的简历形式。作文式叙述尽管将所有信息列出，但文字比较多，没有主次之分，难以突出重点，不便于招聘负责人快速浏览、获取有效信息。

(2) 表格式。表格式指将个人简历的内容做成表格形式，按表格填写个人经历。采用表格式通常有两种情况，第一是用人单位要求应聘者按照其制作的登记表模板填写，以便更快捷地对应聘者资历进行比对；第二是求职者自行设计表格填写，一般有页面设计整齐简约、文字表述简洁的特点。

(3) 创新式。创新式是当前使用比较多、更能凸显个性的简历形式。一是写作形式上的创新，叙述式与表格式的结合，既能用文字清晰表述项目内容，又能增加版面的简洁度，项目标题突出，主次分明。二是设计上的创新，注重页面排版、文字造型、色彩搭配等方面的设计，还可添加图像图标等，形象地表达个人技能。

2. 个人简历的类型

(1) 时序型。时序型指以时间为顺序逐条列出个人学习、工作等经历，一般以逆序列举，即先写下最近的一项经历，然后再回溯。这是最普遍、直接的简历类型，可以较好地展露出求职者的成长过程。优点是内容明晰、有条理，易于阅读。

(2) 功能型。功能型指遵照个人能力和成就来编写，把最重要的成就放在前面，对相关项目加以分析和说明，时间、地点等信息简单带过。强调的是求职者的实力、专长和资质优势，一般适合工作不稳定或经验不足的求职者。

(3) 复合型。复合型是时序型和功能型的结合，既可以按时间顺序罗列个人信息，又可突出个人技能。一般先简要介绍本人优势与价值，随即以时序方式列出个人经历。复合型简历兼具了以上两种简历的优点，适用性广。

三、个人简历的基本内容

完整的简历一般包括标题、个人基本信息、照片、求职意向、教育经历、社会实践经历、技能证书、奖励成就、自我评价等九项内容。

1. 标题

一般直接写"简历""个人简历"，也可以由"名字＋简历"组成，或直接以名字命名。带姓名的标题具备独一无二的特点，能够让招聘者一眼获得关键信息。

2. 个人基本信息

个人基本信息包括姓名、出生年月、性别、生源地/籍贯、政治面貌、学历学位、专业、联系电话、个人邮箱等，可选择重要信息进行简要介绍。身高体重、健康状况视情况而写，除非用人单位要求或能作为加分项，否则不必写上。

3. 照片

简历要在合适的位置放上个人照片，照片以正式、大方、得体为佳，能看清面貌和轮廓，个人仪容服饰要整洁、庄重。一般使用近 6 个月内的免冠照片，切勿使用自拍大头照。

4. 求职意向

求职意向即求职目标、个人期望的工作岗位、期望从事的行业、期盼的工作地点及相关要求，一般要简短清晰地写明通过求职希望得到什么样的职位、从事什么工种以及奋斗的目标。

5. 教育经历

教育经历包括毕业院校、专业、学历学位、辅修、培训等内容。按时间顺序逆序列举毕业的职业院校或大学名称，前后年月相接，如"××年×月—××年×月"。还可写上所学课程科目，与应聘岗位相关的专业知识、曾获得的奖学金或其他与学习有关的荣誉称号可一一列出。若在校期间参加了某些相关的技能学习和培训，也可写到简历中。

6. 社会实践经历

社会实践经历主要写大学时期参加的校内外工作经历、社会实践。一是实习经历，包括实习单位名称、任职岗位、就任离任时间、工作职责、工作成绩等。二是校内实践经历，如担任过某社团某职务、担任辅导员助理、在课余时间进行勤工助学、参加三下乡、参加展翅计划、进行军队服役等。重要的经历展开写，即组织或参加过什么活动、发挥了什么作用、取得了什么成绩。三是社会实践经历，这是个人简历的精华部分，要有重点、有选择地安排写作顺序，把重要、有价值的经历写在前面，注意突出社会适应能力、人际交往能力、成果收获、贡献值等。

7. 技能证书

逐个列举在校期间考取的证书，体现个人拥有的技能。如计算机等级证书、计算机软考证书、英语 A/B 级、英语四六级、普通话等级证书、电工证、会计证、教师资格证或其他专业技能证书，增加面试的机会。部分含金量较高的证书考试次数不限，可以把已通过科目写进简历里，提升个人优势。

8. 奖励成就

奖励成就指求学阶段所获荣誉、发表文章、科研成果。一是把荣获的各项奖励或荣誉称号列出来，如奖学金、优秀学生干部、优秀党员/团员、比赛奖章、活动表彰等由学校或其他单位组织颁发的重要奖项；二是杂志报纸上发表过的文章、课题研究、发明项目、专利证书、新媒体运营等成就，择要列举。

9. 自我评价

自我评价内容一般包括自我能力、性格特点、爱好特长、自我宣言等，注意要与岗位性质贴合，简单列举几项。可以评价自我的学习能力、沟通能力、组织管理能力或创新能力等，性格特点部分可突出细心谨慎、热情开朗、吃苦耐劳等。

四、个人简历的写作要点

有的学生认为，制作个人简历就是填表，不需要什么技巧。而事实并非如此，写简历需要掌握一定的方法和技巧。

(1) 有针对性，人岗匹配。个人简历的内容要与用人单位和应聘岗位的要求匹配。一般招聘者只关注自己感兴趣的内容，但若想提高求职成功率，就要告诉对方"我是你们所需要的人"，而不是"我是什么样的人"。为此，要充分了解用人单位情况和应聘岗位要求。可通过登录企业官网、公众号、招聘网等途径，来了解单位的企业文化、管理特色、产品特点，以及招聘岗位的职责与素质要求，再提取出任职者胜任岗位需要满足的条件。

(2) 真实客观，突出亮点。"诚者，天之道也；思诚者，人之道也。"诚信是天地间的准则，追求诚信是为人的准则。简历最基本的特点和要旨，就是确保每一项内容都真实可信。应届生最大的难题是工作阅历不足，有的学生为了更贴近用人标准，选择用胡编乱造、夸大其词的方式来充实简历内容，这是不可取的；相反，我们要懂得在简历中扬长避短，巧妙地呈现有利于自己的事实，规避不足。可以凸显社会实践经历、校园活动经验，也可以着重说明职业资格证、技能特长，列举学历以外的实践活动，展现技能。因此，还未毕业的年轻学子要利用课余时间多参与社会实践，积累工作经验，提高胜任能力。

(3) 简洁有力，条理清晰。简历，就是简单的人生经历，核心在于"简"字。在招聘过程中，人事部门会收到大批简历，翻阅工作量极大。为提高工作效率，招聘人员会采取大体浏览和关键词搜索的方式来完成简历初次筛选，这就决定了简历必须简练。一是不宜呈现过多私人信息和不相干信息，过量无效内容易引起阅读者反感，应通晓删繁就简的原则，同时确保内容全面，即应该枚举的主要事项不应有遗漏。二是精简语言，明晰表述。自荐信要求有一定文采，但简历只要表述明了即可，多用简明的短句，避免使用拗口生僻的词语。写作时切勿想到哪写到哪，要逻辑清晰、条理分明。三是学会量化自己的成就，巧用数字来阐述工作绩效，如"组织了超 1000 人的捐赠活动""获国家奖学金(全校仅 5 人)"等。数据可以让文字表达更一目了然，使我们的简历内容更具说服力和竞争力，表述过于笼统会埋没个人优势。

(4) 注重排版，设计美观。版面设计崇尚简洁大方、美观有个性、色调统一，各版块布局要均匀和谐、主旨突出。应聘不同岗位，要根据其职位性质选择不同的风格。可以参考互联网上的简历模板，使用前须核对模板内容有无错漏、能否满足个人所需。一般的简历无须添加封面，如要增加，封面务必写明姓名、联系方式、应聘岗位等信息。

(5) 反复修改，关注细节。制作完成的简历，仍需反复修改。一是检查页面结构布局是否合理，行距是否适中，字体字号是否统一，排版是否美观；二是杜绝错别字、病句、不当标点符号等低级错误；三是核对简历素材的选取是否合适，有无需要调整、修饰的，联系方式是否放在显著位置；四是求职周期较长的，每过一段时间，要对简历进行适当的更新，将近期的相关经历添加进去。

投递简历时要注意命名细节，防止文件乱码。目前，投递简历多以电子邮件或网站直投形式进行，投递前将检查无误后的简历转为 PDF 或图片格式，以防止文字、图案的乱码变形。电子简历文件名修改为"姓名＋学历＋专业＋应聘岗位"或"姓名＋应聘岗位"等能体现个人信息的形式，切忌直接命名"个人简历"。企业对命名或附件格式另作要求的，按照企业规定执行。

拓展阅读

运用 STAR 法则写简历

STAR 法则，是 Situation、Task、Action、Result 的缩写，即处境、任务、行动、结果四个方面。STAR 法则，就是一种讲述自己故事的方式，或者说，是一个清晰标准的作文模板。合理熟练运用此法则，可以在自己分析阐述问题时表现出清晰性、条理性和逻辑性。

Situation，即事情是在什么情况下发生的。顾名思义就是你当时处在什么样的背景下或者情境下。比如你负责过一个项目，是什么类型、多大规模的项目？项目目标是什么？你参加过一个竞赛，是什么规模的竞赛，省级、市级还是校级？

Task，即你的任务是什么？你在当时的项目事件当中负责什么样的角色或者任务，是主要的骨干成员还是只是参与者，有没有参与到决策当中，提的建议是否被采纳？

Action，即针对某种情况，你采取了什么行动方式以达成目标？这是整个法则中最重要的内容，就是如何实施和推进整个事件或者项目。项目的时间推进是否按照计划进行，出现问题的环节是哪个，问题是如何解决的，遇到的挑战和困难是什么，具体如何解决这些问题？和团队人员如何配合，这个环节自己的突出贡献或者闪光点有哪些……

Result，即结果怎样？在这样的情况下你学到了什么？在上述情景和你采取的行动下，整个事件的结果怎么样，是否得了冠军，有什么奖励，项目推进到什么程度，是否达到预期，时效性怎么样，对于学业或者企业最终的价值体现在什么地方？

在写简历和面试时，我们都需要描述工作经验或个人经历。这时，用 STAR 法则来建立一个个人事件模块，可以让人事更好地通过你过去的经历来判断你的个人能力和潜质。运用 STAR 法则梳理个人经历，要以时间线的顺序梳理自己的每个经历，包括实习经历、社团经历、参与项目等，都按照以上四个部分一一列出。

以"在学校英语协会的经历"，制作一个个人事件模块：

1. Situation(项目背景)：组织是新成立的，缺乏有效的方式来帮助成员，从而提高他们的英语水平。其他学生没有表现出对我们协会活动的兴趣。

2. Task(项目目标)：我任职协会会长后决定改进以上问题，通过组织更多元的活动来宣传协会、增强影响力，让更多学生愿意参与进来。

3. Action(行动过程)：我努力地尝试组织各种日常活动，帮助二百余名大学新生以及二年级的学生学习英语。组织四六级、专四专八、雅思托福等的模拟考试，邀请老师加入协会，帮助我们举办各种系列的讲座和专题。

4. Result(行动结果)：系列活动举办得非常成功，在学生间获得良好的反响，加入协会学习的学生数量增加了一倍。

【例文分析】

例文一：

×××

🕐 出生年月：××年×月　　　👤 性　　别：女

📍 籍　　贯：广东韶关　　　　📱 电　　话：1380000××××

🗂 政治面貌：中共党员　　　　✉ 邮　　箱：123@qq.com

求职意向

● 护士、护理员

教育背景

2020.9—2023.6　　　　　××学院　　　　护理专业　　　大学专科

● 主修课程：护理学基础98，妇产科护理学96，儿科护理学94，内科护理学93，外科护理学90等

工作经历

● 2023.3—2023.4　　　　××市××社区门诊　　　实习护士

1. 负责各项医疗器械物品的消毒、针剂注射工作；

2. 配合医生处理外伤，协助医生抢救患者；

3. 协助护士长督促各班护士认真执行各项本职工作，严防事故差错。

● 2020.10—2021.5　　　　××学院志愿者协会　　　副会长

1. 负责组织与开展学校各项志愿者活动；

2. 参加社区义诊活动，到××社区老人活动中心，共为90多位老人量血压、义诊并解惑答疑；

3. 组织举办了两次校内大型健康宣讲会，为广大师生普及健康、养生知识。

个人技能

● 护士职业资格证
● 育婴证
● 全国大学生英语四级证书
● 全国计算机等级考试二级证书
● 普通话一级乙等证书

荣誉证书

● 连续两年获学校奖学金
● 20××年×月获优秀学生干部
● 20××年×月获校级优秀志愿者
● 20××年×月获学校奉献主题征文大赛一等

自我评价

沟通能力强，具备一定的活动策划和组织协调能力、良好的职业道德及团队精神。积极上进，责任心强，吃苦耐劳，细心耐心，勇于面对变化和挑战，学习能力强。爱好广泛，喜欢运动和跳舞。

【评析】 这是一份创新式的个人简历，从整体来看，整洁规范，各模块分区清晰明了，能做到重点突出；从内容上看，信息齐全，能根据求职目标，有针对性地填写工作经历、个人技能和所获荣誉，与职位匹配性强，具有较强的说服力。

例文二：

个 人 简 介

姓名：×××　　　　　　　　　年龄：21 岁

性别：男　　　　　　　　　　身高体重：180cm 80 kg

学历：专科在读　　　　　　　政治面貌：中共党员

求职意向：软件设计师、程序员、网吧管理员、电脑销售

学习经历：即将于今年毕业于××职业学院××专业

工作经历：大学每年寒暑假都有做兼职，当过网吧管理员、超市服务员、电器城搬运工

在校经历：一直在学校当机房管理员

个人技能：1. 能熟练地操作计算机系统、计算机硬件软件组装，考取了相关证书

　　　　　　2. 能较流利进行英语沟通

　　　　　　3. 会驾驶小车

荣誉证书：参加学校计算机组装比赛，获得了奖项

个人评价：精通计算机操作、软件设计，能胜任多种工作类型，能吃苦耐劳，不畏艰难困苦，但有时性格比较急躁，缺乏耐心

【评析】 此简历存在以下问题：1. 标题不能是"个人简介"，应该改为"个人简历"；2. 个人信息不完整，缺少联系方式，年龄建议使用"××年×月出生"，3. 求职意向列举太多，给人一种三心二意的感觉；4. 学习经历信息不完善，没有写明具体求学时间；5. 工作与在校经历部分，可以展开写具体担任什么岗位、负责什么工作、取得什么成绩，同时内容要与应聘职位相关；6. 个人技能处，除了描述个人能力，还需具体写一下获得了什么证书；7. 荣誉证书处"获得了奖项"要写明获奖时间和具体名称；8. 个人评价里不建议写自身的缺点，易干扰招聘者对求职者的评价。

知识链接

个人简历和个人简介的区别

简介和简历都是介绍当事人的一种表达方式，但二者仍有较大区别。

1. 具体含义不同

简历，是对个人学历、经历、特长、爱好及其他有关情况所作的简明扼要的书面介绍。它是对自我进行针对性介绍的一种规范化、逻辑化的书面表达。

简介，即简明扼要的介绍，是当事人以第三人称客观全面且简洁地介绍情况的一种书面表达方式，它是应用写作学研究的一种日常应用文体。

2. 适用场合不同

简历是用于应聘的书面交流材料，应聘者可通过简历向未来的雇主展示自己的技能、态度、资质和自信，证明自己能够解决问题或者满足雇主的特定需要。

简介往往是由第三人称书写的，全面、简洁地对当事人或事物相关情况进行介绍的一种书面表达方式，如人物简介、品牌简介、事迹简介等。

3. 介绍内容不同

简历一般介绍个人基本信息、求职意向、教育经历、社会实践经历、技能证书、奖励成就、自我评价等内容，充分表现自己的技能、品质。

简介的书写原则是全面、稳妥，其书写中有很强的机动性、灵活性。在材料选择上以事实材料为主，重点介绍实际情况，略谈观点、看法。要求用语准确、平实、简洁。布局为先重点，后从属，详略得当。具体包括首部、正文、尾部三个部分。

【任务演练】

1. 请按照简历写作要求，结合自身情况写一份个人简历。

2. 深圳市××公司是一家从事家电生产、买卖的公司，主要制作和销售的产品有空调、冰箱、洗衣机、热水器等家电。为了扩大经营，现向社会公开招聘以下人员：

(1) 销售人员：专科及以上学历，专业不限，要求有较强的沟通、推销能力，有相关销售经验者优先，拟招聘 5 人。

(2) 售后服务人员：专科及以上学历，专业不限，要求有较强的沟通能力、有耐心，普通话标准，拟招聘 2 人。

(3) 文秘人员：专科及以上学历，专业不限，要求普通话标准、熟悉写作与办公实务，拟招聘 2 人。

(4) 技术人员：专科及以上学历，要求机械类、家电维修类专业，熟悉电路、电线的基础知识和原理，有相关实操经验，能吃苦耐劳，拟招聘 3 人。

请选取一个岗位，根据招聘要求拟写一份简历。

拓展阅读

善用心理效应提升高职学生就业力

一、找准定位，培养兴趣

兴趣是最好的老师，所以对于即将毕业的高职学生来说，要尽早认清个人兴趣、挖掘自身潜能、明确求职目标，根据知识结构、能力水平、气质与性格等情况进行职业规划，最终实现自我价值。

二、转换角色，适应竞争

就业力反映为社会和用人单位在人才选择上的价值观念。毕业生要破除传统就业观念，不能被动地"等、靠、要"，要积极主动地寻求就业。因此，高职生入校时就应该树立就业竞争意识，着力培养适应社会的能力，做好适时进行角色转换、主动参与竞争的心理准备，全面了解和分析当前的就业政策、就业形势、就业环境，把自己放在最合适的位置，提高进入求职市场的信心和勇气。

三、善用心理效应，增强心理承受能力

高职生走出校门步入社会的一大障碍就是心理承受能力差，存在不同程度的"择业恐惧"，耐挫折能力较差。一些毕业生不能顺利就业往往就是因为忽视了心理效应对求职的重要影响。因此，高职学生在就业过程中，善用心理效应将有助于就业力的提升。

1. 首因效应

首因效应指交往双方形成的第一次印象对今后交往关系的影响。第一印象通常较难改变甚至会影响对后来新信息的解释。若想在人际交往中获得对方的好感和认可，就需注意"首因效应"，争取留下良好的第一印象。首因效应在就业招聘过程中通常表现为两个方面：一是以貌取人。二是言行取人。因此，求职者面试时要注重自己的穿着打扮、言谈举止等，尽可能给主考官留下一个美好的印象，使面试达到最佳效果。

2. 近因效应

近因效应是指个体识记事物时对末尾信息部分的记忆效果优于中间和前面信息部分的现象。高职毕业生就业时，如果前期因羞怯、紧张、不自信等因素带来一些不良影响，则后期应该想方设法借助近因效应挽回之前的"损失"。最近的印象往往是最强烈的，求职者完全可以通过自信、过强的心理素质和应变能力扭转首因效应带来的不良影响。

3. 晕轮效应

晕轮效应是指在人际知觉中所形成的以点概面或以偏概全的主观印象。毕业生在求职过程中，如果能把自身所具备的优点运用恰当，做到"扬长避短"，充分展现自身优势，弥补其他不足带来的负面影响，则一定会给主考官留下深刻印象，实现顺利就业。

(引自戴丽，鲁原，黄传球.善用心理效应提升高职生就业力[J].考试周刊，2016，14:145)

第三节 述 职 报 告

【学习目标】

1. 了解述职报告的概念、作用、特点和种类。
2. 掌握述职报告的基本格式和写作要点。
3. 培养责任意识和职业精神，增强述职总结能力。

【知识储备】

《孟子·梁惠王下》中提到："诸侯朝于天子曰'述职'。述职者，述所职也。"诸侯去朝见天子叫作述职，所谓述职，就是陈述自己守职尽责的情况。古代述职是一种礼制，也是天子对诸侯的一种约束，距今已有两千多年历史。《论语·泰伯篇第八》："不在其位，不谋其政"，故在其位、谋其职、负其责、尽其事。每一位工作者都应敢于承担责任，对事业负责、对工作尽责，这是基本的职业精神。而向上级、下属等汇报自己履职情况的应用文书，就是述职报告。

中央组织部制定了《关于试行地方党政领导干部年度考核制度的通知》，规定："被考核者向各自的选举任命机构和上级领导作个人述职"。述职报告由此被作为组织人事部门和上级领导考核干部的重要依据之一。刚开始述职仅限于公职领导干部，后来慢慢普及到各类专业技术人员、企业管理人员、学生干部等。如今，述职报告已成为一种使用频率高、涉及范围广的应用文体。

一、述职报告的概念和作用

1. 述职报告的概念

述职报告是指担任某职务的任职者向上级机关、主管部门或下属群众陈述自己在任期里履行岗位职责情况的书面报告，是干部考核工作的重要依据。内容包括工作任务、成绩、缺点、问题、设想等方面，属于自我回顾、评估和鉴定的汇报性文体。

2. 述职报告的作用

(1) 促进领导干部提升自我。领导干部依据岗位标准、职责目标对自己一定时期的工作进行回顾、剖析和思考，注重提炼成功经验、汲取失败教训，从而促进述职人员更好地考核、认识自己，明确职责、改进工作。同时，撰写述职报告，也能提高领导干部的思想政治水平、总结归纳能力、语言运用能力。

(2) 有效完善干部管理制度。通过述职报告，主管部门可以全面地了解领导干部的作风品德、理论水平、文化素养、业务能力等，并作出恰如其分的评价和判定，为组织、人事部门考核、选拔、培养和任用德才兼备的干部提供科学依据，奠定公平竞争、合理上岗的基础。

(3) 便于群众监督评议。领导干部在某岗位任职一段时间后，以述职报告的形式向广大群众汇报个人履职情况，增强透明度，利于群众监督、审查和评议，深化干部公仆意识，加强人民当家作主的制度保障。

二、述职报告的特点和种类

1. 述职报告的特点

(1) 特定性。一是报告内容具有特定性，即部门或单位统一制定了相应的行为准则、岗位职责和目标任务，规定了每一个岗位的职权范围和工作职责，因此述职内容是明确、规范的，其选材必须限定在个人的职责范围内，不得按个人喜好自由选取；二是评价标准具有特定性，即不同行业、不同层次的干部，其权利责任、行为标准、工作方向各有不同，对述职者的考核评价理应按照特定的标准执行；三是作者具有特定性，即述职报告的作者必须是担任相应职务的个人或集体代表；四是时间具有限定性，指报告内容的时间跨度是任职期或某一阶段，同时报告还需在规定的时间内写完，否则会失去时效性。

(2) 述评性。一要"述"，即以第一人称的方式来述说自己的履职情况，总结梳理得失和经验教训。要亲笔撰写，不可假力于人、由他人代写代讲；二要"评"，述职者全面客观地叙述个人工作情况，对上级部门和广大群众来说，只了解到述职者做了什么，但不清楚工作内容是否尽责、达标。因此，述职者除陈述外，还要结合岗位职责进行自我评价，评析存在的问题和不足，表明改进方向。

(3) 写实性。述职报告作为考核、评优、选拔的关键依据，要求述职者必须客观真实地把任务完成情况、工作质量、个人贡献汇报出来，内容以写实为主，少讲空泛的话语。用事实案例、数据说明并评价自己的工作，更有可靠性和说服力。

(4) 简朴性。"简"是简而得要，以简洁的语言、精当的材料、扼要的概述，充分阐明阶段工作情况，内容安排应详略得当、主次分明；"朴"是朴实自然、通俗易懂，面对情况各异、个性不同的广大听众，报告内容多选用明晰、朴实无华、恭敬严谨的文字来表述，避免使用冗长、复杂的字句，以增强述职表达效果。

2. 述职报告的种类

(1) 根据报告主体，可将报告分为个人述职报告、集体述职报告。

(2) 根据报告时间，可划分为任期述职报告、年度述职报告、临时述职报告等。

(3) 从内容上划分，有综合性述职报告、专题性述职报告。

(4) 从表达形式上划分，有书面述职报告、口头述职报告等。

三、述职报告的基本格式

述职报告一般由标题、称呼、正文、落款四个部分组成。

1. 标题

述职报告标题的写法比较灵活，常见的写法有以下三种：

(1) 文种式标题，直接以文种名称为题，如《述职报告》。

(2) 公文式标题，一是由时间＋文种构成，如《20××年度述职报告》。二是由职务＋文种构成，如《×××医院院长述职报告》。三是由时间＋职务＋文种构成，如《20××至20××年度担任××公司总经理的述职报告》。

(3) 正副式标题，正标题一般概括和揭示述职报告的主旨或基本内容，副标题交代职务和名字，如《开创党建工作新局面——××学院党总支书记的述职报告》。

2. 称呼

根据不同的听受众对象，使用不同的称呼。

(1) 向上级领导部门呈送书面述职报告的，顶格写上主送机关的名称，如"××组织部""××市人事局"等。

(2) 在一定场合向领导或职工群众做口头述职报告的，应当使用一般性称呼，如"尊敬的各位领导、同志们""尊敬的各位评委"等。

3. 正文

1) 序言

简述任职情况，进行自我总体评价，一般包括三方面：第一，任职时间、所任职位，工作变动情况、开展工作的背景；第二，承担的岗位职责和目标任务，以及个人对工作的认识；第三，对自己任职期内尽职尽责的情况作出总体评价。序言的目的是令听众或读者对述职人有一个大体的了解，写作中应做到简明扼要、精练概括。

2) 主体

主体内容是述职报告的核心，主要包括政治思想、工作实绩、不足之处、经验教训、改进方向等方面。

(1) 政治思想。高度概括任职期间对党的路线、方针、政策和国家法律法规的执行情况，在政治学习、工作作风、敬业精神等方面的表现。

(2) 工作实绩。根据职责范围和目标任务，阐述自己履职情况和目标完成情况、工作中有所创新和突破的内容、个人发挥的作用及取得的成果、所获表彰和奖励等。该内容要求准确清晰、条理分明，特别是对于棘手工作的处理思路、解决过程，应当详细说明。在写作形式上，既可选用横式结构，把各工作项目用小标题或编号列出，再依次展开叙述；也可采用纵式结构，按时间顺序把个人工作分为几个阶段，再分别叙述；还可使用纵横式结构形式，根据主题分类和时间排序进行写作形式安排。

(3) 不足之处。充分肯定自己的工作实绩之后，还要找出工作中存在的问题、缺点和失误。当涉及自己的不足之处时，不可避重就轻，也不可泛泛而谈，要实事求是地提出有待改进和进一步提高的地方。

(4) 经验教训。总结工作中成功的经验和失败的教训，并进行深层的思考和剖析，以得出对自我履职情况和前进目标的理性认识，有效指导今后的工作。

(5) 改进方向。提出今后工作改进的方向和计划，一般包括目标、措施、要求三要素。应聚焦自身不足并结合已有经验来提出改进意见，做到有针对性、预见性、可行性和创造性。

3) 结语

报告末尾通常使用"报告完毕，请批评指正""述职至此，谢谢大家"等用语来结束全文，既能表达对上级领导或群众的尊重，又能表现自身的谦恭。

4. 落款

述职报告的落款一般位于正文末右下方，写上职务、姓名和成文日期。若标题下已有署名，此处只写日期即可。另外，报告如有附件，要写清附件的名称和数量，列于落款之前，具体材料附在述职报告后面。

四、述职报告的写作要点

(1) 谦虚诚恳，实事求是。"满招损，谦受益，时乃天道"，向上级机关和群众汇报工作，接受公众的评判与监督，不论职务高低、能力强弱，都必须以严肃认真、诚恳谦虚的态度反思自己，虚心听取他人意见。述职报告内容要以客观事实为依据，首先要系统全面地把过去一段时间内的实践材料搜集起来并进行归纳分析，既要有正面的材料，也要有反面材料；其次要实事求是地表述出来，既讲优点又讲不足，既讲成绩又讲问题，切忌随意夸大、编造或隐瞒事实；最后要处理好主管工作与协管工作之间的关系，分清个人成绩、集体成绩和他人成绩。

(2) 抓住重点，突出特点。把握好角色定位，明确工作重点，以精取胜。首先要对那些零散、琐碎的工作材料进行挑选整理，分清巨细、有所侧重；其次，详写能彰显个人能力水平的重大业绩或具有重要教训意义的事件，对一般事务性工作宜略写，避免事无巨细的写法，不要把内容写成"流水账"一般；最后，报告内容要紧紧围绕岗位职责，凸显个人特色。做到紧跟形势、改革创新，在语言、形式、内容上要有个人特色，展示创新思路、特有措施，总结新经验，写出新意。切忌直接在网上复制粘贴，或简单修改往年报告，避免内容千人一面。

(3) 叙议结合，文笔简洁。述职报告通常使用叙议结合的方式来表达，即虚实结合。

不能通篇只述现象、堆砌事实，也不能光讲理论、缺乏材料支撑。要做到材料与观点、感性与理性相结合，既要写具体实践，也要谈思想认识。在语言表达上，用简洁、精练的语言讲清事实，拉近听受众与述职者的距离。切勿满篇政治术语，或使用模棱两可的话语。

拓展阅读

中国共产党百年述职报告

尊敬的全国各族人民：

你们好！

我的名字叫作中国共产党，以下是我的百年述职报告。

我诞生于 1921 年，那是一个内忧外患、苦难深重的中国。目睹山河破碎、百姓流离，我痛苦不已。我怀揣一腔热血，渴望寻求到救国救民的出路。在无数种信仰的交锋中，我选择了马克思主义。

从南湖红船的启航，到南昌街头的枪响，从井冈山的星星之火，到二万五千里的漫漫长征，从艰苦卓绝的十四年抗战，再到解放战争的弹雨硝烟，一路走来，真的很难。

面临生死的抉择、信仰的考验时，我分明听到有个声音在说：甘将热血沃中华！听到那大声呐喊：生是为中国，死是为中国！每每想起这些舍生忘死的同志，想起那些浩然慷慨的义举，我都忍不住流泪。一遍遍告诉自己：永志不忘，切莫辜负。

经过 28 年的浴血奋战，在广大人民群众的支持下，我们终于彻底结束了半殖民地半封建社会，成立了中华人民共和国。我激动不已，仿佛看到了革命先烈们梦寐以求的可爱中国。

我知道，历史选择了我，人民选择了我。赶考路上，我一刻都不敢懈怠，我完成了土地改革和社会主义革命，制定了一个个"五年计划"的小目标，夯实着共和国的经济基础，国际地位也在不断提高。在社会主义建设的探索中，我也曾走过弯路。通过解放思想、实事求是，终于迎来了改革开放的变革，开辟出我们自己的中国特色社会主义道路。我依靠人民，跨过一道又一道沟坎，取得一个又一个胜利，经过长期努力，中国特色社会主义进入了新时期。到如今，全面建成小康社会终于取得历史性的成就。当看到国之重器上天入海，探索苍穹，当看到超级工程攻坚克难，刷新纪录，当看到中国智慧走出国门，惊叹世界，我为自己的国家和人民感到无比骄傲。如今，我们的经济实力、综合国力不断增强，人民的生活水平持续改善，现行标准下 9899 万农村贫困人口全部脱贫。这，就是我们的道路。

在这百年征程里，有风调雨顺、凯歌高奏，也有危难之际的绝处逢生，挫折之后的毅然奋起和失误之后的拨乱反正。但不论怎样，我从没想过放弃。我深知打铁还需自身硬，这一路都坚持自我革命。我也从未忘记过自己的初心，并将永远对人民保持赤子之心。

从石库门到天安门，从兴业路到复兴路，从 50 多人到 9000 多万人，如今站在"两个一百年"奋斗目标的历史交汇点，全面建设社会主义现代化国家新征程开启，我定会不忘初心、继续前进，努力向历史、向人民交出新的更加优异的答卷！

【例文分析】

例文一：

述 职 报 告

各位领导、各位同事：

大家好！

回顾过去的一年，在酒店领导的正确指导、各部门经理的通力合作以及各位同事的大力支持下，全体计财部成员共同努力，圆满完成了各项计划任务。部门全体人员严于律己、不甘落后，在完成财务基础工作、进行全面预算管理、保障物资供应、发挥支撑服务、监督管理资产及组织业务学习等方面做了许多踏实的工作，完成了2022年度既定目标，达到了预期效果。我也在一定程度上锻炼了自身能力，提高了财务管理水平。

下面本人就2022年工作情况向各位作以下汇报。

一、履行职责情况

作为××商务酒店计财部经理，我既负责酒店财务管理工作，同时也承担采购管理工作。工作职责是组织酒店财务人员认真贯彻执行国家财经法规、政策，组织做好日常财务核算、财务监督工作，保障酒店物资供应，按时完成酒店下达的各项财务指标和工作任务等。

(一) 全面推行财务预算管理，严格按照财经纪律进行会计核算

今年是酒店实行预算管理的第三年，在认真分析总结前两年预算执行结果的基础上，调整思路，重新对费用预算项目进行细化，制定出较为详细的年度经营预算。在酒店每月经营效益分析会上，将各部门主要营收及费用指标完成情况以投影图表的形式和上年比较，和预算比较，帮助部门了解、掌握与管理目标的差异，找寻差异原因，进而改进管理工作。从实施效果来看，各部门经理对本部门成本费用管理的关注程度提高了，费用控制意识更强了，也为酒店领导提供了决策参考或决策依据。在日常工作中，我带领部门全体人员严格遵守国家财务会计制度、税收法律法规、酒店及管理公司的财务规章制度，从原始凭证审核、记账凭证录入、到会计报表编制，从各项税费的计提到税收的上缴，从资金的及时入账到规范支付等，领导各个会计人员努力做好本职工作，认真执行企业会计制度，保证了会计信息的真实性和准确性。

(二) 统筹资金管理，合理调配使用，保证现金流量处于良性循环状态

由于今年受整个市场大环境的影响，经营较上年出现下滑，仅上半年现金流入量较上年同期减少近110万元。加之工程付款及管理费上调，资金需求日益增加，给酒店经营管理带来了很大困难。部门想方设法多渠道筹措资金，加强计划性管理，分轻重缓急，合理安排资金使用。在保证酒店正常经营所需资金的同时，超额完成了酒店管理公司下达的现金流量指标。

(三) 发挥财务监督、管理职能，增强财务服务意识

现代企业财务管理要求，财务不仅仅是传统意义上的"管家"，更重要的是，要发挥它的监督职能作用。我们财务人员要主动加强观念的转换和认识的提升。今年我们部门对酒店的资产特别是流动资产进行了从购入到使用的全过程监管。定期安排财务人员对经营部门流动资产使用情况进行盘核，确定合理损耗率，避免管理不当产生的流失。在完成日常工作的同时，我们还代表业主方对工程账务进行管理。本着对业主方负责的态度，我们多次就工程质量问题与施工方交涉，严把工程款支付关。这既维护了业主方权益，也为酒店设施设备的更新改造争取了一定的资金空间。对工作中出现的新问题，我们从财务角度提出合理化建议，制定有效的措施，先后出台了《停车场收费管理规定》《酒店物资申购分类填报规定》《销售部客户积分奖励及返佣管理方法》等。完善了工作制度，弥补了管理漏洞。

与此同时，我们还注重与各部门间的沟通与合作。今年分别同前厅、销售、客房、餐饮等部门就会议结账、应收账款催收、预定客人信用卡担保、就餐客人发票兑奖、客房布草洗涤等问题先后5次召开专题协调会，讨论解决方案，理顺了工作流程，提高了工作效率。

（四）加强对应收账款的管理，保障酒店资金安全完整

应收账款是酒店的一项重要资产，资金回笼速度在一定程度上反映出资金的风险性。今年随着对酒店协议公司这一客户的市场拓展，挂账单位数量也随之上升，到12月底已达79家，给部门应收账款管理带来了很大压力。为了保障酒店资金的安全、准确、快速回笼，我们在管理方面主要采取了以下措施：一是从制度方面规范、约束。制定了《业务员绩效考核办法》，明确应收账款回款额同业务员绩效奖励挂钩，促进业务部门催收账款。二是在用人方面，部门专门挑选了在思想、业务上都比较成熟的人员从事催收账款工作。为了方便协议公司结账，我们还重新调整了该岗位工作时间，保证公司客户随时结账的需求。三是重视与协议单位的联系沟通，及时向业务部门反馈信息。每月计财部分别于月初、月中将各单位欠款情况向业务部门通报，积极协调解决相关问题。由于措施得力，酒店开业三年来，未出现过一笔呆账坏账。截至12月底，应收账款回款率基本达到95%，保障了酒店资金的安全完整。

（五）注重自身学习提高，抓员工培训，打造学习型财务团队

新形势下，对管理人员自身素质的要求越来越高。为此，在正常工作之余，我挤出时间先后学习了《企业会计准则》《企业所得税法》《管理人员执行手册》以及提高公司执行力的管理方法《说到做到》等书籍，努力提高自身专业及综合管理理论水平。同时部门始终将对员工的培训当作一项重要工作来抓，专门安排经理助理强化培训工作。除培训员工掌握业务技能外，着重培养财务人员良好的职业道德，帮助他们树立正确的人生观、价值观，鼓励员工积极参加各种专业技能培训，并为他们创造学习条件。通过学习，我们财务人员的价值取向、工作思路、业务水平等都有了明显的改进。目前已有3人通过了会计专业技术资格考试，取得了相关证书。

（六）做好市场考察，降低采购价格，及时高效完成采购任务

为了准确把握市场动向，了解市场行情，有效控制采购价格，我们坚持每月两次组织有关人员考察原材料市场，合理确定供应商结算价格。此外计财部门加强了采购工作的计划性，能自购的物资避免叫货，尽量减少中间环节。采购单价基本保持微涨或持平，部分工程配件、办公用品采购单价有所下降。计财部门始终将提高采购效率当作日常工作的一个重要目标，根据各部门的要求，合理安排采购时间，在规定时间内，完成各项采购计划。全年共计完成采购项目3200余项，金额达165万元，完成率为99.9%。

（七）定期价格公示，接受各方监督

2022年我们在物资采购价格管理方面做了新的尝试，每月将上一月的主要物品采购价格汇总、制表，在员工通道公示，接受员工及各方面的监督。一年来已累计公示12次，做到采购价格公开透明，取得了良好的示范效果。

二、存在问题及下一步工作思路

2022年虽然各项工作取得了一定的成绩，但仍有很多应做而未做、应做好而未做好的工作，比如在资产实物化管理、各项成本费用控制细化、物资采购质量把关等方面都还有所欠缺。如何更好地发挥财务监督管理职能，提高资产使用效果，争取酒店效益最大化，

这些应该是明年财务管理要重点思考和解决的问题。为此，我们将建立健全资产管理制度，将资产管理责任落实到人。加强对物资申购环节的管理，形成对物资申购、使用、报废到重新添置的一整套程序的闭环管理。

面对新的一年，我有信心带领计财部全体人员，加强业务知识学习，增强服务意识，充分发挥财务监管职能，争取把工作做细、做实，作出成效。

以上是我的个人述职报告，感谢各位对我及计财部的支持，谢谢大家。

×××

2023 年 1 月 30 日

【评析】 这份述职报告属于个人的年度述职报告。从格式上看，结构完整、准确无误；从内容上看，分条列项地阐述了岗位职责、工作业绩、存在不足及计划，充分展现了个人的成绩和能力，全面具体、重点突出、有条理、有层次；从态度上看，报告语言真挚、态度谦逊，能体现述职者务真求实的工作态度和奋发向上的工作决心。

例文二：

述 职 报 告

光阴似箭，转眼间一年的工作就要接近尾声了，今天我以学生会主席的身份在大会上作述职报告，具体如下：

一、根据工作经验、结合具体情况完善了章程

"无规矩不成方圆"，学生会是一个强有力的服务、管理学生的团体，如果没有相应的规章制度制约学生会的行为，后果是比较严重的。一年的工作帮助我们发现了问题，找到了解决问题的方式。希望既能约束学生干部的行为，又对学生干部的工作有一个方向性的引导。

二、一年主要工作回顾

(一) 迎新生

(二) 组织第九届"实力杯"篮球赛

(三) 举办 20××年"唱响青春，舞动年华"迎新生晚会

(四) 举办首届"聚力杯"拔河比赛

(五) 组织 20××年"迎评促建"建筑模型大赛

(六) 组织第六届"学子杯"辩论赛

(七) 举办第二届学生干部培训

(八) 组织第五届"为建院添色彩"水果拼盘活动

(九) 组织第二届"走进评估，文明建院"建筑知识竞赛

(十) 进行学生深度访谈演练

三、目前学生会存在的问题

(一) 活动筹备工作开展不合理

很多学生干部反映，自己只是知道活动什么时候开始，到时候要布置会场，要收拾场地等工作，但是却不知道具体情况。在上一届也是出现这个问题。到底是什么原因呢？

1. 活动方案没有经主席团讨论审核而直接和辅导员讨论，讨论妥当后直接将一份方案发给主席团，导致其他部门并没有参与活动的筹备。

2. 非活动举办部门不主动了解活动的方案，不积极对成员讲解，并征求他们是否有建议等。

3. 成员不够积极、主动。一个好的学生干部就要做到善于发现问题，关注问题，了解学生会活动的开展情况。

（二）某些活动质量不高，不受学生欢迎

活动不在多，而在精。造成某些活动质量不高的原因是比较复杂的。我认为原因是：

其一，活动前期宣传工作不到位。首先是要在学生会内部宣传到位，让全体成员都了解此次活动的意义，参加后能够有什么收获，等等。影响内部宣传力度的原因是活动开展筹备工作不合理，只是通过学生干部一传一、十传十地进行宣传。海报和广播只是一个通知的形式而已。最主要是靠人与人之间的交流宣传。

其二，活动后期宣传工作缺乏力度。活动后期宣传是对活动举办是否成功的一种肯定，同时让广大的同学了解到此次活动举办的效果如何。尤其是让参加了本次活动的同学了解到，让他们体会到我系对活动的重视。让参加活动的同学愿意主动分享活动相片，这就好比是售后服务，服务好了，还担心没有人宣传吗？

（三）网站主页出现问题尚未解决

网站主页是对我们向外界进行自我宣传的一个有效平台，一般用于公布关于学生会的日常工作的通知、通讯稿等。但是该网站主页于2022年出现了问题，至今尚未解决，严重影响了宣传工作的进行，同时让同学们少了一个交流的平台。目前已安排专人去学习相关技术，正在筹备重建网站。

四、对今后学生会工作的期望

一是贯彻实施纲领，根据实施纲领做到逻辑思维严谨，严格要求自我，有大局意识；二是学生干部要熟读章程，按章程办事，自律，讲原则；三是提高学生干部，尤其是部长级以上干部的演讲水平。

以上是我本年度述职报告，谢谢大家！

【评析】 该述职报告存在以下问题：1. 格式不完整，缺少称呼和落款两部分；2. 内容上缺少对岗位职责的描述；3. 工作业绩篇幅过短，内容过分概括化，述职报告的写作应突出成绩部分，对重要的工作可以展开陈述；4. 不足之处篇幅过长，可以适当地减少该部分的内容，否则将影响上级部门和群众对个人能力的评价。

知识链接

述职报告与工作总结的区别

1. 目的作用不同

述职报告是群众评议组织、人事部门考核述职干部的重要文字依据，不仅有利于述职者进一步明确职责，总结经验，吸取教训，提高素质，改进工作，还有利于增强民主监督的良好风气。

工作总结则是为了总结出带有规律性的理性认识，借以指导今后的工作，有助于有针对性地克服工作中存在的问题，不断提高自身的工作能力。

2. 回答的问题不同

述职报告要回答的是有什么职责，履职情况如何，是如何履职的，称职与否等问题。述职报告既要表述履行职责的结果，展示履行职责的过程，又要介绍履行职责的出发点和思路，还要申述处理问题的依据和理由。

工作总结是对一项工作或一段时间里的工作给予的归纳，它要回答的是做了哪些工作，有哪些成绩，获得了哪些经验，存在哪些不足，要吸取什么教训，今后有何打算等问题。

3. 写作的侧重点不同

述职报告必须以报告履行职责情况、德才能绩为主，重点在于展示履行职责的思路、过程和能力，重点和范围有确定性，仅限于职责的范围之内，围绕职责这个基点精选材料，职责范围外的概不涉及。

工作总结一般以归纳工作事实、汇总工作成果为主，重点在于阐述主要工作，取得的成绩都可以归纳在总结之中。

(引自：刘瑜明.述职报告与个人工作总结的区别[J]. 阅读与写作，2003，(10):36.)

【任务演练】

1. 赵德在大二期间担任了班级班长一职。请你站在赵德的角度，以他的名义写一份述职报告。

2. 假设你在毕业后入职了某公司并担任了一年销售主管，请按照要求写一份述职报告。

第四章　会务文书

【情景导入】

会务文书的范围很广，在会议活动中形成和使用的所有文件材料都属于会务文书，具有多样性、时效性、保密性等特点。会议是现代社会生活、政治生活、经济生活中一种经常出现、具有广泛性的活动形式。会务，即对会议进行服务，是关于团体活动组织或会议议程安排的事务。开会，同工作的关系极为密切；而组织安排会议、做好会务工作，则同行政部门、秘书工作人员的关系极为密切。为保障开会质量和开会效果，会议组织部门需要撰写会务文书，完成从筹备到善后的一系列会务工作。本章主要选取了会议筹备方案、会议记录、会议纪要等常见文种进行介绍，以期帮助当代大学生熟悉会务工作的内容、掌握文书写作的技巧。

年末来临，为了丰富文化生活，加强团队的凝聚力，公司准备召开表彰会议，向员工过去一年的辛勤付出表达谢意。同时，对过去一年的工作进行总结表彰，激励员工在新的一年再创佳绩。为了确保会议顺利召开，公司安排赵德担任会议组织的总负责人，成立会议筹备小组来开展工作。

【章前思考】

作为这次年终总结表彰会的总负责人，赵德需要恰当使用会务文书，做好会前、会中、会后的相关准备工作。那么，你知道会前、会中、会后分别要撰写什么会务文书吗？会务文书的写作方法有哪些？

第一节　会议筹备方案

【学习目标】

1. 了解会议筹备方案的概念、特点和基本格式等。
2. 能根据实际要求拟写会议筹备方案。
3. 培养提前筹备的工作意识和多角度分析问题的思维习惯。

【知识储备】

"筹备"一词最早出现在《清史稿·高宗纪一》中，源自"命西北两路筹备边防"一句，"筹"指谋划，"备"指事先安排好，意思是指事先把一切事情都先准备落实好。

为顺利召开一次高标准、高质量、高效率的会议，会务工作人员需要对相关人员、会议事务和文件物资等提前进行系统周密的筹备，细心撰写会议筹备方案。

一、会议筹备方案的概念和作用

1. 概念

会议筹备方案是在会议召开之前对会议组成的各个要素进行系统、全面、有条理的书面安排的一种会议文书，它主要面向各种重要的会议。一般来说，小型的企业内部会议不需要准备会议筹备方案，通过会议通知或会议计划来准备会议事务即可。

2. 作用

会议筹备方案对一次会议的顺利进行、圆满完成具有重要的意义。其作用主要有：

(1) 确保会议的系统周密性。

(2) 提高会议的服务质量。

(3) 促进各方协调沟通。

二、会议筹备方案的特点和种类

1. 特点

(1) 预演性。为了保证会议顺利召开，需要各部门的会务工作人员将会议召开全过程中需要完成的事务和可能发生的意外事件预想出来，进行适当排练，以便统筹各项事宜。

(2) 周密性。会议筹备方案是一项涉及面广、系统且复杂的工作，稍有疏忽就容易造成疏漏或者会场混乱等，影响会议正常召开，甚至可能带来不可估量的负面影响。这就要求在会议筹备阶段顾及各种具体细节，考虑方方面面的问题，为会议顺利召开打下周全的基础。

(3) 指导性。会议筹备方案要对具体的工作内容进行具体翔实的安排，要具备指导性和可行性。针对会议召开的时间和地点，将人、财、物落实到具体的责任人，明确各项工作完成的时间节点，最终达到如期举行会议的目的。会议筹备方案中不能有模棱两可的指示，否则就失去了它的指导意义。

2. 种类

根据会议的性质，可将会议筹备方案分为商务会议筹备方案和政府机关会议筹备方案两种。

三、会议筹备方案的基本格式

虽然召开会议的形式各种各样，需要着重考虑和注意的点也不尽相同，但总结下来会议筹备方案一般由标题、开头、主体、筹备事项、附件和落款六个部分组成。

1. 标题

标题一般由主办单位(有时可省略)、会议名称、文种名称构成。常见的文种名称有计划、方案、筹备方案、筹备组织方案等。

2. 开头

开头部分主要点明召开会议的原因、目的、依据、宗旨和主办单位等。

3. 主体

主体部分一般包含会议的主题、时间、地点、主持人、出席会议人员和会议议程等。

4. 筹备事项

筹备事项主要包含会议文件资料、会场布置与设备、宣传报道、后勤接待、经费预算、安保、医疗和突发事件应对措施等。需要留意的是，会议的筹备过程中，只需要根据不同的会议性质和需求选择需要筹备的内容，不需要涵盖所有事项。

5. 附件

附件是衡量一个会议筹备方案详尽与否的标准之一。将会议当天用到的资料以附件的形式附加在方案的后面，既能让相关人员提前做好准备工作，避免疏漏，也能帮助来宾更好地了解会议事项等。

6. 落款

落款写明会议筹备方案的组织机关、签署日期，并加盖公章。

会议筹备方案的基本格式示例如下：

××会议筹备方案

为了××目的/由于××原因，××(主办单位)召开××会议。

一、会议主题

××××。

二、会议时间

××年×月×日×时×分开始，会议时长××。

三、会议地点

××会议室。

四、会议主持人

×××。

五、出席会议人员

×××(×人)。

六、会议议程

1. ××主持人致会议开幕词；

2. ××领导发言；

3. ××活动开始；

4. ××致结束词。

七、会议筹备事项

视会议的性质、规模大小等，灵活分工，安排组别，落实负责人。

1. 会议文件资料组

2. 会议宣传组

3. 会场布置组

4. 会场服务组

5. 会议后勤组

6. 会场交通接待组

7. 会议财务经费组

8. 会议医疗组

9. 会议机动组

附件：

1. 会议通知

2. 会议回执

3. 会议日程表

4. 会议签到表

5. 会议经费预算表

6. 会议筹备组全体联系方式

署名　×××

日期　××年/×月/×日

四、会议筹备方案写作的注意事项

(1) 系统全面，科学合理。写会议筹备方案时，既要考虑如何达到此次会议召开的目的，将会议内容和精神传达下去，又要考虑如何尽量节约成本，需要有一定的全局观来进行全面统筹、科学安排。

(2) 内容清晰，考虑细致。一次会议的召开涉及非常多的前期准备工作，人、财、物的每一个小细节都需要考虑和落实到位，进行妥善安排。方案要让每个会务人员都清楚自己负责的相应内容，避免有重叠交叉或遗漏的工作。

(3) 机动灵活，弹性安排。会议的筹备要求我们既要精准安排好会议的时间、时长、各环节的衔接时长等，又要为每一环节留有一定的弹性空间，避免过于被动。对于会议召开过程中可能出现的突发情况，也应事先进行一些预想，提出对应的解决方案或备用方案。

【例文分析】

例文一：

2022年度是××公司蓬勃发展的一年，公司取得的每一点进步和成就，都离不开全体员工的辛勤劳动和无私奉献！为增强企业凝聚力，表彰先进，树立楷模，激励员工奋发上进，特制订2022年度总结表彰会筹备方案。

一、会议名称

××公司2022年度总结表彰会。

二、会议主题

总结工作，表彰先进，展望未来。

三、会议主持人

××、××。

四、会议时间

××年×月×日。

五、出席人

××、××等。

六、节目表演

1. 节目要求：节目以歌曲、舞蹈、小品、朗诵等形式为主。以××公司的日常工作、集体活动为题材，反映××公司的发展历程，展现优秀员工的精神面貌。

2. 节目数量：××。

3. 审核时间：2022年12月10日至2022年12月15日。

七、会议工作组

1. 资料组

制发会议通知、请柬和邀请函等，编写领导人发言稿。

负责部门：总经办。

2. 组织组

(1) 负责会前评选项目及奖项排序的最终确定和奖金的到位情况。

负责部门：人力资源部。

(2) 负责与会人员签到、编排位次、引领与会人员入席。

负责部门：总经办。

(3) 文化娱乐活动的组织与安排。

负责部门：人力资源部。

(4) 负责会后会场所有设备的清理、收回。

负责部门：总经办。

3. 秘书组

负责会议进行过程中与会人员的发言时长的提醒，控制娱乐节目时长及顺序。

负责部门：总经办。

4. 后勤组

(1) 负责会前各奖项锦旗、证书的制作等。

负责部门：企划部。

(2) 负责主席台排名及座次的布置。

负责部门：总经办。

(3) 负责会议过程中信息的传递等工作。

负责部门：总经办。

(4) 负责会场各种零星会议用品、资料的准备和会后收集工作。

负责部门：人力资源部。

5. 宣传组

负责会场的背景布置、音响效果、灯光等，进行会议的摄影、录像等工作，并撰写会议的宣传报道。

负责部门：企划部。

6. 保卫组

负责会场秩序，及时清退会场中无关人员，保证会议的安全。

负责部门：保卫部。

八、评优具体标准及内容

见附件《优秀员工及优秀团队评选方案》。

【评析】　这篇会议筹备方案结构较完整，会议目的清晰，也考虑到了评优的具体标准及内容，具有一定的可行性，但仍有三处需要改进。一是没有写明标题，缺少必要的组成部分。二是会议筹备事项混乱，会议工作组与负责部门之间有较多交叉，看起来错综复杂，容易看漏归属事项，不利于实际工作的落实。建议各部门派人组成一个会议工作组，进行跨部门的沟通协作，责任落实到各负责人而不是各部门。三是没有在正文右下方标明主办单位和发文时间。因此，这篇会议筹备方案需要加上标题和落款，写明会议工作小组的具体负责人。

例文二：

根据年度工作计划要求及领导指示，××市教育局拟定于11月中旬开始，通过召开培训会议，对全市高职院校数据平台系统相关人员进行相关业务培训。为了保证培训会议前期筹备工作的顺利开展，特制订筹备方案如下：

一、组织机构及职责

成立培训会议的筹备工作领导小组，全面负责本次会议的筹备工作。

组长：×××

副组长：×××

成员：×××等

筹备工作领导小组下设文字组、联络组、会务组和财务组四个工作小组。

(一) 文字组

组长：×××

成员：×××等

主要职责：

1. 负责收集各高校参与培训会议的回执名单；

2. 负责制作签到表、座位牌、餐票等资料；

3. 负责准备会议培训资料，统一装袋分发；

4. 负责会议之后所有材料的归档；

5. 负责撰写新闻稿。

（二）联络组

组长：×××

成员：×××等

主要职责：

1. 负责会议地点的选址、踩点和对会场布置的检查、完善，以及会场内的联络工作；

2. 负责会场设备的调试工作；

3. 负责授课老师的联系和住宿安排工作；

4. 负责会议期间的秩序维护、治安保卫工作。

（三）会务组

组长：×××

成员：×××等

主要职责：

1. 负责购置会议相关办公用品；

2. 负责会场的布置工作；

3. 负责安排会议车辆调度；

4. 负责会议期间的医疗救助工作。

（四）财务组

组长：×××

成员：×××等

主要职责：

1. 负责整个培训会议的经费预算；

2. 负责培训费用的结算；

3. 负责培训期间对外的各项支出。

二、实施步骤

培训会议分两个阶段进行：

（一）前期准备（10月20日至10月30日）

1. 10月20日至10月24日，成立筹备工作领导小组，制订筹备工作方案，研究安排工作。

2. 10月25日至10月29日，各工作小组按照具体分工，明确职责，抓好落实。

3. 10月30日，完成前期准备工作，由筹备工作领导小组验收工作完成情况。

（二）召开会议（时间待定）

三、工作要求

此次培训会议意义重大，筹备工作领导小组和各工作小组一定要充分认识到召开这次培训会议对推进各高职院校有效推广数据平台系统的重要性。本次培训会议要求严、时间紧、任务重，教育局十分重视，领导小组和各工作小组一定要按照统一部署，明确各自的工作职责和任务分工，周密部署、精心组织、紧密配合、全力以赴，认真抓好落实工作，确保培训会议顺利召开。

【评析】　这篇会议筹备方案略显简单，只体现了会议筹备方案中的筹备事项部分，结构不够完整，内容不够周密，存在很多不确定因素，可行性欠缺，比较像筹备一个会议前的前期工作安排会。需要改进的地方：一是由于主体部分的缺乏，会议时间、地点的不确定性会影响筹备事项中很多事项的开展，诸如收集回执、安排座位等工作内容都因参会人员的不确定而难以进行。二是缺少附件和落款部分，显得整个筹备方案没头没尾。因此这篇会议筹备方案还需补充完整标题、主体和结尾部分，使方案中的事项具体化，使其操作性、执行性更强。

知识链接

一个完整会议的基本流程

一、会议前准备工作

(一) 会前需准备的文件资料

会议前一般需要准备的文件包括：

1. 会前需准备的文件：代表证、座次表、签到表、桌签、餐券、房间分配表、会议横幅、会议背景、PPT 文稿。

2. 会务资料：会议通知、会议议程、日程表、与会人员名单、通讯录、分组名单、工作人员名单、车辆调度表。

3. 会议资料：开幕词、发言稿、工作报告。

(二) 会议的计划

1. 确定会议的主题、试图达到的效果、会议预期目标等。

2. 确定会议的名称，初步拟订主持人、出席对象、规模、召开时间、所需时长、会场地址、议程等。

3. 确定会议的工作人员和服务人员，以及各项工作完成的截止时间，必要时须成立筹备组或筹备委员会。

(三) 确定会议日程

编排会议日程表与活动时间表，在会前发给各参会人员。

(四) 会议成本预算

会议的成本是文件资料费、场地租借费、食宿费、交通费、活动费、工作人员的薪酬及劳务费的总和。

(五) 发送会议通知及接收回执

1. 会议通知。本单位的小型会议，可采用口头、电话、书面等方式通知。外单位或跨地区的会议必须寄送书面通知，邀请性会议则可寄送请柬或邀请信。会议通知可采用邮寄(包括电子邮件)、传真、专人送达等方式。对于重要的邀请对象，可用发送书面通知或邀请信，再加电话征询、确定的双重方式。

2. 回执。为准确统计与会人数，作好相应准备，通知时间应提前一周以上并附回执。附回执的通知应预估受邀请者的考虑和准备时间，相应提前发送，但又不可提前过多，以免对方遗忘。

(六) 会场布置

1. 会场要明亮、整洁、安全、通风，会场大小应与人数匹配。按地区、系统、单位等，事先划分席位，摆放好桌签。

2. 主席台席位。首席为第一排的正中，第二座次为居中左位，第三座次为居中右位，先左后右，左高右低，前排为主，后排为次，其他的依次类推。在席位前放置姓名桌签，便于按位入座。

3. 会场设施。会场的所有设施必须在会议召开前准备妥当并进行多次检查和调试，避免发生临场故障。

(七) 其他准备

会期较长的会议应准备与会人员的就餐、住宿，同时应准备接送车辆。会场外应有医护人员值班。若安排新闻媒介宣传会议，应提前准备好宣传提纲。重要会议还应有相应的安全保卫人员和保密措施。会议计划中若有安排考察、参观、游览，或赠送资料、纪念品等活动，必须提前作好准备。

二、会议期间工作流程

1. 做好来宾接待工作，确认和分配房间，确认重要与会人员用房。协助会议礼品分发及房间水果派送等会务工作。

2. 确认用餐时间、菜单、标准、形式、酒水、主次桌和其他安排工作等。

3. 在机场、高铁站、火车站、汽车站等处，派专人、专车分批分时段按要求接站。

4. 会议现场安排专人负责参会人员的引领、签到、会议资料分发等。

5. 专人负责会场的事务性协调工作(包括饮用水的准备、投影仪的准备、会场温度控制以及礼品的发放等)。

6. 确认并保障会议期间的安保工作，保障人身财产安全，注意防火防盗。

7. 会议接待人员应全程跟踪会议，以便及时和与会者保持联系，出现突发事件能在最短的时间内解决。

8. 协调会议期间的交通工具的安排。

三、会议后续工作

1. 会议后需准备的文件：参会人员通讯录、会议总结、简报、会议证明、会议纪要、报销凭证、新闻稿、返程票登记表等。

2. 代表通讯录、会议资料、领导讲话稿、代表发言稿、新闻报道资料的汇总、印刷及发放工作。

3. 会议的评估、会议代表的意见反馈及处理工作。

4. 欢送代表工作。

5. 会议费用的结算工作。

6. 代办与会人员返程及他程的交通票务和其他委托代办服务。

四、人员职责

(一) 会务负责人

1. 联络协调。对内负责与相关领导及各科室负责人的沟通，编写会议计划书及工作进度表，确保会议顺利完成；对外负责与各参会领导及参会人员之间的联络，确认人员名单及行程安排。并协调会务组其他工作人员的工作内容。

2. 制订会议方案并实施。负责拟订和调整会议方案、会议组织程序，并上报相关领导审核；负责协调各职能组的分工，确认工作内容和进程。

3. 会场及住宿安排。负责会议酒店(场地)接洽、预订及协议签订；负责安排会议期间与会人员的食宿等；负责审核会议对外的文本资料及相关合作协议；负责各类资料的确认审核；负责会场布置的审核；联络会议发言人及各位贵宾；制订可行性预算表。

（二）会务助理

1. 各类文本的起草、修订，资料的编排、制作。根据会议的要求，负责会议通知书的设计、制作及印刷；负责会场背景效果图的设计与制作；负责代表证、桌签、餐券的设计与制作。

2. 重要人员的联络事宜。负责联系、确认重要人员的行程安排；负责重要人员的机(车)票的预订；负责重要人员的专人接送及陪同安排；负责重要人员在会议期间的用车安排。

3. 与会代表联络事宜。负责会议通知书的寄发及确认回执工作；负责会务资料的收集、确认并输入数据库；如会议信息有变，负责与与会代表联系，及时告知。

4. 会场的管理工作。负责会场及仪器设备的管理工作；提前做好仪器设备的调试工作；负责会场影像、通信设备(计算机、同传设备等)的管理工作；确保会议期间演讲嘉宾 PPT 的收集、正常播放及保密工作。

5. 交通管理及安全措施。负责用车计划；负责确定车辆行走路线和确保路线的畅通及用车安全。

6. 会场安全保障工作。负责对可能存在和未知的安全隐患进行检查并制订解决方案。

7. 会务账务管理工作。会前负责制订收入、支出预算表；会后负责制作收入、支出明细表；负责会务费用分配方案的制订、上报及落实。

（三）应急人员

1. 负责参会人员的引领、接待。

2. 负责资料袋或者礼品袋物品的装放与分发。

3. 负责就餐秩序的控制。

4. 负责会中其他应急工作。

【任务演练】

1. 学校即将召开一年一度的团支书培训会议，规模约 50 人，请为本次培训会议拟订筹备方案。

2. ××公司将召开年终总结暨表彰大会，公司规模 300 人，选择晚会形式，请为该公司拟订会议筹备方案。

拓展阅读

丁 谓 施 工

相传宋真宗赵恒在位时，皇宫有一次不慎起火。一夜之间，大片的宫室楼台殿阁亭榭变成了废墟。为了修复这些宫殿，宋真宗派当时的宰相晋国公丁谓主持修缮工程。这在当时看来，是一项任重道远的工程，主要面临三大难题：第一，需要清理大量的废墟垃圾；第二，要从很远的地方运来大批木材和石料；第三，要运来大量新土。不论是运走垃圾还是运来建筑材料和新土，都涉及大量的劳动力问题。如果安排不当，导致施工现场杂乱无章，将严重影响城内的交通甚至老百姓的生活。

宰相丁谓研究了这项工程之后，从各个方面进行了周密的筹备，最终制订出这样的施工方案：第一步，从皇宫的施工现场向外挖了若干条大深沟，将挖出来的土作为施工需要的新土备用，从而解决了材料之一的新土问题，节省了运输的时间和劳动力。第二步，从城外把汴水引入所挖的大沟中，水上通航，于是就可以利用木排及小船只从城外向施工现场运送建筑材料，解决了木材石料的运输问题。第三步，等到木材石料运输任务完成之后，排掉大深沟里的水，将工地上的垃圾填入大深沟内，使深沟重新填平，恢复原貌。

这项工程的筹备方案简单归纳起来，就是这样一个步骤：挖沟(取土)、引水入沟(水道运输)、填沟(处理垃圾)。

通过提前筹划施工方案，不仅节约了大量劳动力成本、运输成本及时间，节省了一大笔经费，而且达到了最终的目的——工地施工过程秩序井然，城内的交通和生活秩序不太受施工的影响。这一科学合理的施工方案，凸显了做事前进行合理规划、制订筹备方案的重要性和必要性。

第二节　会议记录

【学习目标】

1. 了解会议记录的概念、特点和基本格式。
2. 能根据实际需要书写会议记录。
3. 培养如实记录、备存资料的工作意识。

【知识储备】

上古无文字，结绳以记事。《易九家言》："事大，大结其绳；事小，小结其绳，之多少，随物众寡。"文字未产生前，人们通过绳结的记录方式反映客观经济活动及其数量关系。作为非常重要的信息凭证材料，会议记录在会务工作中发挥着不可或缺的作用。如今大大小小的会议现场都会安排专门的会议记录员，专门负责撰写会议记录。

一、会议记录的概念和作用

1. 概念

会议记录是由会议组织者安排专门人员，在会议过程中真实、准确地把会议的组织情况和开会内容记录下来的内部存储资料，是在日后工作中可供查阅的凭证。

2. 作用

(1) 依据凭证作用。会议记录如实地记录和反映了会议的全貌。会议结束后形成的会议决定、会议决议、工作安排等，都要以会议记录为依据。此外，会议记录作为重要的档案资料，在未来需要进行查证、核实或再现当年的事实时，会起到无可替代的凭证作用。

(2) 参考材料作用。会议记录作为会议纪要和会议简报的一手资料，是重要的参考资料。撰写会议纪要和会议简报时，可在会议记录的基础上进行材料的提取、总结，但不得改变会议记录里的事实内容。

(3) 信息传达作用。会议记录有时可用作向上级汇报、进行信息通报、向上级机关抄送(通过会议记录了解相关指示、决议的贯彻执行情况)的文件，有时也可作为会议精神传达文件，以便相关人员贯彻会议精神。

二、会议记录的特点和种类

1. 特点

(1) 全面性。全面性是指会议记录一般要将会议的时间、地点、出席人员、缺席人员、主持人、记录人、议程、议题、与会者的发言和讨论、形成的决议等内容全面、如实地记录下来。

(2) 原始性。原始性是指按会议发展顺序，将发言人的讲话内容、研究认定的问题如实记录下来，一般不许加工、整理。

(3) 真实性。真实性是指会议记录者要对会议情况进行真实的记录，不能张冠李戴，也不能对会议记录进行不实的增添或删减。

2. 种类

根据不同的划分标准，会议记录可以分为不同的类型，一般有以下四种分类方法：

(1) 根据会议内容的不同，可分为工作会议记录、座谈会记录等。

(2) 根据会议性质的不同，可分为政府机关单位会议记录、企事业单位行政会议记录、社会团体会议记录等。

(3) 根据会议规模的不同，可分为大型正式会议记录、部门小组常规会议记录等。

(4) 根据会议记录方式的不同，可分为详细会议记录、摘要会议记录等。

三、会议记录的基本格式

结合会议召开的组织机构、会议性质、规模大小等因素，会议记录的格式也略有不同。总结下来，会议记录一般包含标题、会议的组织情况、会议内容和结尾四个部分。

1. 标题

会议记录的标题一般由开会单位名称、事由、文种组成，如《××大学第×次学生会换届选举大会会议记录》《××市经济工作会议记录》。

2. 会议的组织情况

会议的组织情况一般包括会议名称、时间、会议地点、出席人、缺席人、列席人、主持人和记录人。

3. 会议内容

会议内容是会议记录的重点，要记录好会议议题、议程、发言内容、讨论过程、会议决定、表决情况和遗留问题等。如果是大型正式会议或比较重要的会议，一般选择详细记录，尽量记录发言人的原话；如果是普通小型会议，可以选择简略记录，只记录会议的中心、重点内容。

4. 结尾

会议记录结尾处另起一行，空两格写上"散会"。再另起两行，在会议记录的右下方，由会议主持人和记录人签名，以示负责。

会议记录的基本格式如下：

××会议记录

会议名称：

会议时间：

会议地点：

出席人：

缺席人：

列席人：

主持人：

记录人：

会议内容：

一、会议议题。

二、会议议程。

三、发言内容/讨论过程。

四、会议决定。

五、会议遗留问题。

散会。

主持人：×××(签名)

记录人：×××(签名)

四、会议记录写作的注意事项

1. 会议记录的重点

(1) 记录会议中心议题以及围绕中心议题展开的相关活动。

(2) 记录会议开始时的定调性言论和结束前的总结性言论。

(3) 记录会议商议、讨论的焦点及各方的主要见解。

(4) 记录对会议产生较大影响的其他言论或活动。

(5) 记录代表人物或权威人士的言论。

(6) 记录会议已议决的或议而未决的事项。

2. 会议记录的技巧

(1) 记录要快。字体要写得小一些，落笔时轻一点，多用连笔字。要顺着肘、手的自然去势，斜一点写。

(2) 记录要点。会议的记录要围绕会议议题、会议主持人和主要领导同志发言的中心思想、与会者的不同见解或有争议的问题、结论性意见、决定或决议等作记录。若是记录某个与会者的发言，可以不记修饰语，不记讨论过程，但要记其发言要点、主要论据和结论。要顾及上下句子的连贯性，一篇好的记录应当独立成篇。

(3) 以简代繁。例如，选择用姓代替全名，用一些数字和国际上通用的符号代替文字，用汉语拼音代替生词难字，用笔画少且易写的同音字代替笔画多且难写的字，用外语符号代替某些词汇，等等。不过需要留意，在会后整理和印发会议记录时，均应按规范要求整理。

(4) 运用省略记录法。通过采用简称、统称和简化词语等来提高记录速度。省略词语和句子中的附加成分，比如"而且"只记"且"；省略较长的俗语、成语、熟悉的词组、句子的后半部分，画线代替；省略引用的句子，记下起止句或起止词即可，会后查补。

【例文分析】

例文一：

××班级班干部例会会议记录

会议名称：××班级班干部例会

会议时间：20××年×月××日

会议地点：第二教学楼501

出席会议人员：××级数字媒体专业3班全体班委以及辅导员

会议主持人：辅导员杨××

会议记录人：组织委员易××

会议内容：

一、各班委汇报工作

1. 班长(王××、吕××)：管理班集体，关注同学们的动态，安排6栋宿舍楼卫生值班人员，例行每天早晨晨检和两天一次的机房设备检查工作。

2. 团支书(曾××)：负责团日活动的准备工作，宣读优秀团干团员的名单，鼓励大家积极参与竞争评选。

3. 学习委员(陈××、胡××)：负责同学们作业的收发工作，配合学校完成期中教学检测等的相关工作。

4. 组织委员(易××)：做好每次会议的会议记录，将班级活动推送到公众号。

5. 生活委员(蒲××)：安排教室卫生值班人员，督促按时打扫卫生，组织教室大扫除以及进行宿舍卫生的检查，填写教室消毒工作和通风记录表。

6. 纪律委员(周××)：负责日常的考勤登记，每周进行考勤汇总，计算出勤率，负责机房教室座位安排及宿舍的查寝工作。

7. 生活委员(吴××)：负责收取班级活动费用，如实记录班费的各项支出，为班级活动购买所需物资，及时张贴班费的支出明细。

8. 宣传委员(赵××)：配合各班委进行活动的宣传及通知工作，组织同学设计班级海报，张贴征文比赛的通知和收集征文(目前有3位同学提交了征文)。

9. 体育委员(郭××)：组织班级课外体育活动，策划与其他班级的体育联谊赛。

10. 班长(吕××)：宣读了20××级本科数字媒体专业优秀班级的评比制度，宣布将对本班的考勤、卫生、班级荣誉和处分情况等进行综合考评，希望各个班委做好自己的本职工作，协助其他班委的工作，共同打造一个优秀的班级，营造良好的班级氛围。

二、辅导员对班委工作的建议

1. 维护第二教学楼公共区域的卫生情况，教学区域人流量大，打扫的速度远不及破坏速度，希望班长组织班委轮流监督楼道的卫生情况。

2. 加强宿舍长的领导，监督宿舍卫生，对于没有按时、按要求完成工作的，应该给予相应的处罚。

3. 规范请假流程，要问清楚具体请假理由，严格请假流程。

散会。

主持人：杨××(签名)

记录人：易××(签名)

【评析】　这是一篇格式规范的会议记录。一是清楚交代了会议的基本情况。二是将会议内容分为各班委汇报工作和辅导员对班委工作的建议两个部分，条理清晰。三是对各个发言人的谈话进行了详细记录，内容翔实，有助于有条不紊地开展班集体的各项工作。四是会议记录作为原始凭证，在结尾处也进行了签名，表示了对会议记录的负责。

例文二：

会议时间：××××年××月××日(14:30—17:00)

会议地点：××集团公司总部会议室

参加人员：×××、×××等

会议内容：

一、会议目的

自建立在线教育学院以来，集团培训在整体运营上遇到了瓶颈，培训结果和效用也不甚理想。随着集团的战略扩张以及对培训方式的提升，今后采用何种更有效的形式打造集团自己的培训体系、培训系统以及学分制的运作等一系列问题，都将是我们要解决的问题。现组织事业部，请大家根据我们目前的问题和现状各抒己见，一起进行研究探讨。

二、会议分享

针对本次会议的研讨内容，提出以下问题和改进措施。

(一) 培训专员的职能

培训专员在培训中主要承担基本的联络、沟通、组织工作，更多的是执行销售和客服的工作职能，但对提升培训课程质量、协调课程内容安排等做得很不够，起不到应有的培训作用和效果。

改进措施：

1. 重新界定培训专员的职责，使其承担起培训管理的职能，负责管理门店的授课教师。具体包括：督促课程开发、管理组织纪律、跟踪课程质量。通过扩大培训专员的权利范围来真正发挥他们的作用。

2. 培训专员由培训中心统一管理，定期进行培训以提高门店专员的能力，并为其设置特定的职业发展通道。

3. 后期可以在各分区设置培训经理岗，专职管理培训事宜，定期组织区域内的培训专员进行课程开发研讨，组织授课教师进行提升训练等。

(二) 培训资源

目前集团在岗的授课教师共有 300 多名，但真正经常在一线教学、富有上课经验的授课教师只有 80 多名，师资力量薄弱。

改进措施：

1. 设立明确的考核指标与良性的淘汰机制。将培训专员工作的各项指标纳入绩效考核体系，例如，每年组织了多少次教师培训、开发了多少门课程、带教了多少名新入职的授课教师等。能者上，平者让，庸者下，这样集团的培训才会迸发出新活力。

2. 以课程项目小组的形式负责管理课程(包括课件制作、授课进度安排、课后跟踪等)。

3. 改进针对授课教师的激励机制，增加月度、季度、年度的奖项设置，同时可以增加一些对于优秀授课教师的专访，放在学院内部期刊和官网上，提高授课教师的积极性。

(三) 课程设置

目前课程的安排对大多数学员来说还是比较适合的，但仍要考虑到部分本身起点较高、学习能力较强的学员。此外，由于课程的可重复性不强，又没有进行前期试讲，课程后期更新滞后，导致影响课程的整体质量。

改进措施：

1. 增加详细的授课教师介绍和课程介绍，在开课前提前和学员进行沟通访谈，确保学员了解课程内容，通过沟通确保授课教师了解学员的学习需求。

2. 制作标准化的统一课件与课件包(包括教师手册、案例库等辅助资料)。

(四) 论坛

学院论坛人气不足，在论坛上进行学习交流的人少，没有真正发挥出论坛的作用。

改进措施：

1. 丰富论坛活动，增加积分兑换项目。论坛上可以准备一些学习办公用品(笔记本、U 盘、记号笔)、书籍等礼品，通过学习积分来进行兑换，鼓励学员们积极学习、多多提问和回帖。

2. 将学分制课程的课后考试放进论坛里，增加论坛的浏览量，提升人气和活跃度。

3. 定期对学院论坛的风格进行调整。

(五) 在线学习

集团的在线学习尚未开展，只在论坛和网站上传了一些学习资料。

改进措施：在线学习采用学分累计制，现场教学时可以灵活运用线上的学习资料对其进行补充。

(六) 评审委员会

目前的评审委员会成员由总部事业部高层领导组成，成员数量较少，要评审的课程量大，又因工作时间和专业比较受限，整体的运作效果不是很好，收效甚微。

改进措施：增加课程评审委员会各组成员，负责课程的开发研讨，定期组织新课题研发沙龙，保证课程的数量和质量。

(七) 培训基地

缺乏培训场地，没有专门的培训基地，场地租赁费用昂贵，开展不了大型培训。

改进措施：

1. 打造集团自己的实体培训中心，增加培训场地，提高影响力。

2. 完善现有基地的配套设施的建设，增添培训设备。

【评析】　这篇会议记录的结构不够完整，缺少标题、"散会"一词和签名部分，需要进行相应修订。首先，标题部分要写明开会单位、事由和文种，如"××集团公司培训事宜研讨会会议记录"。其次，结尾处需另起一行，空两格写明"散会"，起到提示会议结束的作用。最后，在结尾右下方补充主持人和记录人的签名，对会议内容表示负责。

知识链接

会议记录的写作要求

在会议开始前，可以提前了解会议议程，以便在会议过程中对会议整体框架流程有一定的把握；也可提前了解会议各方面的逻辑脉络关系，提前思考是用描述性的还是总结性的话语。甚至可以提前参考类似性质的会议记录模板，进行借鉴。

在会议过程中，要聚精会神，记录重点，灵活运用速记方法。参会期间准确记录发言者的谈话重点，不求多，但求精、求准。不要以为记录文字越多越好，语言组织、逻辑思维应严谨、通顺，结构安排应清晰明了，让人一看就懂，因此用词要少而精。学会根据发言者的语气和措辞来判断发言的重点之处。此外，当领导说"我建议""我认为""我觉得"这样的字眼时，就是要下主要结论的时候了，后面的内容往往比较重要。

在会议结束后，要尽快进行整理，也就是在原始记录上适当地纠正错误、增补遗漏，检查是否有语法错误，对会议决定、决议进行核实，尽量在第一时间完成对会议记录的整理，否则时间越往后越难补充，整理出的会议记录质量会越差。完成之后先自己检查，注意细节(框架、段落、格式、字体、空格、段落、标点符号等)，确认无误之后先发给直属领导审核，再根据需要发给与会者审阅。

【任务演练】

1. 本周期末考试结束之后，将组织全班同学召开本学期的期末总结大会，请你担任本次会议的记录人，将会议情况记录下来。

2. 假设你所在的公司在12月准备召开年终大会，请你拟写本次会议的会议记录。

拓展阅读

盐铁会议的本质是对汉武帝时期推行的各项政策进行总体评价和预估，其参与人员之广、会议中讨论的自由度之高，都是汉代历史乃至整个中国古代历史上少有的。盐铁会议是特定历史条件下的产物。让我们一起来看看当时的会议都记录了些什么内容吧。

盐铁会议记录

会议时间：始元六年(公元前81年)二月至七月，历时五个多月。

会议地点：京师。

会议议题：商议罢黜盐、铁、酒等专营政策。

出席人：

政府官员：御史大夫桑弘羊、丞相府的属官丞相史和御史大夫的属官(即御史)等。

民间人士：贤良文学，即"贤良方正"(贤良是已经取得功名的儒生，文学是在某种学问上有一定成就的名士)，共六十余人。留下姓名的有茂陵唐生、鲁国万生、汝南朱子伯、中山刘子雍、九江祝生等。

中间方：丞相田千秋。他发言不多，只是在双方辩论激烈的时候，讲一些折中调解的话。

发言记录：

1. 政府方面的主要发言人，是御史大夫桑弘羊，共发言一百一十四次。御史发言十九次。丞相田千秋发言十五次，主要起到场控的作用，即在政府官员与民间人士辩论激烈的时候，起到调解、缓和紧张气氛的作用。

2. 百姓生活疾苦的缘由。民间人士认为百姓生活疾苦的根源是国家垄断经营盐铁等经济事业，提出废盐铁、酒榷、均输。桑弘羊反对这一主张，认为兴盐铁、酒榷、均输，扩大了国家收入来源，是对外抗击匈奴、消除边患的主要经费来源。更何况，这些政策可以防止豪强大家之间的兼并，避免一家独大，有益于百姓。因此，他坚持推行盐铁官营等事业。

3. 对匈奴的政策。民间人士主张偃兵休士、厚币和亲，想要通过德政的感化作用来维持和亲局面。桑弘羊则表示，匈奴言而无信，反复毁约，多次破坏和亲，不该采用德政感化，要想确保汉王朝的安全，唯有战争才能阻止匈奴的侵扰。他强调武帝对匈奴的战争是"当世之务，后世之利"。

4. 关于施政方针和治国的理论思想。民间人士信奉儒家的仁义学说，主张德治，认为治理国家要通过施行仁政。他们一再批判严刑峻法，列举历史教训，认为秦王朝灭亡的根本原因是严刑峻法。桑弘羊则以法家学说作为指导思想，主张法治，反对以德治国，认为令是教育百姓的，法是督察奸邪的，有了严刑峻法，百姓就会谨慎行事，自然不敢做违法犯罪的事。桑弘羊坚持的治国方法与经济政策，都根植法家思想。

5. 本次会议上的辩论还涉及农业的基本政策，对社会现状的估计和伦理道德观念的理解，以及如何看待古与今的关系问题等。

6. 会议决定维持盐铁官营和平准均输法，取消酒类专卖和部分地区的铁器专卖。

第三节 会 议 纪 要

【学习目标】

1. 了解会议纪要的概念、特点和基本格式。
2. 根据要求书写会议纪要。
3. 培养整理概况要点的能力。

【知识储备】

在会议记录的基础上进行加工、整理，精心"雕琢"，最终形成的总结指导性公文，就是本节的学习重点——会议纪要。

一、会议纪要的概念和作用

1. 概念

"纪"指综合、整理，"要"指要点。会议纪要是在会议记录及会议相关资料基础上进行加工、整理，形成的一种介绍性和记叙性的公文，主要用于记载和传达会议情况、会议研究与决议的重要事项、会议精神，通过公文的形式向上级或有关部门传达。

2. 作用

(1) 沟通传达作用。会议纪要可以发送给相关平行机关进行信息交流和情况沟通，加强配合协作，交流经验，也可上报上级机关，供上级机关了解会议相关情况，获得领导的指导与支持。

(2) 指令作用。会议纪要一般在会议记录的基础上进行分析、整理、综合、概括，把会议的主要精神和议定的事项准确地反映出来，通过正式文件的形式印发给下级有关部门传达贯彻执行，具有较强的指令性。

二、会议纪要的特点和种类

1. 特点

(1) 纪实性。会议纪要是在会议记录的基础上进行要点整理的，所以整个会议召开的时间、地点、内容、讨论的事宜、决定的事项都是真实存在的。撰写会议纪要的时候，不能随意增添或更改会议内容，不能对会议决定发表看法，不能脱离会议实际搞创作，不能人为拔高、深化，要保证内容的客观真实性。

(2) 要点性。会议纪要不像会议记录，无须像会议记录一样事无巨细地进行机械记录，要尽可能用简洁精练的文字，通过归纳、整理来形成具有高度概括性的文件。重点在于介绍会议成果，而不是记录会议的过程，将会议的主要参加者、议程、会议上的重要观点、最后形成了何种决定或决议用综合、概括性的语言记录下来。

(3) 指导性。会议纪要需总结概括会上重要精神，便于向相关部门传达，要求与会单位和相关部门以此为依据开展工作，落实会议的议定事项。

(4) 特殊性。会议纪要的特殊性体现在称谓和发布方式上。会议纪要一般采用第三人称写法，反映的是与会人员的集体意志和意向，常以"会议"作为表述主体，使用"会议认为""会议要求""会议决定""会议指出""会议号召"等惯用语。会议纪要可以发给上级、平级或下级机关，也可以直接发给领导个人。

2. 种类

根据不同的划分标准，会议纪要可以分为不同的类型，一般有以下三种分类方法。

(1) 根据会议内容的不同，可分为工作会议纪要、学术会议纪要、例行会议纪要等。

(2) 根据会议类型的不同，可分为办公会议纪要、座谈会议纪要、研讨会议纪要、联席会议纪要、现场会议纪要等。

(3) 根据会议范围的不同，可分为专题性会议纪要、综合性会议纪要等。

三、会议纪要的基本格式

结合会议的性质、会议内容、会议类型等因素，会议纪要的格式也略有不同，总结下来会议纪要一般包含标题、会议概况、会议内容和结尾四个组成部分。

1. 标题

会议纪要的标题分单标题和双标题两种。

(1) 单标题：一般由会议名称和文种组成，如《行政部办公会议纪要》《关于××××的会议纪要》。

(2) 双标题：一般由正副标题组成，正标题说明会议主旨，副标题说明会议名称和文种，如《关于优化组合后薪资发放问题——××公司董事会办公会议纪要》《穷追猛打，除恶务尽——××县扫黄扫黑工作会议纪要》。

2. 会议概况

会议概况一般简要地说明会议的基本情况，包括会议时间、地点、主持人、参会人员、会议议题、会议议程等。可以用分列式将这些内容直接从会议记录中引用过来，也可以用概述式，如"××年×月×日，××(主持人)在××地点召开关于××内容的会议。参加本次会议的有……。现将会议情况概述如下：……"。

3. 会议内容

会议内容是会议纪要的重点、核心部分，要将会议的中心思想、会议的精神、会议形成的决定或决议真实准确地表达出来，常见有以下三种形式。

(1) 概述式：根据会议发言情况，将会议上的发言内容、讨论情况概述出来。这种形式一般用于小型会议纪要。

(2) 顺序式：根据会议时的发言顺序，将发言人的主要见解整理记录下来，一般用于座谈会议纪要和研讨会议纪要。在记录发言人的首次发言时，要在其姓名后用括号注明发言人的身份(单位、职务)。

(3) 综述式：根据会议发言内容的主次逻辑顺序，对会议内容进行分门别类的整理，归纳成几个方面分几项来总结概述。内容复杂的还可以用大标题、中标题、小标题进行细分概述。这种形式一般用于大型会议纪要、重要会议纪要和复杂的工作会议纪要。

4. 结尾

结尾根据会议的实际情况确定有无。可以写一些强调会议内容重要性的话语，如提出的会议要求、号召、今后工作的努力方向等。

会议纪要的基本格式如下：

××会议纪要

××年×月×日，××(主持人)在××地点召开关于××内容的会议。参加本次会议的有……。现将会议情况概述如下：

一、略

二、略

三、略

参加人员：×××××××××等。

四、会议纪要写作的注意事项

(1) 提前构思，突出中心。撰写会议纪要前先好好构思，通篇考虑、全盘谋划，分层次、分类别地安排好整个框架，要突出中心，不要贪多求全。

(2) 条理化、理论化。会议纪要的撰写要遵循由主到次、由繁到简、由表及里的逻辑顺序，将会议内容由无序变有序、由繁杂冗长变条理清晰。

(3) 忠于实际内容。要客观、如实地反映实际情况，表达最真实的意思。会议纪要作为指导性公文，必须要写得明确清楚、句稳词妥，表述要直言其事、表意明确。

(4) 适当加工提炼。会议纪要虽然是对会议记录等材料的再加工，但不代表需要在原基础上人为地拔高或深化，在总结归纳与会者的发言内容时，不能断章取义或添枝加叶。

(5) 把握材料，吃透精神。要认真做好会议记录，详尽地研究材料，要认真研究会议的精神，吃透会议精神，对会议的主题、议程、目的、重点等都要了然于胸，以便对材料正确取舍、合理删减。

【例文分析】

例文一：

班干部会议纪要

(2022 年 9 月 2 日)

会议内容：

一、明确班干部在班级建设中的重要作用

1. 班干部是班主任和其他任课老师与同学间进行沟通交流的桥梁和纽带。老师有什么安排、学生有什么情况都会通过班干部联系。

2. 班干部起着模范带头作用。班干部在日常生活中应事事以身作则，遵守各种规章制度，做同学所做，想同学所想，急同学所急。班干部自身也是一名学生，所以绝对不可脱离同学，觉得自己高高在上而小看同学。在正确、健全的舆论监督机制下，由班干部带动整个班集体开展批评与自我批评，团结整个班集体。

3. 班干部起着提醒监督作用。监督班级课堂纪律、班级卫生、班级学习氛围等，提醒同学们不要违规违纪，好好学习。

二、给班干部的几条建议

1. 对同学进行劝勉教育时要注意方式，以理服人，动之以情，晓之以理；而不是威吓、敲桌子、大声呵斥、喊叫甚至吵闹。

2. 带头学习。学生最大的任务就是学习，所以一定要把自己的成绩搞上去，不能以牺牲成绩的代价换取班级管理积分。我们要的是班级管理与学习成绩双丰收。

3. 不当同学面打小报告。防止制造矛盾、制造紧张气氛，避免让同学认为班干部就会打小报告。

4. 注意维护自身形象。严于律己，宽以待人。如在吃饭、穿衣、走路、说话、写作业、发言、做卫生等方面严格要求自己。

5. 想办法与同学打成一片。以自身行为影响其他同学，让其他同学自觉地接受班干部的安排，信服班干部。

6. 贵在坚持。要有打持久战的准备。要能屈能伸，能吃苦、能受屈、能忍让、能大度。

7. 面对困难要勇于克服。克服班级管理中的畏惧心理。困难谁都会遇到，就看谁有办法，谁会想办法，谁能想出好办法。

8. 明确分工，搞好协作。班干部既要能各自明确并负责好自己的管理范围，又要能在班级管理中拧成一股绳，心往一处想，劲往一处使，共同管理好班级。各自为战，一盘散沙绝对要不得；互相埋怨，打击报复更加要不得。

三、总结

会场气氛活跃，效果良好。

【评析】　这是一篇班干部会议纪要，存在一些问题，如结构不完整、格式不规范、文字记录不够精简等。可以适当进行一些改进。一是补充完善会议概况，清楚说明会议时间、地点、参会人员等，如"2022年9月2日，班主任××老师在办公室召开班干部会议。全体班干部参加了本次会议。现将会议内容概述如下……"。二是虽分几点对本次会议内容进行了阐述，但文字记录上不够简练，没有将会议的要点整理出来，内容偏口语化，没有突出重点，条理不够清晰。三是要将参会人员姓名补充在最后。

例文二：

项目工程结算管理会议纪要

2022年4月15日上午10:00，为了有效加强分包工程结算管理，防止大额预付账款挂账而增大潜亏风险，项目部总会计师×××同志主持召开此次专题会。参加本次会议的有项目部总经理×××，市场部总经理×××，机电物资部总经理×××。会议讨论了财务账面分包队的欠款情况，以及对于如何减少欠款确定了相应的措施。现说明如下：

一、截至2022年4月12日，财务账面的分包工程往来情况及主要成因

会议首先由财务部汇报了截至2022年4月12日财务账面分包队往来欠款情况。然后分析了债权债务形成的主要原因：一是分包队初进场地时，本身需要给付一定数额的预付款。二是业主结算滞后，造成项目部给分包队结算滞后，而现场进度逼紧，需要给分包队预付一定资金。三是由于单价没确定、合同没签订等，项目部无法与分包队办理正常内部结算，而根据施工进度，又需要给分包队支付一定资金等。

二、加强债权债务清理、防范分包风险的主要措施

会议要求项目部各部门结合国家及股份公司关于分包工程的要求，高度重视债权债务的清理工作。

1. 市场部要加快分包工程合同签订进度。提前拟订时间计划表，对已完工或在建项目，要确定时间，尽快完成分包合同签订工作。

2. 市场部要进一步加大结算工作的力度，及时把已完结的工程款项结回来。外结变更要有计划，从合同入手，逐步清理，逐一击破。

3. 市场部进一步加快对分包队的结算工作。尽量用结算方式支付分包单位资金，不用或少用借款的形式支付分包单位资金。内结要根据合同，实事求是不能拖。

4. 机电物资部加紧材料核销工作，特别是外协队在项目部领用材料，包括油料、水泥、钢筋等，要专人负责抓落实，做到一月一核，与市场部内结同步。

5. 对于几个重点单位欠款的处理意见：对于××公司的欠款，市场部要找业主沟通，把超灌浆部分工程量结算到我部，而不是让业主直接对基础公司结算；对于××场地，账面仍有欠款且现在仍有电费发生，请机电物资部协助处理，告知欠款与租赁费合并办理；对于××公司，因结算办完后仍在项目部领用材料，导致引起新的欠款，请市场部通知该单位继续为项目部施工或结算欠款。

6. 会议学习和强调了集团股份公司法务〔20××〕1 号《关于加强分包工程法律风险防范的紧急通知》，要求项目部各单位、各部门严格执行集团股份公司的十二道禁令，加强分包工程管理及经营风险管理，确保项目盈利。

项目部总经理×××在会上提出如下要求：一是债权债务的清理工作必须引起各个部门的高度重视，要密切配合市场工作；二是请市场部加强分包合同的清理和结算工作，未签订合同的要拟订计划及时签订，已签订合同的要按照合同及时办理结算；三是对于几个大的遗留问题，要组织召开相关专题会进行分析，想尽一切办法加强外结变更，有计划地逐个击破。四是机电物资部要加强材料核销工作。以上工作都必须有时间表，确保按期完成。

【评析】　这是一篇格式规范的会议纪要，清楚交代了会议概况，在内容上清晰明确地提出了问题的成因和解决措施，最后进行总结，文字简洁，具有较强的指导作用。需要改进的地方是应另起一行，将参会人员姓名补充在最后。

知识链接

会议记录和会议纪要的区别

会议记录与会议纪要都属于会务文书。二者的主要区别是：

1. 性质不同

会议记录是对会议情况、会议上讨论内容的实录，是原始材料，无须向上级报送，也不向下级分发，只作资料和凭证存档，属于事务文书。会议纪要只记要点，经过上级机关审批，就可以作为正式文件印发，有的还直接在报刊上发表，让有关单位贯彻执行，是法定行政公文。

2. 载体样式不同

会议记录的载体是会议记录簿。会议纪要作为一种法定公文，其载体为文件，享有《中国共产党机关公文处理条例》《国家行政机关公文处理办法》所赋予的法定效力。

3. 记载角度不同

会议记录作为客观纪实材料，无选择性、提要性，要求原原本本地记录原文原意，发言者怎么说的就怎么记，会议怎么定的就怎么写，且随着会议的进行，越详细越好。会议纪要通常采用第三人称的写法，以介绍和叙述情况为主，要有选择性、提要性，不一定要包容会议的所有内容。而且，必须在会议结束后，在会议记录的基础上加工整理，它集中反映了会议的精神实质，具有高度的概括性和鲜明的政策性。

4. 适用对象不同

会议记录一般是有会必录，凡正式会议都要做记录。作为历史资料的会议记录，不允许公开发布，只是有条件地供相关人员查阅使用。作为公文的会议纪要主要记述重要会议情况，具有传达告知功能，因而有明确的读者对象和适用范围。只有当需要向上级汇报或向下级传达会议精神时，才有必要将会议记录整理成会议纪要。

5. 分类方法不同

对会议记录的分类主要出于档案管理的需要，通常只是按照会议名称来分类，往往以会议召开的时间顺序编号入档。对会议纪要的分类，有助于纪要撰写者把握文体特点，突出内容重点，找准写作角度。会议纪要种类很多：可按会议内容、会议类型、会议范围等进行分类。

【任务演练】

任务一：

请分析以下会议纪要，给出适当的修改意见。

××学会会议纪要

会议时间：××年×月×日

会议地点：××研修大学会议室

参会人员：会长×××，副会长×××，×××，办公室主任×××，
　　　　　××研修大学主任×××

会议内容：

1. 确定了学会的办公地点。根据××年×月略日会议决定，派出小组对学会办公地点进行考察，经过比较，认为××研修大学办公条件优越，适合作为学会的办公地点。会议决定，从即日起××学会搬迁到××研修大学，挂牌办公。联系地址：××市××区××镇学府路1号。

2. 学会与研修大学商定，由研修大学向学会提供办公室、办公桌椅、电话和必要的办公费用。学会利用研修大学的教学条件，共同组织举办培训班等。

3. 为便于开展工作，建议增补××研修大学主任×××为学会副会长，负责学会的后勤保障和日常管理工作。工作流程为先开展工作，一周后提请常务理事会确认。

4. 研究了明年学术会议，制订了明年的活动计划。

××学会
××年×月×日

任务二：

请根据近期的一次班会会议记录，整理出一份规范的会议纪要。

拓展阅读

桓宽《盐铁论》
——最完整的古代会议纪要

《盐铁论》作者桓宽，字次公。汝南(今河南上蔡)人。生卒年不详。宣帝时举为郎，后任庐江太守丞。《盐铁论》是桓宽根据著名的"盐铁会议"记录整理撰写的重要史书，书

中记述了对汉昭帝时期的政治、经济、军事、外交、文化所进行的一场大辩论。

在西汉昭帝始元六年(公元前 81 年)召开的"盐铁会议",以贤良文学为一方,以御史大夫桑弘羊为另一方,就盐铁专营、酒类专卖和平准均输等问题展开辩论。桓宽根据当时的会议记录,加上与会儒生朱子伯的介绍,将其整理改编,撰成《盐铁论》。第一篇至第四十一篇,记述了会议正式辩论的经过及双方的主要观点。第四十二篇至第五十九篇写会后双方对匈奴的外交策略、法制等问题的争论要点。最后一篇是后序。

盐铁会议上,贤良文学在辩论中所阐述的当时的儒家经济思想,经过《盐铁论》的"推衍",更为全面系统,形成中国封建社会中占统治地位的经济思想。《盐铁论》的作者桓宽,服膺儒家思想,在政治上站在反对桑弘羊的立场,但他把盐铁会议辩论双方的思想、言论比较忠实地整理出来,因而使《盐铁论》这部著作不仅保存了西汉中期较丰富的经济史料,也把桑弘羊这一封建社会杰出理财家的生平、思想和言论相当完整地保留了下来,成为研究中国经济思想史特别是西汉经济思想史的一部重要著作,具有极其重要的历史意义和研究价值。

中 篇

专用提升篇

第五章　经济文书

【情景导入】

随着社会主义市场经济的不断发展，经济文书在社会经济活动中的地位和作用日益凸显。经济文书是反映经济活动规律、解决实际经济问题、为经济活动提供文字资料，以确保经济活动能够顺利开展的一种文体。企业若想要在激烈竞争中突破重围、站稳脚跟，就要提前对市场进行深入的调查研究，及时搜集、分析、评估一手市场信息，利用经济文书作出正确的管理决策。

如今市场环境瞬息万变，新商品、新服务层出不穷。在这样的大环境下，企业管理专业的小罗顺利从学校毕业，进入了某品牌公司的市场部实习。该公司今年推出了一款平价的降噪耳机，并计划在今年下半年投放市场，作为市场部实习生的他也将参与到这次投放计划中来。市场部负责人在会议上提出了几个问题：一是同款价格的降噪耳机在市场中占有率多大？二是目标客户有多少？三是该款耳机在市场中是否具有竞争优势？四是该耳机在市场上未来的发展趋势如何？负责人还要求相关人员进行深入调查后提交相关文书报告。

【章前思考】

为顺利完成工作任务，小罗必须要进行市场调查与研究，运用企业管理专业的相关知识解决实际问题。那么，你知道什么叫经济文书吗？该如何撰写合格的市场调查报告、市场预测报告以及可行性研究报告？

第一节　市场调查报告

【学习目标】

1. 理解市场调查报告的定义、特点、种类、结构与写法。
2. 能够运用恰当的表达方式展示市场调查成果，撰写合格的市场调查报告。
3. 培养严谨细致的写作态度，培养信息化素养。

【知识储备】

中华悠久的经商史中蕴藏着博大精深的商业文化。兵法云："夫地形者，兵之助也。料敌制胜，计险厄，远近，上将之道也。知此而用战者必胜，不知此而用战者必败。"可见地形对作战之重要，为将者不可不察也。而商场如同战场，经商如同作战，企业在生产经营过程中只有做到深入调查、因地制宜、精准施策，发挥自己的尖端优势，才能优先占据市场的有利地位。

随着商品经济的发展和营销活动的深入，市场调查报告在企业的生产经营活动中发挥着越来越重要的作用。作为市场调查成果的集中体现，一份好的市场调查报告能够反映市场的动态和趋势，为企业调整经营决策、制订产品开发和生产计划提供依据。企业要提前对市场进行全面深入的调查，制定出符合实情的市场调查报告，这样才能在正式进入市场前全面地了解自身产品的市场空间、竞争优势、目标客户的多寡等信息，为企业的经营管理活动提供有效依据。

一、市场调查报告的概念和作用

1. 概念

市场调查报告是指市场调查者有目的、有计划地对市场有关情况进行深入的调查后，运用科学的方法和手段，对搜集到的信息进行整理、分析和研究，从中归纳出有规律性的结论，并用一定的书面形式写成的报告性文书。

2. 作用

市场调查报告是企业进行市场预测、经营决策的基础材料。其作用在于帮助企业准确获取经济预测信息，并根据市场现状、总体趋势来制订和调整经营策略，从而增强市场竞争能力、提高管理水平。具体体现在以下三个方面：

(1) 获取经济预测信息。市场调查报告所呈现的供求关系、消费情况及其变化趋势等信息，对于企业调整供应策略、进行合理定价以及预测经济发展等管理活动具有重要意义。企业经营者若不能通过调研获取正确、最新的经济信息，就无法及时掌握当下最新的经济发展趋势与消费者的偏好变化，更难以编制出科学合理的经济计划。

(2) 提供经营决策依据。市场调查报告通过对现有市场状况的调查研究，揭示当前市场运行的规律和本质，为企业的经营决策提供依据。一份好的报告，能为企业的市场经营活动指引正确方向，帮助企业找准自身定位、合理配置资源，继而制定出有针对性、科学性和合理性的企业经营发展策略。否则，企业会像无头苍蝇一般，盲目作出违背市场实际的决策，导致产品滞销、企业亏损等后果，甚至造成更大的损失。

(3) 提高企业管理水平。市场调查报告所反映的市场现状和未来趋势，能够帮助企业找到自身在经营管理中存在的不足，从而有针对性地改善管理问题，进一步提高自身的经营管理水平。随着新科技的高速发展，市场形势发展迅猛。在这样的新形势下，企业需要强化创新意识，及时掌握市场变化趋势，并不断提高企业的管理水平。若跟不上新时代的市场步伐，囿于老旧的管理理念，企业将难以在激烈的市场竞争环境中脱颖而出，甚至可能被时代淘汰。

二、市场调查报告的特点和种类

1. 特点

(1) 针对性。作为市场调查报告的核心特点，针对性体现在以下两个方面。首先，市场调查是针对某一对象进行的，因此报告内容具有针对性；其次，针对不同的阅读对象，调查报告的呈现形式会有所变化。若没有明确的研究对象、阅读群体，则无法做到有的放矢，调查报告呈现的结果也是盲目且毫无意义的。因此，市场调查报告的针对性越强，越能为企业的经营管理决策提供有效指导。

(2) 真实性。真实性，也称客观性，是指市场调查报告的内容必须真实可靠，引用的材料和数据必须确凿可信。若报告中掺杂了虚假错误的数据或个人的主观臆断，没有反映客观真实的市场情况，则会对企业的管理决策产生误导。因此，具备真实性的市场调查报告才能成为企业发展的助推器。

(3) 时效性。时效性是指市场调查报告中的信息仅在一定时间内对企业决策具有参考价值。因此，企业在生产经营活动中要及时迅速地收集市场中的新信息、新动态，形成一份准确反映当下经济活动新情况、新问题的市场调查报告，帮助企业跟上市场变化步伐、作出正确管理决策、融入时代发展大潮。

2. 种类

市场调查报告的种类繁多，按照不同的标准，可被分为以下几类。

(1) 按调查内容来分，有市场环境调查报告、市场需求调查报告、市场供给调查报告、市场营销因素调查报告、市场竞争情况调查报告等。

(2) 按调查对象范围来分，有综合性市场调查报告、专题性市场调查报告等。

(3) 按表述手法来分，有陈述型市场调查报告、分析型市场调查报告等。

三、市场调查报告的基本结构与写法

严格意义上说，市场调查报告没有固定不变的格式。在撰写市场调查报告的具体过程中，可以根据调查的目的、内容、成果以及主要用途的不同，灵活调整报告的具体结构。通常情况下，市场调查报告的基本结构包括标题、正文、附录和落款四个部分，其中正文包括前言、主体与结尾三个部分。

1. 标题

要求市场调查报告的标题简洁醒目、概念明确。具体可分为以下三种形式：

(1) 公文式标题。公文式标题由调查单位名称、调查内容、报告种类名称三个要素构成。其中，调查单位名称可以省略。如《××市市委宣传部关于×××的调查》《高校学生短视频使用基本情况调查报告》等。

(2) 普通文章式标题。普通文章式标题省略了报告种类名称，类似于普通文章的标题，直接点明该篇报告的中心与内容。如《×××的市场需求持续上升》《××化妆品在××市滞销》等。

(3) 正副标题。正标题点明文章的中心，副标题说明此次市场调查的项目、地区和文种等具体信息。如《绿水青山就是金山银山——关于××市治理河流污染的调查》等。

2. 正文

正文包括前言、主体和结尾三个部分。

1) 前言

前言是市场调查报告的开篇部分，简要介绍调查报告的基本情况，包括调查目的和意义、调查对象和内容、调查时间和地点、调查方法和原因等。前言没有固定的模式，但必须做到开门见山、简明扼要。

2) 主体

主体部分是市场调查报告的核心部分，是对前言部分内容的延展和深入。一般包括以下两个方面：

(1) 基本情况。具体介绍调查背景、调查目的、调查对象和调查方法等内容。其中，调查背景部分一般包括某产品的发展历史、市场布局和销售变化情况，按照时间顺序进行表述，如某软件在 2015—2022 年间的销售情况和使用情况。

(2) 分析情况。使用图表等形式，对调查过程中获得的材料、数据等信息进行全面客观的分析，归纳总结出一般规律并分点阐述。如下面的例文中，撰写者通过对高校学生短视频使用基本情况的调查，分别总结出高校学生群体短视频使用行为、习惯等一般规律。

3) 结尾

结尾可以采用总结式的写法，概括调查结果、个人看法、存在问题或具体建议等，也可以对市场调查过程中出现的其他特殊情况进行补充说明。

3. 附录

附录一般包括调查问卷、相关图表数据、资料来源和参考文献等。

4. 落款

落款包括署名和日期。署名应写明单位名称或作者名称，一般位于正文的右下方，有时也可置于标题下一行居中的位置。日期应写明年/月/日。

四、市场调查报告写作的注意事项

(1) 观点与材料相统一。市场调查报告是在先收集材料后进行科学筛选、分析材料的基础上提出鲜明观点的。因此，撰写者要做到观点与材料相统一，即用典型材料说明观点，用鲜明的观点统帅材料。材料不足，观点就会成为空中楼阁；观点不明，材料繁杂混乱，会使人抓不住要领，无法为企业经营管理提供任何有益的指导作用。

(2) 语言要准确、简洁。准确，是指调查报告的表述要符合实际情况，不可言过其实或词不达意；排斥意思模糊的字词，如"可能""也许"等。简洁，是指用较少且易懂的文字来传递信息，涉及专业术语时要深入浅出。避免使用冗长句子或生僻词语，否则晦涩难懂，曲高和寡。

【例文分析】

高校学生短视频使用基本情况调查报告(节选)

一、前言

随着信息时代的来临，每日观看短视频已经成为很多人的一种生活方式。本次调研以调查问卷法和深度访谈法为主，对高校学生群体短视频使用行为和习惯进行调查，试从调查报告中发现高校学生群体的使用行为规律，分析影响短视频使用的主要因素，并构建高校学生群体短视频使用与满足模型。

二、调查背景

日新月异的技术使人们的交往方式较以往发生了较大变化。截至 2019 年 6 月，我国手机网民规模达 8.54 亿，较 2018 年 12 月增长 2598 万，网民使用手机上网的比例为 99.6%。其中，在网民职业结构中，高校学生群体占比仍然最高，为 26%。相较于其他职业的群体，高校学生群体更乐于体验新兴事物，具有一定代表性。

以短视频为代表的新型内容传播形式一经推出，迅速吸引了人们的眼球。"××"荣登××手机应用商城 2019 年第一季度全球下载量榜首。因此，探讨短视频经营问题和研究社交媒体用户的短视频使用行为情况非常必要。

三、调查目的

此次调查的目的是研究当下高校学生群体的短视频使用基本情况，并对其进行分析，从而了解当下高校学生群体对短视频的满足情况、使用心理和行为特征，以及影响使用与满足的因素等内容。

四、调查对象与方法

调查对象：××学院大学生。

调查方法：采用问卷调查法进行调查。结合统计学、心理学等学科专业知识对某一特定领域问题进行多样本的探究，采取闭合式问卷的形式来收集数据。

本次问卷发放的渠道是在线问卷星，通过个人渠道进行传播和发放，最终回收的有效样本数为 208 份。

五、调查结果与分析

(一) 问卷样本的人口统计学特征调查

本研究在地域上主要涵盖了××等省市的高校学生群体。最终回收的问卷男女比例约为 1:2。年龄上主要集中在 21～30 岁，学历分布为本科占 62.02%，研究生占 37.98%，样本人群主要来自人文类学科、工学类学科、艺术类学科。

(二) 短视频使用行为情况调查

1. 浏览行为

浏览行为按其层次深浅分为观看行为和包括收藏、分享在内的认同行为。逾 60% 的调查对象表示会收看短视频，这一情况说明，目前用社交媒体收看短视频在高校学生群体中非常普遍。超过半数的用户有收藏、保存自己喜爱的短视频的习惯，而完全不会保存的调查对象只有 8.65%。

2. 互动行为

调查显示，经常和比较经常给别人发布的短视频点赞的调查对象人数占比超过 40%，而不经常点赞的调查对象仅占 4.81%。有 46.16% 的调查对象会经常回复或比较经常回复他人给予的评论，这说明互动行为递进产生于给予评论的基础上。

3. 创造行为(略)

(三) 短视频使用习惯情况调查

在本次调查中，有 34.13% 的调查对象对某一固定类型的短视频有所偏爱。数据显示，37.5% 的调查对象不太依赖某个单一的短视频平台，没有对某一平台形成绝对依赖。

(四) 短视频用户使用与满足及行为分析

1. 研究方法(略)

2. 假设模型(略)

3. 本研究假设(略)

4. 访谈结果分析

(1) 年龄、社会条件对短视频使用的影响。18～21 岁的受访者表示更愿意去创造短视频或是对他人的短视频进行评论，对短视频类型的接受面也更广，对短视频内容质量的要求不高，使用行为更强烈。(略)

(2) 短视频使用动机分析。

① 网络社群文化共鸣促使用户使用短视频。8 号、15 号受访者认为促使他们使用短视频的原因是寻求社群文化共鸣，例如汉服同好、动漫同好、球鞋同好等。(略)

② 自我表达欲望促使用户使用短视频。数据显示，受访者中有 17 人经常发布关于个人生活的短视频。受访者表示，在现实生活中的压力较大，表现自我的欲望和机会不多，更愿意在网络虚拟空间中展示自我，并且能从别人的赞赏中得到自我满足感，获得一种认同感。

(3) 基于技术接受模型的短视频使用行为动机分析。

① 短视频易获得性分析。短视频的易获得性表现在两个方面：平台易获得和操作易获得。(略)

② 短视频社交性分析。有部分受访者表示在收看、发布短视频的过程中，能够达到交友目的。(略)

③ 短视频娱乐性分析。受访者表示会收看有趣的搞笑视频，多数受访者认为这些短视频中有娱乐自己的作用。(略)

(4) 影响短视频使用满足程度的因素分析。

① 社交期望对短视频使用的影响(略)。

② 群体认同对短视频使用的影响(略)。

③ 个性化创造对短视频使用的影响(略)。

④ 短视频使用满足程度统计(略)。

六、结语

在短视频创作上，高校学生群体表现出较高的热情。从调查报告中可以发现，高校学生群体愿意付出时间成本精心创作高质量视频。除此之外，高校学生群体普遍拥有较多兴趣爱好，自我表达欲望强烈，渴望得到他人认可。在短视频观看上，高校学生群体对收看短视频有更大的主动性，在观看内容上也有一定的指向性。从高校学生群体的短视频浏览行为来看，随着浏览行为的深入，积极性变低。从互动行为上分析，高校学生群体基于短视频平台进行互动，保证便利操作、节约时间成本等是提高互动行为的关键措施。

　　附录：高校学生短视频使用情况调查问卷(略)

×××

××××年×月×日

(引自：《媒体融合新观察》刘杨，祎伊，2019年第03期)

【评析】　这篇市场调查报告以高校学生短视频使用基本情况为研究主题，包括了标题、正文、附录和落款四个部分。正文前言部分简明扼要地介绍了本次调查的内容和目标，让读者快速了解调查的基本内容。主体部分具体阐述了调查背景、调查目的、调查对象与方法，并根据调查的数据结果，从使用行为(包括浏览行为、互动行为、创造行为)、使用习惯以及短视频用户的使用与满足等角度展开分析，概括了高校学生短视频的使用规律和影响因素。结语部分对以上调研结果进行了概括性总结。整体上看，该调查报告主题突出，结构合理，语言简洁。具体而言，分点标题内容翔实、论点鲜明、论据有力，从存在的现象到影响因素分析，层层递进，逻辑清晰。

知识链接

总结与调查报告的区别

　　总结是针对某一阶段工作的完成情况进行回顾和分析，从而为今后的工作提供帮助和借鉴的一种书面材料。调查报告包括调查和报告两个方面，是对特定事件进行调查后呈现的，反映真相、揭示规律的应用文书。

1. 目的不同

　　总结的目的是对已完成的工作进行评价，总结经验教训，用以指导今后类似的工作实践。而调查报告的目的是揭示某一新现象或事件的深层原因和规律，为领导机关的决策和指导工作提供事实依据。

2. 时限不同

　　总结一般是在阶段性工作结束后定期撰写的文书，属于事后行为；而调查报告是在开始决策工作前要撰写的材料，总结了可供参考的高质量信息，通常属于事前行为。

3. 手段不同

　　撰写总结是各个单位及部门的例行工作，它以概括事实为主，对过去工作中的实际情况进行归纳、评价，总结规律性认识；调查报告一般是由上级机构或其他工作单位在特定情况下临时组织成员完成的，具有指导性意义。它以陈述事实为主，注重论证过程，需要对大量的数据材料进行科学分析。

【任务演练】

　　1. 以下是一篇不符合写作要求的市场调查报告，请你指出存在的问题并进行修改，使其成为合格规范的市场调查报告。

大学生闲置物品交易平台情况

　　随着我国经济的快速发展和网络消费的日益增多，大学校园物质生活逐渐丰富，随之而来的是闲置物品的增多，大学生对物品的处理不够高效，出现了大量物品闲置的情况，导致了校园闲置物品浪费严重，在节约、环保的消费观念引领下，闲置物品交易市场也逐渐发展起来，并呈现不断增长的趋势。针对这一现象，我们项目组对大学生如何处理闲置物品，以及对是否选择在交易平台上进行闲置物品的交换或交易等一系列问题进行了调查并分析。

第一，通过调查了解大学生对闲置物品交易的基本认识。在被调查的 10 所高校里，只有 10%的学生没有闲置物品，大约有 90%的学生都有闲置物品，其中，生活物品闲置占比 14.83%，衣物闲置占 18.64%，鞋类和学习用品闲置各占 14.41%，其他类别的物品闲置相对较少。对于闲置物品的处理，有 41.18%的学生选择带回家，而 42.86%的学生选择送朋友或扔掉。其余有 9.24%的学生选择卖掉和 6.72%的学生则选择其他的处理方式。表明现在学生对闲置物品的处理方式还不够高效，对闲置物品的利用率也比较低。

第二，闲置物品交易中存在一定的问题。据调查，在闲置物品市场有过交易经历的同学只有 17.91%，这在学生群体中只占少数，说明同学们对闲置物品交易市场的了解还不够；而剩下的同学都是没有闲置物品交易经历的，其中超过 32%的同学有过交易想法，但没有付诸行动。本次受访者中的 17.91%的同学有闲置品购买经历，但被调查者对网站服务差的担心占 13.89%，说明同学们对服务好的网站容易产生购买的欲望，服务不好，就容易让顾客产生抵触心理；29.71%的学生认为网站购买的闲置物品存在质量隐患；24.57%的学生认为网站交易的售后没有保障。

第三，通过调查了解学生对建立闲置物品交易平台的态度。大部分学生对建立闲置物品交易平台抱有一种无所谓的态度，究其原因还是对闲置物品交易市场的了解不够，其次就是现在校内还没有一个高效、被大家广泛接受的闲置物品交易平台，以至于大家对建立平台抱有观望态度。也有多数受调查者认为有必要在学校建立闲置物品交易平台。

第四，结论及启示。

(1) 大学生闲置物品交易市场的潜力巨大。随着电子商务的发展，大学生们对于网购也很熟悉，这是推动闲置物品交易平台发展的动力之一。另外，闲置物品经济实惠，大学生们愿意购买。

(2) 闲置物品交易市场已初步形成规模。数据表明，闲置物品交易平台很多，例如，瓜子、跳蚤、闲鱼、转转等，都是很成功的案例。这对建立大学生闲置物品交易平台，提供了更多的信息方面的支持。

(3) 实现线上和线下闲置物品交易信息同步。建立大学生闲置物品交易平台后，应结合大学生移动社交网络消费特点，将线上线下有机结合，把线下的物品信息置于线上平台，将线上平台变成相同或不同院校的大学生之间的无缝交流渠道。

(郑春妮，肖勤. 重庆大学生闲置物品交易平台调查分析[J]. 现代营销，2017，有删减)

2. 请你根据市场调查报告的格式要求，将以下材料整理成一篇结构完整、格式规范的市场调查报告。

近日，为了解本校学生的网上购物行为，学生小罗采用了问卷调查的方式进行了一次市场调查，以下为调查所收集到的相关数据。

据中国互联网络信息中心在《第十九次中国互联网络发展状况的统计报告》中发布的

信息，至 20×× 年 6 月 30 日，我国内地网民总人数已达 3.23 亿；其中，经常上网购物的约有 3000 万人，与去年同期相比，经常上网购物的网民增长 50%，显示出这种新的购物方式的潜力。

作为"高触网"的大学生，随着网络和电子商务的发展，他们成为网络购物的主体人群。从网络购物者的文化程度来分析，上网购物的大学生已经达到总数的 49.3%。

本次调查显示，有网上购物经历的大学生占 50%。而没有网上购物经验的大学生只有 7.8%。本次调查结果显示，有 78% 的女生曾选择过网上购物，而男生中这一比例却只有 62%，明显低于女生。

在没有购买经历的大学生中，没有尝试网购的主要原因主要有：商品问题、卖家诚信、货款的支付问题、商品的递送及邮费问题、售后服务问题、网络安全问题、观念难以转变、环境不允许等。在有购买经历的大学生中，尝试网购的主要原因主要有：节约时间、费用，方便、送货上门，寻找稀有产品，出于好奇、有趣，时尚、款式新颖，受身边朋友影响，可以货比三家，没有营业员压力。在所调查到的原因当中，占比较大的是：节约时间、费用，方便、送货上门。

大学生在网上购买的商品和服务的排名依次是：服装类(78.3%)、图书音像(53.3%)、小饰品(38.3%)、生活用品(26.7%)、数码产品(20.0%)和其他类(5.0%)。

大学生并没有实际的收入，所以一般的消费金额主要集中 30～60 元和 60～100 元段，在这个消费区间内，女生的占比偏高。男生的消费金额在 100～200 元和 200 元以上，消费金额普遍高于女生。

调查显示，无论是否有购物经历的大学生都认为网购要面临一定的不确定因素，他们普遍认为网购在很多方面还有待提高，如商品的质量(66.7%)、商家的售后服务(60.0%)、网上支付安全(46.7%)以及送货速度(31.7%)等。

附：×× 大学生网购行为调查问卷

×××

××××年×月×日

拓展阅读

调查问卷的设计方法

为获得最新的市场数据，调研者在进行市场调查时会采用多种方法。其中，问卷调查法是最常采用的方法之一。问卷设计是问卷调查的基础，其质量直接影响(调查)问卷的回复率和收集资料的真实性与实用性，关乎调查成败。因此，在设计问卷时需要注意以下几个方面。

一、调查问卷的结构设计

完整的调查问卷往往包含这几个部分：封面信、标题、说明词、问题、答案、结束语。

二、调查问卷的问题设计

问题设计是问卷设计的主要内容，其涉及多种形式，如陈述式、列举式、排序式、李克特量表、语义差异量表等。这里主要将问卷中的问题分为开放式与封闭式两大类。

1. 开放式问题

开放式问题也称为自由式问答题，只提出问题，但不设置具体的答案选项，被访者可以根据自身实际情况自由作答。例如，提出"您和您的家人最喜欢的牙膏品牌有哪些？"等问题。

2. 封闭式问题

封闭式问题又称结构式问答题，它与开放式问题不同，在提出问题的同时会规定一组可供选择的答案和固定的回答格式。受访者可以在规定选项中选择与自身实际情况较为贴近的答案。例如，在问题"你会不会开车？"下设置选项"A. 会　B. 不会"。

三、调查问卷的答案设计

1. 开放式问题答案设计技巧

开放式问题不向被调查者提供可选择的答案，对问题的回答不作任何限制，让被调查者畅所欲言。但难度设置要合理，不够具体、难以回答的问题会使受访者产生畏难情绪。

2. 封闭式问题答案设计技巧

针对封闭式问题，答案的设计可以分为两项选择式与多项选择式。如在问题"您是否购买过××品牌的电冰箱"下设置选项"A. 是 B. 否"，或将问题"请问您使用过以下哪些品牌的洗发水？"的答案设置为"A. 飘柔 B. 海飞丝 C. 拉芳 D. 潘婷 E. 夏士莲 F. 飘影"。

四、调查问卷的排版设计

1. 问题的编排

问卷设计中的问题编排一定要有逻辑性，按照问题的类别、时间、内容上的不同，对问题进行合理排列，做到先易后难、由浅入深。如将同一类别的问题排列在一起，被调查者能够先回答一类问题后再回答另一类，不会因问题类别的反复转变而干扰答题思路。此外，还应依据内容的难易程度来进行问题编排，将容易回答的问题放在前面，较难回答的问题放在中间，最后将敏感性问题放在后面。

2. 版面的排版

排版呈现给被调查者的"第一印象"很重要，不能忽略。排版整洁、清晰的问卷能够提高问卷的答复率与有效问卷回收率。因此，要将问题单独按条罗列出来，问题与问题之间需留有一定空间，不能太紧密。对于开放性问题，要留出适当位置，让读者有足够的空间填写自己的观点。

五、调查问卷设计的注意事项

1. 问卷的问题设计

设计时要注意，问题内容要简短易懂，问题数量要适度合理，用词要准确、通俗。设置好调查问卷的难易程度，一般将答题时间控制在 20 分钟以内。若采用网上发放问卷的形式，还可以利用相关问卷软件，如"问卷星""腾讯问卷"等。在问卷的顶端设置"问题回答进度条"，使答题进度可视化，减少被调查者回答问题的疲惫感。

2. 问卷的答案设计

若是设计多项选择题，要注意控制预设答案的数量，最多不超过 8 个。设计者还可以采用排序式、李克特量表、语义差异量表等设计形式，使答案更加清晰、简洁，让被调查者更容易作出选择。

综上所述，设计科学、实用、有效的调查问卷，是一项技术性较高的工作。问卷设计者必须进行全面且严谨的思考，不断地推敲问题的准确性与适应性。经过认真设计与仔细编排，才能最终呈现一份高质量的问卷。

第二节 市场预测报告

【学习目标】

1. 理解市场预测报告的概念、作用、特点、种类、结构与写法。
2. 能根据工作要求，撰写合格的市场预测报告。
3. 提高独立思考能力、语言组织能力和逻辑表达能力。

【知识储备】

五千年华夏文明，在神州大地上留下了灿烂的商业文化。作为中国乃至世界上最早的商圣，范蠡给后人留下了丰富的生意经。据《史书》记载，早在春秋时期，经商鼻祖范蠡就成功地进行了市场预测。他曾提出"旱则资舟，水则资车"的观点，利用市场物价随天气的变化而变化的规律，预测到"久旱必有久雨"，此时市场对舟船的需求增加，应做船只的生意；而闹水灾的时候，不必抢着去做船运的生意，而应投资于车子的经营。范蠡还提出了"论其有馀不足，则知贵贱。贵上极则反贱，贱下极则反贵"的观点，即根据市场供求状况判断商品价格的涨落，是对市场供求与价格规律的最早发现和描述。

在当今商品竞争激烈、市场不断变化的背景下，风险与机遇并存。企业若想要赢得竞争优势，就需要不断地提高预测市场的能力，及时了解市场规律、把握市场动态、预测市场变化趋势，从而根据市场实际需要调整生产经营策略。

一、市场预测报告的概念和作用

1. 概念

市场预测报告是在市场调查的基础上，综合已掌握的相关市场信息，运用科学的方法和手段，对未来一段时期内的市场变化趋势进行预测、分析和判断，并提出针对性的措施和建议的推断性书面报告。市场预测报告有广义和狭义之分，广义的市场预测报告又称为经济预测报告，而狭义的市场预测报告又称为产品销售预测报告。

2. 作用

市场预测报告是企业制定和调整经营决策的重要依据，其作用体现在以下三个方面：

(1) 预见作用。没有预见就没有领导。企业使用市场预测报告揭露市场运行的一般规律，结合过去和现在的经济形势，预先分析出产品市场未来的变化趋势和大致结果，从而为接下来的有效领导提供依据。譬如，企业按时间顺序对某产品的年销售量、市场购买力等因素进行排列，在此基础上预测未来供求变化，作出恰当的预见性判断。

(2) 参考作用。科学预测是科学决策的前提。一份高质量的市场预测报告能够呈现准确的预测信息，为企业当下的科学决策提供有效参考。企业管理者通过报告了解过去营销活动的基本情况，从而制定出科学合理的营销策略和行动方案，避免因盲目决策而造成损失。

(3) 指导作用。市场预测报告以经济理论为指导，将定性预测和定量预测相结合，指导企业今后的生产发展方向。譬如，企业根据市场预测报告所得出的相关建议，明确消费者购买力总量和购买力投向(商品需求构成)，确定满足市场需求的商品数量、品种、规格和质量，进而投入生产。

二、市场预测报告的特点和种类

1. 特点

(1) 科学性。市场预测不是占卜算卦、胡乱推测，要以真实准确的市场信息为依据，使用合理的分析方法，得出科学的预测结论。如企业从产品销售数据中获取真实的客户信息，包括客户的订货习惯、订货频次等，从销售历史中分析出产品的需求变化情况。若企业远离真实信息和合理方法，只依赖过去经验或凭空想象，会导致预测报告缺乏科学性，无法呈现市场的实际状况。

(2) 针对性。市场预测可选内容十分广泛，凡是能够引起市场变化的因素，都可以成为主要的预测对象。但是预测不能盲目进行，要选择重要的经济因素进行针对性分析，充分发挥预测报告的现实指导作用。比如，若企业需要预测产品在一段时期后的生产情况，可以通过分析同类产品的生产数量、在预测期内的发展潜力等因素，有针对性地预测企业产品的供应变化。

(3) 时效性。市场预测报告的时效性体现在两个方面：一是报告内容的时效性，二是出具报告的时效性。一方面，市场预测报告要迅速、及时地反映市场新变化、提供预测新结论，帮助企业在激烈的市场竞争中抢占先机。另一方面，市场预测报告要在合理的时间内完成，不至于贻误最佳决策时机。

2. 种类

按照不同的分类标准，市场预测报告可以分为不同的种类。一般按照以下四种标准进行划分。

(1) 按照预测的范围划分，有宏观市场预测报告、微观市场预测报告等。

(2) 按照预测的时间划分，有短期市场预测报告、中期市场预测报告、长期市场预测报告等。

(3) 按照预测的内容划分，有市场需求预测报告、市场销售预测报告、产品销售情况预测报告、产品发展预测报告、生产预测报告、资源预测报告等。

(4) 按照预测的方法划分，有定性预测报告、定量预测报告等。

三、市场预测报告的基本结构与写法

市场预测报告没有固定不变的框架，因此在撰写市场预测报告的过程中，应该根据预测的具体内容来灵活调整报告结构。一般情况下，市场预测报告的基本结构包含标题、正文、附录和落款，其中正文包括前言、主体与结语三个部分。

1. 标题

市场预测报告的标题形式灵活多样。但无论采用哪种形式，都不能省略预测对象。常见的标题有以下三种形式：

(1) 公文式标题。公文式标题一般由预测时间+预测范围+预测对象+文种构成，如《××××年华南手机消费市场预测报告》。除了预测对象和文种外，其他两项元素可以省略，如《××市蔬菜价格趋势预测》《××市家政服务市场前景的展望》。

(2) 一般文章式标题。该类标题不显示具体文种名称，与普通文章的标题相似，直接展现该篇报告的结论或观点。如《我国5G手机的需求即将快速增长》。

(3) 正副式标题。一般以文章式标题为正标题，揭示预测报告的主旨或结果；以公文式标题为副标题，说明预测的范围与对象，如《稳中求进——2022年××省经济形势预测》；或以公文式标题为正标题，副标题说明预测的范围与对象。如《中国盲盒行业的发展前景分析——以××公司为例》。

2. 正文

正文包括前言、主体和结语三个部分。

1) 前言

前言又称引言，主要说明预测的主旨、范围、对象等，概括介绍全文的主要内容以引领下文，目的是吸引读者，使其产生阅读兴趣。前言的篇幅不宜过长，可根据预测对象的数量或主体篇幅的长短对其进行调整。

2) 主体

主体是市场预测报告的核心部分，一般包括现状说明、趋势预测、建议提出三个方面内容。在报告的结构安排上，既可以使用直接叙述式，也可以使用条款式，使市场预测报告的分析呈现更清晰、有条理。

(1) 现状说明。现状说明是市场预测的出发点，采用夹叙夹议的写作手法。借助翔实、准确且具有代表性的文字数据、图表等相关资料，通过回顾历史情形、分析现有优势和存在问题来展现预测对象的现状。

(2) 趋势预测。趋势预测是市场预测报告的意义所在。对于这部分内容，一般以市场调查所获得的代表性数据为基础，运用科学方法进行比较分析，找出商品市场供求变化规律。同时提出多种预测结果，帮助企业把握未来趋势、制定恰当策略。

(3) 建议提出。建议提出是市场预测报告的落脚点。这部分内容以趋势预测为基础，提出具有针对性、可行性的对策建议。具体可行的建议能够为报告中发现的问题指明方向，服务于未来产品的发展变化，为决策者与管理者提供有效参考。

3) 结语

结语部分用于归纳预测结论，与前言呼应。这部分可以重申或强调观点，也可以提出对未来的展望。如下面例文中的结语部分，通过相关数据的分析总结，重申作者的观点，即我国盲盒行业未来发展向好。

3. 附录

有些市场预测报告还包含附录，其内容一般是图表数据、资料来源、参考文献以及其他辅助材料等。

4. 落款

落款包括了署名和日期。署名应写明单位名称或拟写人，写在正文的右下方。日期格式为×××年×月×日，并置于署名下方。

四、市场预测报告写作的注意事项

(1) 目标明确，突出重点。写作市场预测报告时，应围绕预测目标收集、筛选、整理和分析相关资料，做到详略得当、重点突出。若没有明确目标和预测重点，盲目开展分析工作，将导致报告结论不具备任何参考价值，无法为企业决策提供任何助力。

(2) 实事求是，建议可行。坚持从实际出发。不论测试结果是好是坏，市场预测报告都应该如实反映、准确呈现真实情况。同时，报告要全面掌握各方面信息，充分估计困难、风险和不确定性，从而提出合理科学、具体可行的建议。

(3) 语言严谨，表述规范。撰写市场预测报告时，要使用符合逻辑、精准恰当、简洁易懂的语言，以严肃谨慎的态度进行规范表述。比如，在时间表述上不使用有模糊含义的词语"最近""近期"等，避免影响决策者的判断。

【例文分析】

中国盲盒行业的发展前景分析(节选)

——以××公司为例

盲盒行业最初兴起于IP泛娱乐蓬勃发展的海外市场。近年来，随着潮玩市场规模不断扩充，潮玩行业发展蒸蒸日上。伴随着广阔的潮玩行业前景，靠盲盒起家的中国品牌也迅速蹿红，逐步进军国际潮玩市场，迎来了自己的高光时刻。在2020年，受新冠疫情影响，中国潮玩行业市场增速有所放缓。但随着国内疫情防控常态化，潮玩市场恢复原有生机，预计在未来五年内，将保持超过30%的复合增长。

一、盲盒行业现有优势

(一) 低消费门槛和减压属性契合社会环境

下文将根据"盲盒第一股"××公司的运营状况，分析盲盒行业现有优势。

相比价格高昂的乐高，盲盒几十元的定价较为亲民。××公司的毛利率较高，有效降低了大众的消费门槛。与此同时，随着当下年轻人对减压、治愈需求的大增，盲盒凭借拆盒的快感和高颜值的外形，让众多消费者"一秒入坑"，触达年轻消费者圈层中心。

(二) 构成IP商业闭环

从2017年—2020年××公司主要IP营收贡献数据(见表1)来看，××公司正在飞速发展，自有IP和独家IP已成为××公司商业运营的核心。其中Dimoo(自有IP)、Pucky (独家IP)、Molly(自有IP)和Yuki(自有IP)四款销量最好的产品2020年度H1(上半年)的营收分别达到1.2亿元、1.2亿元、1.1亿元和0.2亿元，约占公司总营收的50%，公司自主研发产品占比逐年大幅提升，IP商业运营模式更加强大。

表1 ××公司主要IP营收贡献（单位/亿元）

类型	2017 年度	2018 年度	2019 年度	2020 年度 H1
Dimoo	—	—	1	1.2
Molly	0.4	2.1	4.6	1.1
Pucky	—	0.8	3.2	1.2
Yuki	—	—	0.2	0.2

（资料来源：公司招股说明书，民生证券研究所）

(三) 多渠道销售，优化购买流程

××公司分渠道营收构成(见表2)，销售渠道主要分为线上和线下两部分。线下主要包括零售店、快闪店、国际潮玩店和机器人商店。线上主要包括泡泡抽盒机、葩趣 App、微信官方商城、天猫旗舰店和其他电商品牌等。纵观××公司 2017 年—2020 年分渠道的营收构成，虽然零售店在 2017 年—2019 年营收占比由 63.90%下降至 39.90%，但相对于其他销售渠道，零售店仍是公司核心收入来源。

表2 ××公司分渠道营收构成

渠　道	2017 年度	2018 年度	2019 年度	2020 年度
零售店	63.90%	48.30%	43.90%	39.90%
线上渠道	9.40%	20.00%	32.00%	37.90%
机器人商店	3.50%	16.80%	14.80%	13.10%

（资料来源：公司公告，国盛证券研究所）

(四) 引领潮流文化

全球潮玩行业市场规模与日俱增。在 2020 年，全球潮玩行业市场规模达到 1493.1 亿元。其中，像盲盒这样的实体商品发展最快，年均复合增长率高达 23%。由此可知，盲盒已逐步进入大众的日常娱乐中，推动潮玩发展的盲盒文化也随之成为当代的主流文化之一。

二、盲盒行业存在的问题

1. 噱头大，产品本身实用性低

虽然盲盒已成为年轻人的消费热点，但实用性不强仍是盲箱的致命缺陷。有数据显示，近几年，超过 30%的受访网友认为盲盒的噱头太大，产品本身缺乏实用性。

2. 盲盒热，滋生投机隐患

受饥饿营销影响，"万物皆可盲盒"现象已经出现，但不变的是盲盒营销这种手段。在暴利盲盒经济的驱使下，内容虚假、品控差、隐藏款延迟发货、售后差的乱象均以盲盒形式出现，大大影响了潮玩行业的均衡发展。

3. 用户黏性低、容易过时

根据 SWOT 矩阵分析可知，盲盒虽然成本低，存在一定的优势，但是这种优势能够持续的时间却很短。目前企业过于关注盲盒外表造型的创新，而忽视了对核心本质的建造。因此，虽然盲盒带来的刺激会加强顾客的重复购买欲，但盲盒产品很可能会过时。

三、盲盒行业的未来发展前景

对比不同性别的消费者对手办和盲盒两种潮玩的购买程度，可知男性消费者购买手办的比例超过 60%，而购买盲盒类产品的比例仅为 37.4%。但由于男性对潮玩的持续热爱程度较高，再加上盲盒中的一些产品可以算是低配置版手办，所以预计未来 5 年内盲盒的用户画像会逐渐以男性为主，男性群体的渗透率也会随之提高，这将进一步促进盲盒行业的可持续发展。同时，盲盒在达到一定的覆盖率后很难保持快速增长，未来盲盒类下沉市场存在巨大红利。未来，盲盒品牌挤入下沉市场的成功率究竟有多大，还需根据后续盲盒行业的发展情况进行预测。

四、盲盒行业未来发展策略

针对盲盒行业存在的问题，可以从以下两个方面来改进。其一，玩转盲盒经济、着手开发盲盒 IP 衍生品。中国盲盒品牌应致力于 IP 衍生品推广项目，走出盲盒零售的舒适圈，试图通过实用衍生品开发、IP 娱乐改编和主题乐园开发等方式，努力使盲盒成为渗透到每个生活场景。其二，提高对盲盒市场的监管水平，推动盲盒行业良性发展。市场监督管理局应加强对盲盒行业的监管，制定明确的盲盒营销制度，运用相关制度保护消费者权益，使盲盒成为社会经济的一部分。

五、结论

结合各证券研究数据，通过 SWOT 模型对"盲盒第一股"××公司进行分析，得出以下结论。在趋势文化的快速发展下，我国盲盒行业发展进入平稳期，消费群体逐步稳定，未来发展向好。但当下各大盲盒品牌仍需及时调整应对策略并充分考虑其未来发展方向，可以尝试突破固有模式，促进盲盒衍生品的发展，以此进一步推动盲盒行业持续发展。

×××

××××年×月×日

(引自：万琪，刘捷. 浅析中国盲盒行业的发展前景：以××公司为例[J]. 现代商业，2022)

【评析】　这篇预测报告的研究对象为我国盲盒行业，结构完整。标题属于正副式标题，副标题说明预测的对象，直接点明了文章论述的主体，开门见山，让人一目了然。报告的正文部分包含前言、主体和结语三大板块。前言部分概括说明了潮玩行业发展的总体情况和趋势，主体部分采用了条款式写法，有条理地呈现了盲盒行业发展现状、未来趋势以及相关建议。对于发展现状，报告基于"盲盒第一股"××公司的运营状况来分析盲盒行业现有优势，接着从其产品本身实用性低、易滋生投机隐患以及用户黏性低等方面探讨分析当下盲盒行业存在的问题。在未来趋势的预测上，通过下沉市场调研与用户画像分析，对盲盒行业未来发展前景进行了预测，分析了盲盒行业发展的必然性，并提出了相应的建议。最后，结语部分以概括性语言重申了作者的观点，提出了我国未来盲盒行业发展的美好愿景。

整体上看，该范文条理清晰，顺应市场热潮，抓住当下市场热点，以实际数据为基础进行科学的预测，提出可行性建议，使报告具有科学性与时效性。另外，整篇报告的语言精准恰当、简洁易懂，没有使用模糊性的词语或表达方式，具有一定的写作参考价值。

知识链接

市场调查报告与市场预测报告的异同点

市场调查报告与市场预测报告都是以市场为特定研究对象的书面报告。但二者不尽相同，主要表现为以下三点。

1. 写作目的不同

市场调查报告的写作目的侧重于了解调查对象的过去和现状，发现和揭示问题的深层原因，指导现实的生产经营活动以提高营销效益；而市场预测报告的目的是预测未来的变化发展方向，为经济决策提供建议，寻求生存发展之路。

2. 内容重点不同

市场调查报告反馈市场信息，侧重于对当下市场现状的研究，反映人们对市场的过去和现在的认识；市场预测报告揭示市场趋势，着眼于对未来市场的分析，侧重于预测发展前景，反映的是市场在未来一段时间内可能出现的情况。

3. 资料来源不同

市场调查报告中所展现的数据资料，必须来自实际市场调查所获取的第一手资料；而市场预测报告中所运用的数据资料，可以来自实际市场调查所获取的第一手资料，也可以来自他人调查总结出来的第二手资料。

【任务演练】

1. 病例会诊。以下是一篇不符合写作要求的市场预测报告。请你指出该篇市场预测报告在格式上存在哪些问题，应如何修改。

5G 时代中国视频分享市场发展

目前国际上最受欢迎的视频分享平台是美国的 YouTube。中国视频分享市场起步较早，但由于市场格局不断变化，其发展道路较为曲折。在 5G 时代，中国视频分享市场的发展趋势又会如何？

在 5G 商用前期，视频分享平台市场的结构有了分散的趋势。当前，中国视频分享领域的主要形态是短视频，它兴起于 4G 时代早期，而 5G 的普及将给视频分享市场带来若干新的视频形态，也将给平台运营商带来新的市场机会。在 4G 网络时代，其技术背景基于相对有限的带宽和较高的流量价格，同时，人们使用的手机屏幕尺寸较小、清晰度也相对较低。进入 5G 时代，技术背景发生了根本性的改变，视频分享领域出现了许多新的视频形态，如长视频、超高清视频和 VR/AR 等视频形态。因此，在 5G 和其他相关技术的推动下，中国视频分享市场在视频形态、市场结构、市场地位等方面将会发生显著变化。

一、中国视频分享市场的发展趋势

(一) 视频形态趋于丰富

近来，在 4G 网络持续提速降费的背景下，一些老牌短视频平台开始放松对视频时长的限制。随着 Vlog 的兴起，用户对于长视频的需求越来越多。如今，随着 5G 网络的普及，在超高网速和更低流量成本的背景下，分享传播长视频的障碍已基本扫除。同时，许多智能手机已经可以拍摄 4K 视频，少数高性能单反、微单已经具备了拍摄 6K 视频的能力。未来几年，超高清视频极有可能成为视频分享领域的重要视频形态之一。此外，随着 5G 的普及，原先对带宽和传输时延要求较高的 VR/AR 视频的上传和在线观看将成为可能。

(二) 优势视频分享平台将成为视频传播的枢纽

短视频无疑是近两年发展最快的互联网应用之一。然而，随着 5G 的普及，视频分享平台将容纳大部分视频形态，如长视频、超高清视频和 VR/AR 等，因而可能对整个视频市场产生较大影响。

此外，视频分享平台本身具有显著的用户优势。进入 5G 时代以后，随着视频形态的丰富，将进一步扩大视频分享平台的用户数量，视频分享平台将成为极为重要的观众资源聚集地。视频分享平台的一端连接着数以亿计的观众，另一端连接着个人创作者、制作机构、电视台等各类视频供给者，这将使其成为互联网视频传播的枢纽。

二、结语

当下中国视频分享市场已经走过了十几个年头。今后，随着视频形态的不断丰富以及更多视频供给者的加入，中国视频分享市场将进入一个空前发展期，逐步获得优势地位。

2. 模拟练习。请根据以下材料，撰写一篇合格的市场预测报告，要求格式规范、条理清晰、语言通畅。

随着经济的快速发展，人们生活水平的提高，咖啡已经成为一种代表时尚潮流的消费品，尤其是比较注重追求时尚的青年一代对咖啡的需求更是与日俱增。咖啡屋是为时尚一族特别是在校大学生提供休闲娱乐的场所，它接待的客人以在校大学生为主(同时也包含部分授课教师)。为了解我们学校周边咖啡店的发展状况，特此做一份××咖啡店20××年市场预测报告。

一、××咖啡店环境分析

(一) 地理环境

××咖啡店处于××美食城内，距离××大学150米左右。××大学有将近一万名学生，且临近商业街，附近居民区集中，客源量较大。

(二) 店面环境

店面规模小，无宽敞的地方让消费者在店面进餐，装修简单，但店面整体上干净整洁。

(三) 竞争环境

××咖啡店周边有其他奶茶店与饮品店，竞争非常激烈。其中××饮品店、××奶茶店、××港式奶茶店，××手冲咖啡店等是最大的竞争者，其余的饮品店对其影响较小。

二、××咖啡店的商圈

因××咖啡店附近是××大学，消费者以学生为主，消费金额不高，属于文教区商圈。以××咖啡店为中心，距离××咖啡店50米为半径画圆，它的周围是××大学及居民住宅区，所以人流量大。但在这个商圈中，也有几家竞争者。

三、××咖啡店的经营范围

只经营手冲咖啡与甜品。

四、价格和规格

××咖啡店每杯咖啡的价格主要在10～18元浮动，其甜品价格主要在12～20元浮动，与其他咖啡店相比，它的价格相对较合理。

五、××咖啡店内基本信息

一个门面、六张桌子、一个厨房、两个取餐窗口、5～6个工作人员。

拓展阅读

商业古今谈——我国古代的市场预测

　　我国古代商业较为发达，因此市场预测学说也较早出现。如春秋时期的范蠡、白圭对此已有精彩的论述，再如战国时期的《管子》，西汉司马迁的《史记》，魏晋南北朝贾思勰的《齐民要术》等书中，均有关于进行市场预测的记载。其中，《史记·货殖列传》中记录了从战国到秦汉的商品经济史，描绘出中国古代早期经济发展水平及变化情况，体现了商品经济发展的轨迹，反映出司马迁经济思想的远见卓识。

　　太史公在《史记·货殖列传》中记述的子贡，是中国古代早期进行市场预测的最典型的代表。如《论语·先进》中就有孔子赞誉子贡"不受命而货殖焉，亿则屡中"的话。"亿"，据朱熹所说："意度也。"即市场预测，子贡善于猜度市场行情，因此增加财富。意度即预测而非凭经验的猜测，预测虽然是预计和推测，但这并不是主观臆断与瞎说，而是在调查研究的基础上进行的科学分析。因此，市场预测必须以市场调研为依据。可见，市场预测理论其实早在秦汉时期就已经提出，并已在实践中加以利用。

　　此外，《史记·货殖列传》还对计然成功运用市场预测理论的经商活动有具体记载，他能根据天时变化和农业生产规律来预测和指导自己的经营。计然指出："知斗则修备，时用则知物"，这个"时"，主要指年岁的丰歉和水旱等自然条件的变化。通过观察天时变化，农业生产的变化规律也是可以预测和掌握的："故岁在金，穰；水，毁；木，饥；火，旱，六岁穰，六岁旱，十二岁一大饥"。即每逢六年有一次丰年，十二年中有一次大丰年，一次小丰年；每逢六年有一次旱年，十二年中有两次旱年；十二年中还有一次水年。通过这样的方式预测粮食供求变化的长期趋势。

　　在《史记·货殖列传》中，除了介绍市场预测理论之外，还介绍了商品购销、经济效益评价、货币理论、财政管理等理论。作为一部商业典籍，《史记·货殖列传》蕴含的内容极其丰富，为后人展示了一幅中国古代早期社会经济发展的斑斓画卷。

　　总之，在商品经济高度发展的今天，商业市场仍然需要传统文化营养的滋润。总结并保留下来的市场理论是古代商业文化的精华，十分值得我们汲取借鉴并将其发扬光大。

第三节　可行性研究报告

【学习目标】

1. 理解可行性研究报告的概念、作用、特点、种类、结构与写法。
2. 能够编写科学规范的可行性研究报告。
3. 培养良好的行文习惯，提高写作能力。

【知识储备】

　　古代工程建设中已经懂得并成功实践了系统管理的思想。公元前三世纪战国时期，蜀郡守李冰父子主持设计、修建的四川都江堰水利工程就是突出的范例。它生动地体现了严谨的整体观念和开放、发展的系统思路，整个工程的规划、设计和施工都十分合理：通过鱼嘴分水、宝瓶口引水、飞沙堰溢洪，形成一个完整且功效宏大的"引水以灌田，分洪以减灾"的分洪灌溉系统。

在当今的社会经济活动中，企业也必须秉持系统观念，预先进行可行性研究工作，避免人力、物力和财力的浪费。为确定一个"技术上先进、经济上合理、现实中可行"的最优方案，企业在进行某一项经济活动之前，都必须进行全面系统的调查研究，在分析信息、财务预算的基础上形成可行性研究报告，为企业的正确决策提供依据。

一、可行性研究报告的概念和作用

1. 概念

可行性研究报告又可称为论证报告、项目可行性研究报告。它是对拟实施项目的可行性、必要性、效益性等各层面进行全面分析论证的书面报告。

2. 作用

可行性研究报告是项目建设论证、审查、决策的重要依据，是进行项目建设与实施必不可少的一道程序，事关具体项目实施的兴废成败。具体来说，它具有以下三个方面的作用：

(1) 制订最佳方案。在拟开发建设或改造某个项目前，企业要对该项目是否有必要实施、何时实施、能否顺利实施以及怎么实施等一系列问题进行全面系统的可行性研究，制订出技术上合理、经济上合算的最佳实施方案，确保项目正常开展。

(2) 提供管理依据。建设重点项目，需要上级或管理部门审批同意后才能实施。可行性研究报告能全面地反映对项目进行调查、分析、预测的完整过程，是管理部门全面了解项目并对其进行管理的依据。

(3) 获得资金支持。可行性研究报告是企业获取资金支持、进行融资的必备材料。基于研究报告，投资者对项目进行审核与评估，考虑其经济效益与社会效益，从而决定投资方向和投资力度。

二、可行性研究报告的特点和种类

1. 特点

(1) 科学性。基于科学调查，可行性研究报告以科学理论为依据，采用科学方法进行多方分析、预测后获得结论。因此，科学性是可行性研究报告的基本特性。缺乏科学性，研究报告就失去了其固有价值。例如，某地规划建设城市轻轨时，简单依据公安局的户籍人口数据进行设计，结果建设出来的城市轻轨运能与实际流量完全不符，造成了严重失误。

(2) 系统性。编写可行性研究报告是一个全面、系统的工程，须运用系统的方法对某个拟开发或拟实施的项目进行系统的研究。企业想开发或实施某个项目时，不仅要从技术角度考虑，还要综合考量经济效益、社会影响等；既要结合动态与静态进行分析，也要结合定性与定量、宏观与微观进行分析，在此基础上再确定该项目是否可行。

(3) 可操作性。可行性研究报告具有很强的实践性和可操作性，其研究结果能直接应用于具体的实践活动当中。一份优秀的可行性研究报告会对技术、经济、财务、组织等方面进行深入细致的分析和呈现，能直接用于指导项目的实施活动。

2. 种类

可行性研究报告使用范围广，根据不同的分类标准，可以分为以下几种类型：

(1) 按项目规模来分，有一般可行性研究报告、大中型项目可行性研究报告等。

(2) 按性质来分，有肯定的可行性研究报告、否定的可行性研究报告等。

(3) 按内容来分，有政策可行性研究报告、建设项目可行性研究报告等。

(4) 按经济活动的对象来分，有科技类可行性研究报告，包括高科技开发项目、技术引进项目的可行性研究报告等；有生产类可行性研究报告，包括开发新产品、建设项目的可行性研究报告等；有经营类可行性研究报告，如合资经营可行性研究报告等。

三、可行性研究报告的基本结构与写法

可行性研究报告的基本结构和写法并不是一成不变的，要根据企业所进行的项目内容进行灵活调整。一般而言，可行性研究报告通常由标题、正文、附件和落款四个基本要素构成。

1. 标题

可行性研究报告标题常用的两种形式是完整式和省略式。

(1) 完整式。完整式标题一般由拟建项目单位名称＋项目名称＋文种构成。如《××公司关于在华南地区新建材料制造厂的可行性研究报告》。

(2) 省略式。省略式标题一般省略拟建项目单位名称，由项目名称＋文种构成。如《建设××大型钢铁厂的可行性研究报告》。

2. 正文

正文包括前言、论证和结论三个部分。

1) 前言

前言又称为项目概况、总体说明。作为可行性研究报告的开头部分，前言可以分条列举项目名称、主办单位、建设场址、总体规模等基本情况，或者概述立项原因、目的、背景、范围、实施意义等内容。

2) 论证

论证部分是可行性研究报告的核心，要求以大量的数据资料为支撑，分析影响项目的各种因素，用全面系统的方法来论证拟建项目是否可行。此部分通常包括以下八大板块：

(1) 项目建设的可行性。通过分析调查市场政策、市场环境、资源供应等相关条件，分析项目实施的可能性并提出投资意见。此部分内容包括相关政策情况、产业基础状况、市场未来前景、当前经济基础和社会资源供应等方面。

(2) 项目建设的必要性。此部分着重呈现项目实施以后能够带来的作用和益处。其内容主要包括项目建设的背景、相关政策要求、经济发展需要以及市场需求等方面。

(3) 市场分析与预测。市场分析与预测又称供求预测，即运用科学方法对影响市场供

求变化的相关因素进行调查研究，掌握当前市场供求变化规律的同时分析和预测其发展趋势。此部分主要针对项目在国内外市场的供需情况、竞争对手发展现状及其销售方向、项目投入产出比例等因素进行分析与预测。

(4) 项目建设方案。项目建设方案是指在投资或实施某项目前形成的项目建设构思和规划。其主要内容包括项目地点的选址、交通状况和建设条件的调研、项目方案的设计、建筑节能设计以及能源和原材料供应的市场调研等。

(5) 项目建设管理。进行项目建设管理的目的是保证工程建设的质量和安全，避免贻误工期，使建设项目走上法治化、规范化的道路。此部分主要围绕项目技术、设备、土地规划与环境保护、劳动安全、生产组织及人员培训、项目实施进度与期限等方面进行分析论证。

(6) 经济分析。经济分析主要包括投资估算、收益估算与投资回收估算。投资估算是指对项目所需的全部资金的估算；收益估算指对成本、售价、利润和销量等方面的测算；投资回收估算指对投资回报率的高低与获得回报的年限的长短等方面的估计，同时还包括对项目的资金来源、资金筹措方式的分析等。

(7) 项目风险分析。此部分对资金风险、政策风险、土地风险、市场风险等内容进行分析，而后提出应对这些风险的机制与策略。资金风险是指因资金不能适应供应需求而导致项目失败的可能性；政策风险是指因国家宏观政策发生变化，导致市场价格波动而产生的风险；土地风险是指建设项目所需要的土地的价格受国家宏观经济形势、土地政策及所处位置的影响而产生的风险；市场风险是指未来市场价格的不确定性对企业实现其既定目标的不利影响。

(8) 效益分析与评价。效益主要包括经济效益、社会效益和生态效益等。经济效益是指项目建设时所占用的资金、支出的成本与有用生产成果之间的比例关系。当资金占用少、成本支出少、有用成果多时，项目的经济效益较高；社会效益是指该项目实施后，对社会发展所起的积极作用；生态效益亦称"环境效益"，是指项目建设对整个生态系统、人的生活环境和生产条件造成的有益影响。

3) 结论

在对项目进行必要性研究、可行性研究、项目市场分析、经济效益分析、风险分析等的基础上提出综合性结论，确定该项目是否可行、是否需要改进，同时提出相关建议或意见。

3. 附件

可行性研究报告必须附上有关资料或证明文件，主要包括在正文部分无法具体展现的相关图表数据、技术论证材料、财务预算、选址报告与其他相关协议等，以增强可行性研究报告的说服力。

4. 落款

落款包括了署名和日期。日期应写年、月、日，并置于署名下方。

四、可行性研究报告写作的注意事项

(1) 尊重事实，讲究科学。坚持在实事求是原则的指导下，从研究实际出发。明确项目的范围、目的及委托者和投资者的意图，广泛征求意见，尊重客观事实，摆脱个人见解的束缚，确保可行性研究报告科学真实、客观准确。

(2) 论证严密，观点鲜明。用证据支撑观点，确保论点的正确性、有效性和可靠性。这就要求撰写报告前必须进行深入调查，通过采用宏观与微观、定性与定量结合的方式进行系统分析，使论证严密有序。同时，要结合论证内容得出观点鲜明的结论，不能含糊不清，确保研究报告严密有序、合理可行。

(3) 条理清晰，格式规范。可行性研究报告所涉内容多、范围广，在撰写时必须做到分清主次、条理清晰。如分清论证部分的可行性与必要性，可行性主要分析项目是否符合市场相关政策，而必要性主要分析当下的市场发展需要。此外，注意语言表达的准确性和行文格式的规范性，避免出现歧义用语或模糊表达，如"也可以、差不多"等词语。

【例文分析】

例文一：

××市关于建设××养老服务中心的可行性研究报告(节选)

一、项目概况

(一) 项目名称

××养老服务中心建设项目。

(二) 项目建设单位

××养老服务中心是一家即将新建的综合性养老服务中心，由多家公司一起规划建设。其中包括××医疗门诊、××养老服务公司、××实业等公司。

(三) 项目建设场址

××市××区××大道向南1500米。

(四) 建设规模及内容

总建筑面积约为21 000平方米，养老中心面积约为12 300平方米。建设内容包括建筑整体建设、室外和室内的装修、相关设备采购、道路设计及施工等。

(五) 总投资及资金筹措

项目投资总额约为7800万元。

二、项目建设的可行性

(一) 该项目建设符合国家及省市有关政策及发展规划

××养老服务项目的建设有利于完善该市的养老服务体系，既可以为当地老年人提供优质的养老服务，又可以提高当地的公共服务水平，这与国家的政策统一。

(二) 符合××市城乡发展规划及环境功能规划

观察项目的功能划分可知，在建设和实施项目时，声环境、地下水和大气不会受到巨大的影响，各类环境指标能够达到功能划分的要求；项目所在区域划分与功能划分统一。

三、项目建设的必要性

(一) 有利于塑造特色文化，提升养老行业形象

本项目的建设和发展有利于推动和谐社会的建设步伐，它是社会文明的一个主要标志，不仅可以改善当地的养老服务水平，还可树立养老产业的良好形象，能够起到完善和健全养老服务体系的作用。

（二）是适应传统养老模式转变、满足人民群众养老服务需求的必由之路

家庭养老是我国的一种主要养老方式，这种养老方式在过去发挥了重要作用。家庭发挥的养老作用逐渐弱化，老年人对社区和养老机构的需求大幅度提升。

（三）能够解决失能、半失能老年群体养老问题，促进社会和谐稳定

迈入新世纪后，社会竞争不断加剧，都市生活节奏日益加快，大多数中青年工作压力大，工作时间也不灵活，没有过多的闲暇时间和精力去照顾失能老人，为满足这些老年人的需求，必须大力发展养老事业。

四、项目市场分析与预测

（一）××市养老市场供给状况

当前，我国的养老模式难以满足老年人的实际需求。通过调查发现，当前郑州超过60岁的老人有100多万，在常住人口中所占比重超过15%。就整体情况来讲，××市的养老服务水平偏低，其表现包括：养老服务设施规划不合理、养老机构数量较少、城市和乡村的养老机构发展失衡等。

（二）市场预测

××市目前共有200多家养老机构。随着××市养老市场进一步扩大、人口老龄化的不断加剧，预计市场需求每年会有3%的增长。我中心预计年营业额为2000万，占××市5%左右的市场份额。在市场需求不断扩大的情况下，预计每年的营业额按6%的速度增长。

五、项目建设方案

（一）项目选址和建设条件

项目建在××市城郊一带，该区域有着便捷的交通，老人的家人、好友等可随时来看望老人，该地拥有完善的配套设施，能够为老年人提供高水平的养老服务。

（二）项目方案设计

功能区域规划科学，公寓楼布局合理，使物流和人流合理分流，防止出现交叉感染，按照卫生要求设计室内各元素。按照项目所在地的实际情况，确保建筑物的绿化、通风、间距等达到科学要求，让老年人获得良好的居住体验。

（三）建筑节能

在设计项目时，既要使各项功能得到满足，也要考虑立面造型，确保外窗面积符合设计标准，项目使用的保温材料是20厚的保温砂浆;屋顶使用的隔热材料是30厚挤塑料泡沫板，传热系数达到了节能标准，还在一些平台进行绿化，利用绿植达到隔热、降温的目的。

（四）建材供应及市政条件(略)

六、项目建设管理

（一）项目管理(略)

（二）环境保护(略)

（三）劳动安全与防护(略)

（四）安全生产管理(略)

（五）项目实施进度(略)

七、经济分析

（一）投资估算(略)

（二）收益估算(略)

(三) 投资回收估算(略)

八、项目风险分析

(一) 项目主要风险因素识别和风险程度分析(略)

(二) 防范和降低风险的对策(略)

九、效益分析与评价

(一) 社会效益(略)

(二) 社会稳定风险分析(略)

十、结论与建议

根据上述内容我们可以得出结论，该项目具有显著的社会效益，并具有很高的可实施性，对社会的发展有积极意义。同时，建议××市××实业公司、××服务公司对该项目高度重视，并派遣专职人员进行项目的负责和管理，确保该项目能够顺利实施。

附件：1. 收入预测详表

2. 总成本费用预测详表

3. 利润预测详表

××

××××年×月×日

(路国朋. 郑州××养老服务中心建设项目可行性研究报告[D]. 郑州大学，2016. 有删减)

【评析】   这是某市养老服务中心建设项目的可行性研究报告，结构完整。标题为完整式标题，由拟建项目单位名称+项目名称+文种构成。前言介绍项目概况，分条列举出项目名称、建设单位、建设场址、建设规模等内容。正文部分涵盖八大板块，对建设养老服务中心的必要性、可行性和合理性等方面进行了分析与论证，有较强的说服力。整体上看，此篇报告分析透彻，条理清晰。内容上依据项目特点作了恰当调整，重点突出，是一篇值得学习和借鉴的范文。

知识链接

市场调查报告与可行性研究报告的区别

可行性研究报告是一种特殊的市场调查报告，二者在研究内容、研究方法、写法结构等方面具有较多相似之处。但我们可以从以下三点进行区分。

1. 侧重点不同

市场调查报告侧重于对整个产品市场进行评价，目的是为企业发展指明道路，帮助企业了解市场的竞争情况、消费群体的消费需求和消费行为等信息；可行性研究报告侧重于企业自身对项目建设理由、条件和效益等方面的分析，目的是为项目投资者的最终决策提供科学依据。

2. 时间要求不同

可行性研究报告强调一定的期限性，市场调查报告强调及时性。编制可行性研究报告的时间范围一般为 3～6 个月，可根据项目规模和复杂程度进行调整；市场调查报告突出"快""新"二字，没有具体的时间限制。调查人员做完市场调查后，就应及时编制出相应的市场调查报告。

3. 表达方式不同

市场调查报告主要针对市场现状进行描述，报告中使用大量的数据、图表与运算公式等来陈述市场现状；可行性研究报告注重分析和提出对策，多以叙述为主，兼有说明或议论。

【任务演练】

1. 病例会诊。请你指出此篇可行性研究报告的不足之处，并说明修改方法。

征占林地可行性报告

为了加快旅游度假区的建设步伐，促进旅游业的纵深发展，××市计划充分利用旅游资源，通过招商引资兴建××娱乐城，不断增加省级旅游度假区的服务功能，促进地方经济发展。

一、项目区域基本情况

××娱乐城坐落在××市旅游度假区内，选址为财政培训中心相对的山头上。该娱乐城占地面积达 6500 平方米，山上以棕壤土为主要土壤，土层薄，地面平坦但树木稀少，没有构成林带，是一座易于开发的山体。

素有"明珠"之美誉的××旅游度假区地理位置优越，地处××省北部，属××市辖区，人口密集且经济发达；距××市政府所在地 40 公里，交通便利，通信设施完备；周边环境优美，依山傍水，风景秀丽。此外，度假区内的××水库为××第三大水库，具有防洪、灌溉、工业用水、水产养殖、旅游等多种功能；水库四周群山环抱，拥有大片天然原始森林，森林覆盖率达 49.1%。

二、项目对环境的影响及相关保障措施

1. 项目对环境的影响

项目在建设过程中会产生污水、建筑垃圾、残土等，对周围环境产生影响。但因为项目选址区域树木稀少，没有构成林带，所以不会对项目区域的森林环境造成太大影响。

2. 相关保障措施

项目在建设过程中及建成后产生的污水，可采用地下渗滤系统进行处理；对于建设过程中及建成后产生的建筑垃圾、生活垃圾、残土等，将集中运到度假区的垃圾回收处理点，由度假区统一处理。

三、综合评价

1. 项目建设的必要性

在热播电视剧《××》的影响下，××旅游度假区的知名度不断攀升，游客人数呈明显上升趋势。为适应日益增长的度假需求，不断提高××市旅游档次，拟建一座集餐饮、娱乐、休闲于一体的高档次娱乐城势在必行。

2. 项目建设的效益

该项目建在财政培训中心与××山庄之间，能与周边景观有机结合在一起，利于进一步完善××旅游度假区的总体建设规划，可扩大地方就业渠道，解决一部分社会人士的就业问题，从而增加财政税收，推动形成良好的社会效益与经济效益。

四、结论

综上所述，该建设项目拟占用 6500 平方米林地的规划确实必要，且十分可行。

2. 模拟练习。请根据以下材料，撰写一份可行性研究报告的大纲，要求内容完整、结构清晰。

×× 学校是省级重点民办高校。自办学以来，学校坚持多层次人才培养，致力改革创新，办学规模逐年扩大，在校生达到了 15 000 多人。随着师生人数的增加，原有食堂空间较为狭窄，不足以容纳该校师生就餐。由于可利用土地面积的限制，学校计划于今年 12 月份在原有食堂的基础上进行改扩建，以更好地满足师生需求。

在建设规模上，学校拟建设食堂、礼堂、综合楼项目，选址在总平面图中原有食堂的位置，总用地面积 1800 平方米，总建筑面积 6850 平方米。总体结构为四层，一层为餐厅、厨房、库房，二层为办公室、会议室，三层为报告厅，四层为教师休息室。地下车库位于综合楼西侧，主要功能是作为车库和设备用房。

项目于 2023 年 12 月开工建设，计划于 2024 年 12 月底竣工验收。总投资估算为 41017.2 万元，其中包括 39 321.35 万元的工程建设费用、1389.25 万元的其他费用以及 306.6 万元的预备费用。项目采用先进的管理模式和运营理念，在经营中采用统一采购、统一配送等方式，实行原料、设备、人员、财务等方面的统一管理。

项目在安全、环保、节能等方面均符合国家、地方现行的相关标准规范，符合当地教育、卫生行政部门有关学校综合楼项目建设的规划要求，且靠近学生宿舍，为学生提供相对独立的就餐活动场地。项目建成后将大幅度提升学校后勤服务水平，可为广大师生提供卫生、安全的用餐环境与舒适的实践活动场地，提高学校师生的生活质量的同时，也能为学生创造良好的学习环境。

项目建设需要在保障资金充足、确保工程质量和安全的前提下进行，加快学校食堂与礼堂综合楼建设进度。由于施工时会占用一定的场地、对师生日常学习生活产生影响，项目计划在寒暑假时期开展改造工程。附表包括收入预测详表、总成本费用预测详表、利润预测详表、现金流预测详表等。

拓展阅读

中国古代项目管理思想

在中国古代工程建设中，我们可以找到当代可行性研究的影子，即古代早期的项目管理思想。《老子》一书中论述了"知常曰明"的观点，即认识"常"才叫作"明"，也就是说在事物变迁形态内求得不变的恒态，在动中求静，在变化中求发展，在竞争中求生存，这体现出早期动态管理的思想。

当代的项目管理是根据项目的要求，通过全面的调研与分析进行综合性安排，从而较经济、有效地使用人力、物力、财力。而我国早在几百年前就已出色地运用统筹管理的思想与方法解决工程实践中的难题。

公元 13 世纪的元代的科学家郭守敬，在修浚京城附近的通惠河时，有两万以上的军匠、水手与囚徒参加施工。为了加快工程进度，郭守敬反复勘察地势和水源，精心设计河道走向和施工程序。他先在京城大都西北修建一条长达 30 公里的白浮堰，把昌平以南神山白浮泉水西引，再利用天然地势使其折而南流，与西山山麓大休平行，并沿途截汇西山诸泉水，注入瓮山泊(即今颐和园昆明湖)，再入大都城，这样既充分利用了地形环境，减轻了劳动强度，又解决了自古以来始终未能解决的水源问题，整个工程仅 1 年多时间便告完成。据历史记载，当时积水潭上"舳舻蔽水"，可见这条运河效用之大，更可见古人出色的项目管理思想。

令人拍案叫绝的还有北宋科学家沈括在《梦溪笔谈》中记载的"一举而三役济"的事例：北宋祥符年间(公元 1008—1016 年)，大臣丁谓受命修复皇宫，遇到三个主要矛盾：一是取土太远，二是运进建筑材料困难，三是建筑垃圾难以处理。丁谓深入现场踏勘，进行方案对比，把通向汴水河的道路挖成沟渠，与汴水河连通，既就近取了土，又形成运输建筑材料的水道，工程完工后将灰土、瓦砾等建筑垃圾倾入这条沟渠，填平，复成道路。就这样三个难题都巧妙地解决了。"一举而三役济""省费以亿万计"，仅此一端，可见我国古代工程项目管理达到的高水平。

中国古代项目管理思想主要体现在工程建设中，是我国几千年建筑实践活动的重要组成部分。它对于我们今天的项目管理、可行性研究与分析，都有着积极的借鉴和参考作用。

第六章 管理文书

【情景导入】

管理学是一门综合性的交叉学科，是引导管理者通过合理的组织规划和管理职能完成既定目标的活动过程。管理学涉及的知识广泛且全面，应用文则是存储和传播这些知识的载体，也是管理实践活动的黏合剂。掌握管理文书写作，是将管理活动转化为生产力的必备条件。一篇优秀的管理类文章，可以启迪人、激励人，使之站得高、看得远，学会站在全局上观察现象、思考问题，抓住主要矛盾和关键环节，把握本质、探索规律、找到对策，为管理实践提供有力的指导。作为管理类专业的大学生，优秀的职业素养往往体现在写作上，可以是一封邮件、一份总结、一份会议纪要、一篇演讲稿、一份工作报告，均能体现一个人的思维模式和非凡气度。基于前文的良好铺垫，本章管理类文书选取了活动策划书、营销策划书、广告策划书等常见文种，帮助管理类专业的大学生制定有效的写作策略、搭建完善的行文框架、输出清晰严谨的好文章。

【章前思考】

作为一个管理类专业的大学生，赵德在学习生涯中需要运用许多写作文种，其中，策划类文书既是目标规划的文字，也是实现目标的指路灯。那么，你知道什么叫策划文书吗？策划文书可以分为几种类别？它们的写作要求又有什么不同？

第一节 活动策划书

【学习目标】

1. 了解活动策划书的概念、特点和种类。
2. 重点掌握活动策划书的基本格式和写作方法。
3. 认真体味例文，培养撰写活动策划书的能力。

【知识储备】

"管理"指的是在特定的环境下，管理者通过实施计划、组织、领导、控制等职能来协调组织中的资源，以便达成既定的组织目标的过程。作为管理者，在管理过程中要从大局出发，以全面的观点认真探讨情势的变化，对自己从事的工作制订一个周密而详细的计划，再付诸实践。可见，"策划"是"管理工作"中不可或缺的一环，管理者需要学会制订详略得当的计划和战略。

策划是管理活动中的一项重要工作，也是现代企业以最小的投入获取最大的经济利益的有效手段之一。"策划"一词最早出现在《后汉书·隗嚣传》中，出自"是以功名终申，策画复得"一句，"画"与"划"相通互代，"策画"即"策划"，意思是计划、打算。"策"最主要的意思是指计谋、决策；"划"指计划、筹划、谋划。

在现代意义上，"策划"是指某种策略、谋划或者计划，它是个人或组织为了达到一定的目的，在充分调查市场环境的基础上，对未来即将发生的事情进行系统、周密、科学的预测，并制订科学的、可行的策划方案。一般情况下，所有的策划都是关于未来的事物，换言之，策划是针对未来要发生的事情作出的决策。

要举办一场成功的企业活动，如果有一份可执行、可操作、有创意的活动策划书，则可以大大提升活动的参与度和满意度，也可以有效提升企业的知名度及美誉度。正如《史记·高祖本纪》所说："运筹于帷幄之中，决胜于千里之外"。一份内容切实可行、充满创意的活动策划书可以让我们在管理工作中运筹帷幄，在执行任务时胸有成竹，在实现目标时得心应手。

一、活动策划书的概念、特点和种类

1. 概念

活动策划书是指为接待、参观、考察、开业、庆典、竞赛、节日活动、新品发布等专题活动寻求最大化利益而进行计划和周密安排的文字材料。

2. 特点

(1) 主题性。专题活动必须要有一个明确的主题，整个策划方案都要围绕这个主题来制订，避免其他内容喧宾夺主，确保活动实施的良好效果。明确的主题不仅可以指明活动的基本方向、凸显活动的中心内容，还能增加活动的被关注度、提升受众群体的参与度。

(2) 周密性。《荀子·儒效》有云："其知虑多当矣，而未周密也。""周密"即为周到、细密。专题活动在程序的安排上要周密有序，不仅要定好活动方向，还要将细节问题一并处理好，真正做到精心筹备、周密部署。

(3) 灵活性。"灵活"即为不拘泥于固有模式，善于变通。灵活性主要针对策划方案的制订过程，要适时作出调整，使策划方案具有适应性。对于未来举办的活动，本身就是一个充满变数的事情，因此，在策划活动方案时要"量力而行，留有余地"，必要时要有应急预案。至于活动方案的执行，则必须严格准确，要做到"尽力而为，不留余地"。

3. 种类

根据策划活动的不同，可以大致分为接待策划、参观策划书、考察策划书、开业策划书、庆典策划书、会议策划书、比赛策划书等。

二、活动策划书的写作要求

(1) 调研要充分。一份好的行动方案，离不开详细的勘查和充分的调研。同样，要写出切实可行的活动策划书，必须认真地做好前期调查研究工作。只有这样，才能避免主观臆断，从而有针对性地解决存在的问题，做好活动策划的整体布局工作。因此，在活动策划书中要体现出调查研究的必要性，做好相应的调研分析工作，加强活动实施的可行性。

(2) 主题要单一。在策划专题活动时，不能面面俱到、泛泛而谈，要将最重要的主题传达给受众，引起他们的热切关注，从而取得良好效应。若在一次专题活动中设置了多个主题，既容易喧宾夺主，又浪费宝贵资源，因此，要保持单一且明确的策划主题。

(3) 内容要可行。可行性能使企业在现有资源和条件下，确保活动计划的顺利执行。活动策划书的可行性分析是保证活动正常运行的关键，因此，活动方案不但要周密，还要充分考虑人力、物力、财力等因素，做好调查研究工作。

三、活动策划书的基本格式

活动策划书的格式是：标题+正文+落款。

1. 标题

标题一般由策划机构(或策划人)+事项名称+文种构成，如《×××职业技术学院关于举办2022届迎新晚会的活动策划书》《××学校校庆20周年庆祝活动策划书》《×××社区"清凉一夏"文艺联欢活动策划书》。有时这部分可以制成封面，封面由标题+成文日期构成。

2. 正文

正文一般由前言+活动方案+附件三个方面构成。

1) 前言

这里的前言又称活动背景，简略说明活动目的和意义。

2) 活动方案

活动方案部分一般包括以下内容：活动主题、时间地点、参加人员、活动内容、活动流程、场地布置、宣传方式、组织分工、筹备计划、经费预算、应急预案、注意事项等。值得一提的是，这部分内容可根据专题活动的需要进行取舍，这里选取以下几个方面进行说明：

(1) 活动主题。活动主题是对活动内容的高度概括，也是统领整个活动、连接各个项目和各个步骤的必要纽带，用于说明策划活动的具体目的或主要理念。简言之，活动主题是整个活动策划书的灵魂。因此，撰写活动策划书之前，应有详细、合理的写作思路，定好活动主题，而且必须单一、明确。

(2) 时间地点。时间的选择一般较为灵活，且需根据具体活动而定。策划人员首先要将时间确定下来，以便作具体的时间安排，并将其列入组织计划中。若非特定活动，最好避开重大节日，以免流失目标人群。策划人员在选择活动地点时，必须充分考虑活动经费预算、活动根本性质、公众分布情况等可行性因素，选择一个适宜举办活动的最佳地点。

(3) 活动内容。根据活动的主题确定活动内容，内容要丰富、新颖，具备吸引力和可行性。

(4) 经费预算。举办任何活动，策划人员都要率先考虑成本问题，有规划地运用有限资金支付各项费用，预估可能需要的各种支出，并及时呈报上级批准。

(5) 应急预案。应急预案指面对突发事件如自然灾害、重特大事故、环境污染及人为破坏时的应急管理、指挥、救援计划等。在策划活动时，要尽可能对活动的各个环节进行细致的考量，提前准备好应对意外状况或突发状况的方案。尤其是参与人数较多的活动，应急预案必不可少。

3) 附件

附件一般包括活动通知、邀请函、工作证、嘉宾证、签到表、有关人员讲话稿、主持词、线路图等。

3. 落款

落款一般要写明单位署名和成文日期。如果封面上已写明，这部分可省略。

【例文分析】

例文一：

×××职业技术学院 2022 届迎新晚会的活动策划书

一、迎新晚会目的及意义

金秋九月，我校又迎来了一批学子，他们带着满腔热忱与无限憧憬加入我校这个大家庭中，为我校带来了无限活力。为了让新生尽快熟悉新环境，更好地融入校园生活，我校计划举办一次迎新晚会。我校希望新生们能在迎新晚会上敞开心扉、感受快乐，在激扬的青春中绽放光彩！

二、晚会组织机构

校团委、校学生会

三、晚会主题

激扬青春，绽放光彩！

四、晚会时间和地点

时间：2022 年 9 月 28 日 20:00—22:00

地点：学院礼堂

五、晚会形式及内容

晚会的节目须符合主题，内容健康，形式不限。节目表演以大一、大二同学为主。学校的艺术团、街舞队、乐队、合唱团必须准备节目，并参与筛选。所有节目需要提前彩排，经节目策划组审查之后，方可在文艺晚会上表演。节目演出次序由晚会策划组决定。

六、晚会的筹备及任务安排

(1) 节目组：由文艺部负责，工作为对节目进行筛选审查。

(2) 宣传组：由宣传部负责，工作为设计海报，在学校相关区域张贴海报、挂横幅，并在微信公众号和班级通知群里发布信息。

(3) 外联组：由外联部负责，工作为寻找晚会的赞助商，并且负责合约履行等事务。

(4) 礼仪组：由生活部负责，工作为安排礼仪同学届时进行迎宾工作。

(5) 舞台组：由文艺部、生活部、宣传部负责，工作为负责晚会期间灯光设备、音响设备的安装维护，确保舞台的搭建质量。

(6) 后勤组：由办公室、外联部负责，工作为安排化妆间，组织志愿者和红十字会打扫礼堂。

(7) 机动组：由学生会的其他成员负责，工作为负责会场秩序，进行会场后勤保障以及处理紧急情况。

七、前期准备工作

(一) 宣传工作

(1) 幕布背景制作。

(2) 海报制作与张贴。

(3) 横幅制作与悬挂。

(4) 节目单的设计与制作。

(5) 领导邀请函的设计制作等。

(二) 舞台灯光、音响的准备工作

(1) 晚会器材租借。

(2) 准备相关道具。

(三) 晚会节目策划及彩排工作

由节目组负责落实本项工作。

(四) 舞台物品布置、工具购买借用等

由后勤组负责落实本项工作。

八、各阶段任务及工作分配

晚会分三个阶段进行筹备：

1. 晚会策划及准备期(2022 年 8 月 23 日至 2022 年 9 月 10 日)

(1) 节目收集。

8 月 28 日—9 月 2 日 老生节目收集完成，及时召集老生节目的负责人开会，确定晚会节目内容，以及确保节目质量。

9 月 3 日—9 月 10 日新生节目收集完成，有需要时与大一新生辅导员沟通。节目收集完成后，负责人开会确定晚会节目内容，并确保节目质量。

(2) 主持人选拔。将广播站举办的主持人选拔大赛中排名靠前的人员作为候选人，并由文艺部进行最后的主持人人选确定。

(3) 赞助商确定。由外联组负责联系商家，并配合商家进行宣传工作。

(4) 前期宣传。由宣传组负责，布置晚会背景，设计 4 张晚会海报。

2. 晚会协调及进展期(2022 年 9 月 10 日至 2022 年 9 月 24 日)

(1) 节目筛选及排练。

第一次彩排：此次彩排由节目组负责，于 9 月 21 日对节目进行第一次彩排，保留质量高的节目，以确保晚会的质量。

第二次彩排：此次彩排由节目组负责，在教师的指导下于 9 月 24 日在学院礼堂进行第二次彩排，节目组与指导教师一同把关节目质量，要求各节目负责人根据相关要求进行节目审查，以确保晚会的高质量。

(2) 中期宣传。由宣传组负责。该阶段主要展开网络宣传(如校园网站、微信公众号、QQ 微信群组转发等)。

(3) 舞台及道具的确定。由舞台组负责。结合节目对舞台的要求，对舞台进行设计。根据各节目内容的需要来准备道具或负责管理节目道具，并安排后勤人员负责台上道具的摆放。

(4) 物品购买及礼仪同学的确定。由礼仪组负责。除了舞台组负责的道具之外，其他所需要的道具由生活部安排，如荧光棒、气球等。安排 4 名礼仪同学，进行迎宾、分发邀请、场地确定、工作证制作等。

3. 晚会倒计时阶段(2022 年 9 月 24 日至 2022 年 9 月 27 日)

(1) 确定晚会节目单。由节目组负责。9 月 24 日，经文艺部确定节目单之后，由办公室制作 200 份节目单，届时派发给到场领导及嘉宾。

(2) 制作并发出请柬。9 月 24 日前，邀请学校领导、校团委书记及各系团总支部书记、各级辅导员到场观看演出，同时及时向其他学校嘉宾发出邀请。

(3) 最后一次彩排时间。9 月 27 日 19:00 至 22:00。

(4) 末期宣传。由宣传组负责宣传单、节目单的设计和发放。

(5) 费用票据收集。由统筹组负责，务必收取正规发票。

九、经费预算

(1) 制作背景主题海报：200 元。

(2) 租借灯光照明设备：1500 元。

(3) 现场饮料：500 元(包括排练时的饮用水)。

(4) 前期宣传(海报 4 张)：320 元。

(5) 请柬(20 份)：20 元。

(7) 荧光棒、气球等：200 元。

(8) 演出服装及主持人服装：1000 元。

(9) 化妆品：300 元。

(10) 其他材料(装饰彩带、彩纸等)：300 元。

总预算：约 4500 元。

十、应急预案

(1) 设备。在晚会开始前一小时确保灯光、音响、电源、网线正常使用，并派指定的人联系电工随时待命，以免突然停电；准备一套备用音响麦克风，以免设备突然失灵。

(2) 节目。台上演出节目的同时，后台两个节目一起准备，其中一个作为备选。

×××职业技术学院校团委、校学生会

2022 年 8 月 20 日

(资料来源：徐鸿，张隽. 应用文写作 [M]. 2 版. 北京：人民邮电出版社，2015，有删除)

【评析】　本策划书格式规范、内容丰富、细节到位，以大学生熟悉的校园生活为主题，是团委、学生会等组织常用的活动策划书。从文本细节上看，该文章格式规范、任务明确，能够具体到执行者的具体分工及执行要求，实施步骤、任务安排均能体现出该活动的可行性，具备现实可操作性，让人一目了然、胸有成竹，极大地提升了举办活动的成功率。

例文二：

"媒"你不行　校园新媒体大赛策划书

一、活动背景和意义

以青春之我，创青春之国家。为展示我校学子的青春风采，彰显青年逐梦的力量，书写中国青年新的华章，校学生会现举办"'媒'你不行　校园新媒体大赛"，鼓励同学们通过摄影作品、短视频作品等方式展现我校学子青春奋进的新面貌。

二、活动时间

2022 年 9 月—11 月

三、活动对象

我校全体学生

四、活动单位

主办单位：×××大学学生会

协办单位：×××大学艺术学院学生会

五、活动内容

(一) 比赛简介

×××大学"'媒'你不行　校园新媒体大赛"共设置两个赛道，分别为赛道一："新时代追梦人"摄影赛道；赛道二："青春梦想，激情演绎"短视频赛道。参赛者可选择其中任一赛道参与本次比赛，紧紧围绕各赛道主题分别进行摄影或短视频作品创作，参赛者在线上提交作品，提交后请及时关注评审流程。

(二) 比赛要求

赛道一："新时代追梦人"摄影赛道

1. 主题阐释

参赛主题："吾辈青年愿以吾辈之微光，乘时代之东风，汇理想之星河，争做新时代追梦人"。

本赛道以"新时代追梦人"为主要内容，分为两个作品类别。

① 校园风光类：可拍摄校园内风情建筑、植物动物、光影美景等。

② 人文风情类：可拍摄师生交流、同学友情、运动时光、艺术表演、社团活动、课堂一角、生活瞬间等。

2. 作品要求

(1) 摄影作品可以以校园风景和校园文化活动为主，可拍摄校园内风情建筑、植物动物、光影美景、师生交流、同学友情、运动时光、艺术表演、社团活动、课堂一角、生活瞬间等，参赛作品须紧扣赛道主题要求，作品统一要求添加图注。

(2) 摄影赛道作品仅允许参赛选手以个人形式报名，每份参赛作品有且仅有一名参赛选手。

(3) 作品一律要求原创，不得重复投稿，不得侵犯他人的知识产权、肖像权、名誉权及隐私权；不得剽窃或抄袭。若发现有抄袭、搬运他人作品或违反相关法律法规者，将取消参赛资格。

(4) 作品权利人必须保证作品的著作权、版权、信息网络传播权及转授权，并同意该作品在活动期间免费展播。

3. 作品格式

(1) 摄影作品提交格式为电子版(.jpg 或.png 格式)。

(2) 可为单张照片或组图照片(最多 6 张)，组图照片主题必须一致。

赛道二："青春梦想，激情演绎"短视频赛道

1. 主题阐释

参赛主题："突出奋斗底色，抒发家国情怀"。

参赛者可以捕捉校园美景或校园内的生动场景，讲好奋斗故事，展望美好前景，在思想共振、心灵共鸣中传递向新时代奋进的昂扬斗志。

2. 作品要求

(1) 内容形式不限。时长 1～5 分钟，可采取宣传片、情景微电影、街头海采、创意 Vlog、手绘动画等生动活泼的形式，可拍摄日常生活记录、校园风光、校园文化活动等内容，如校园生活篇、校园美食篇、校园运动篇、校园风景篇、校园社团活动篇、校园学风建设篇等。

(2) 短视频赛道允许 1～3 名参赛选手参与每份作品创作。

(3) 作品一律要求原创，不得侵犯他人的知识产权、肖像权、名誉权及隐私权；不得剽窃或抄袭。若发现有抄袭、搬运他人作品或违反相关法律法规者，将取消参赛资格。

(4) 作品权利人必须保证作品的完整独立著作权、版权、信息网络传播权及转授权，并同意该作品在活动期间免费展播。

(5) 作品清晰度高，内容流畅，思想鲜明，契合主题。

3. 作品格式

视频分辨率须为 1920*1080 像素以上，视频比例 16:9，存储为 MP4 格式，文件大小不超过 500 MB，须为连贯性影像，画面、声音清晰流畅，同期声与画面要求同步，无杂音，不可以完全用纯图片进行视频制作，时长在 1～5 分钟。

(三) 参赛说明

(1) 参赛作品内容须积极健康，符合主流价值观，不得出现违反法律法规的文字、画面，需规范使用国旗、国徽、团旗、团徽、地图等标志。

(2) 比赛提交作品须符合活动主题，展现校内外各行各业青年的良好形象和精神风貌。

(3) 作品须为参赛者本人创作，保有作品使用权利。如发现作品有盗用及抄袭等行为，责任由参赛者承担。对于已授予参赛者的奖项，若发现侵权行为等，主办方有权取消奖项，收回奖励。

(4) 作品投稿即视为同意在×××大学学生会新媒体平台进行展示和使用。

(5) 活动最终解释权归×××大学学生会所有。

六、作品提交

(一) 提交要求

(1) 摄影以及视频作品须同时提交报名表一份，报名表中要对摄影或视频作品加以文字说明(拍摄地点、拍摄过程等)，同时签署原创声明和不重复投稿声明。

(2) 参赛选手须于 2022 年 10 月 25 日 20:00 前将报名表、参赛作品打包成压缩包(压缩包文件格式必须为.rar 或.zip)并发送至×××大学艺术学院学生会邮箱，收到自动回复邮件

即为报名成功，逾期提交的稿件将不予接受。

(二) 命名格式

(1) 邮件主题及压缩包：校园新媒体大赛＋姓名＋专业＋作品。

(2) 报名表：报名表＋姓名＋作品名。

(3) 作品：姓名＋作品名。

七、奖项设置

各赛道均设置一等奖、二等奖、三等奖、人气奖和优秀奖若干。

比赛将邀请相关专业教师进行评选，获奖同学将获得奖状以及在×××大学学生会新媒体平台展示的机会，更有丰厚的文创奖品等着你！

备注：为确保比赛的公平和质量，主办方有权根据初赛投稿情况、赛道报名情况灵活调整奖项设置。

×××大学学生会、×××大学艺术学院学生会
2022 年 9 月 10 日

【评析】　策划书是学生举办各类比赛时常见的应用文类型。该策划书紧密围绕校园生活设置活动主题，与学生的日常生活息息相关。全文格式规范、内容丰富、任务明确，实施步骤非常详细，能让读者一目了然，迅速掌握参赛规则，了解比赛的注意事项。

拓展阅读

策划的基本原则

一、客观现实原则

策划首先必须实现目的性与规律性的统一，即人们制定的目标、策略和规划等必须符合客观现实的发展规律，才能被付诸实践，从而实现既定目标。这一原则强调策划活动必须符合自然规律和社会规律，符合历史潮流，符合人民大众的利益。换言之，策划一定要从客观的现实条件出发，根据活动主体所拥有的人力、物力、财力，制订出符合实际的可行方案。

二、创新创意原则

创新是指人们为了一定的目的，遵循事物发展的规律，对事物的整体或其中的某些部分进行变革，从而使其得以更新与发展的活动。创意是一种借助创新思维意识进一步提升资源价值的方法。策划书十分重视创新创意的原则，创新常以创意为前提，通过创意来创造理想的活动效果。

三、目标主导原则

人类的一切活动都是有目的的，明确的目的称为"目标"。策划活动也不例外，任何策划都具有目的性，都是为了实现特定的目标。因此，目标主导原则在策划活动中表现得十分突出。人类活动形式的丰富性决定了活动的目标是一个复杂的系统，因此我们在选择目标、制定目标和为实现目标而采取行动的过程中，常常会遇到复杂的问题。策划活动也会面临这样复杂的目标系统，所以需要我们根据具体情况作具体的分析，如策划活动有总目标、具体目标；有近期目标、中期目标、远期目标；有策划的经济发展目标、文化发展目标、政治发展目标等。总之，在具体实践中，我们应该学会根据具体的情况去制定具体的、合适的目标。

四、随机制宜原则

策划活动往往伴随着有机性和系统性，而健康的机体和系统是随机和灵活的，这种灵活反馈的机制在策划中被称为随机制宜原则。它强调的是策划活动需要因时、因地、因人而进行，换句话说，就是把运动变化发展的观点作为策划的哲学根据，要在策划过程中处理好机遇与规律的关系。规律是客观、必然的，而机遇是随机、偶然的，二者要达到统一，就要在尊重客观规律的基础上，充分发挥人的主观能动性。因此，我们在策划过程中，要善于掌握、利用规律，及时抓住机遇，促成目标的实现。

知识链接

策划与计划的区别

计划是工作或行动以前预先拟定的具体内容和步骤。

策划是有谋略的计划。策划一般比计划精密，有更深一层的意思，特别强调谋划以后再作计划。

1. 侧重点不同

计划是按事先预定的事项，按部就班地完成即可，处理的重点是程序和细节上的问题；策划的重点是从全局出发，对事态进行把握，对活动作前瞻性、全局性和系统性的准备，强调大局观和整体观。

2. 过程不同

计划是相对静止的安排，强调对既定安排的实施，计划最好保持一致性，不能朝令夕改；策划是动态的过程，要随着事态或活动的变化而进行不断的修正与调整，要应需而变，应时而变。

3. 要求不同

计划是规定性的，强调规定性；策划是创造性的，是为实现目标而进行的创造性思考和创造性实践。

【任务演练】

以一个值得纪念的活动或日子为题，如同学聚会、重大事件庆典、传统节日等，写出一份详细的活动策划书，并模拟举办一次庆典活动。

第二节 营销策划书

【学习目标】

1. 了解营销策划书的概念、特点和种类。
2. 重点掌握营销策划书的基本格式和写作方法。
3. 认真品读例文，培养撰写营销策划书的能力。

【知识储备】

营销策划是企业管理中的重要手段，能聚合企业的各种资源，在市场调查和详细分析的基础上，创造新的生活方式和消费观念，唤起消费者的购买欲望。同时，营销策划还可以通过企业的生产经营活动，向消费者提供满意的产品或服务，对促进生产、激发消费、拓展市场均有良好的导向作用。通过撰写营销策划书，企业可以确立明确的营销目标，并进行人力、物力、财力的优化配置，朝着营销目标不断前进。

一、营销策划书的概念、特点和种类

1. 概念

营销，指企业发现或发掘消费者需求，让消费者了解该产品进而购买该产品的过程。营销策划书是指为了完成营销目标，借助科学方法与创新思维，立足于企业现有营销状况，为企业经营活动寻求最大化利益而准备的文字材料。

2. 特点

(1) 目的性。为了最大限度地实现企业的社会价值和其产品或服务的市场价值，营销策划书要有一定的目的性，如提升企业整体形象、增强消费者对产品或服务的信心等。当企业的营销目的发生变化时，策划方案也必须作出相应的调整。

(2) 整体性。营销策划作为一个整体方案，是由几个彼此联系、相互作用的部分共同构成的，既强调独立性，又讲究联系性；既强调局部性，又讲究整体性。

(3) 可行性。可行性研究是指通过市场分析、技术研究、经济测算等步骤，来确定这份策划书能否付诸实践。可行性研究是策划前期的重要内容，评价营销策划书的优劣的关键就在于是否可行。

3. 种类

根据营销策划内容的不同，可大致分为促销活动策划书、市场推广策划书、新产品开发策划书、商品销售策划书、商品布局策划书、营销定位策划书等。

二、营销策划书的写作要求

(1) 策划有新意。策划人员不仅要考虑产品和服务的实际情况，还要充分考虑决策人的思维习惯和接受能力，创造出多种策划内容供决策人选择。整个策划过程，要注重"点子新、内容新、表现手法新"。策划要能给人全新的感受，突出与众不同的创意构想。

(2) 重点要突出。营销策划的目的是解决企业营销中的问题，突出企业产品与服务的特色与亮点，抓住企业要解决的核心问题，因此，在策划过程中，企业要牢牢把握主题和重点，进行深入分析，提出可行性对策。

(3) 文书尽完美。营销策划书的内容要繁简得当，文书的形式要图文并茂，文案的结构要严谨、完善，做到层层递进、环环相扣、彼此照应。此外，策划人员在行文过程中应该不断吸收决策者及周围人士的意见与建议，不断推敲、修改，使策划文书尽善尽美。

三、营销策划书的基本格式

营销策划书的基本格式是：标题+正文+落款。

1. 标题

营销策划书的标题一般由策划机构名称(或策划人)＋产品名称＋文种构成，如《×××有限公司关于第四季度新产品的营销策划书》。有时这部分可以写入封面，封面由标题＋成文日期构成。

2. 正文

营销策划书的正文一般由以下五个方面的内容构成。

1) 前言

前言部分简要介绍产品或品牌的性质和基本内容。

2) 市场分析

市场分析是指对影响市场供需变化的各种因素及其动态、趋势的分析。通过市场分析，可以更好地认识市场的商品供应和需求的比例关系，采取正确的经营战略，满足市场需要，提高企业经营活动的经济效益。一般情况下，可以通过 SWOT 分析理论来进行市场分析。

3) 营销战略

营销战略是指企业在现代市场营销观念下，为实现其经营目标，对一定时期内市场营销发展的总体设想和基本规划。营销战略作为一项重要战略，其主旨是提高企业资源的利用效率，使企业资源的利用效率最大化。营销战略一般由具体的目标构成，如战略目标、营销目标、财务目标等。

4) 营销策略

营销策略是指企业以客户需要为出发点，根据经验获得客户需求量、购买力、期望值的信息，有计划地组织各项经营活动，通过协调一致的产品策略、价格策略、渠道策略和促销策略，为顾客提供满意的商品和服务，从而实现企业目标的过程。营销策略是营销策划书的重点内容，既是营销活动组织、开展的脚本，也是对市场营销活动各个环节、各个方面的精心设计、周密安排、逐一布置和具体落实。关于营销策略的理论有很多，其中较为著名的是 4P 营销策略组合理论。

5) 费用预算

费用预算部分写的是整个营销方案推进过程中的费用投入，包括营销过程中的阶段费用、项目费用、总费用等，其原则是以较少投入获得最优效果。

3. 落款

写明营销策划单位的名称和成文日期。

拓展阅读

SWOT 分析

SWOT 分析是 20 世纪 80 年代初由美国旧金山大学的管理学教授韦里克提出的分析方

法，经常被用于企业市场分析、竞争对手分析等场合。SWOT 分析的含义是：S(Strengths) 优势、W (Weaknesses)劣势、O (Opportunities)机会、T (Threats)威胁，即基于内外部竞争环境和竞争条件下的态势分析，通过调查将各类因素列举出来，并依照矩阵形式排列，然后用系统分析的思想，把各种因素匹配起来加以分析，从中得出一系列相应的结论，其结论通常带有一定的决策性。运用这种方法，可以对研究对象所处的场景进行全面、系统、准确的研究，从而根据研究结果制定相应的发展战略、目标以及对策等。SWOT 分析具体内容可以从以下两个方面来把握。

(一) 机会与威胁分析

随着经济、科技等的迅速发展，特别是经济全球化、一体化进程的加快，全球信息网络的建立和消费需求的多样化，企业所处的环境更为开放和动荡。这种变化几乎对所有企业都产生了深刻的影响。正因为如此，环境分析成为一种日益重要的企业职能。

环境发展趋势分为两大类：一类表示环境威胁，另一类表示环境机会。环境威胁指的是环境中一种不利的发展趋势给企业带来的挑战，如果企业不采取果断的战略行为，这种不利趋势将削弱企业的竞争优势。环境机会是指对企业发展富有吸引力的领域，在这一领域中，该企业将拥有竞争优势。

对环境的分析也可以有不同的角度。比如，一种简明扼要的方法就是 PEST 分析，另外一种比较常见的方法就是波特五力分析。

PEST 分析是指对宏观环境的分析。宏观环境又称一般环境，是指影响一切行业和企业的各种宏观力量。对宏观环境因素作分析，不同行业和企业根据自身特点和经营需要，分析的具体内容会有差异，但一般都应对政治、经济、社会和技术这四大类影响企业发展的主要外部环境因素进行分析。

波特五力分析模型由迈克尔·波特(Michael Porter)于 20 世纪 80 年代初提出，对企业战略制定产生全球性的深远影响。根据波特的观点，一个行业中的竞争，不只在原有竞争对手中进行，而是存在着五种基本竞争力量，这五种基本竞争力量的状况及综合强度，决定着行业的竞争激烈程度，从而决定着行业中最终的获利潜力以及资本向本行业的流向程度，这一切最终决定企业能否保持高收益的能力。五力分别是：供应商的议价能力、购买者的议价能力、潜在竞争者进入的能力、替代品的替代能力、行业内竞争者现在的竞争能力。五种力量的不同组合变化，最终影响行业利润潜力变化。

(二) 优势与劣势分析

一般来说，每个企业都要定期检查自己的优势与劣势。企业应如何识别自身的优势与劣势呢？当两个企业处在同一市场或者说它们都有能力向同一顾客群体提供产品和服务时，如果其中一个企业有更高的盈利率或盈利潜力，那么，我们就认为这个企业比另外一个企业更具有竞争优势。换句话说，所谓竞争优势是指一个企业超越其竞争对手的能力，这种能力有助于实现企业的主要目标——盈利。

优劣势分析主要着眼于企业自身与竞争对手间的实力比较，机会和威胁分析则是将注意力放在外部环境的变化及对企业的可能影响上。在分析时，企业应把所有的内部因素(即优劣势)集中在一起，然后用外部的力量来对这些因素进行评估。

竞争优势可以指消费者眼中一个企业或它的产品有别于其竞争对手的任何优越的东西，它可以是产品线的宽度、产品的大小、质量、可靠性、适用性、风格和形象，也可以是服务的及时、态度的热情等。虽然竞争优势实际上指的是一个企业相比于其竞争对手，有较强的综合优势，但是明确企业究竟在哪一个方面具有优势更有意义，因为只有这样，才可以扬长避短，或者以实击虚。

由于企业是一个整体，而且竞争性优势来源十分广泛，所以，在作优劣势分析时必须从整个价值链的每个环节上，将企业与竞争对手作详细的对比，如产品是否新颖，制造工艺是否复杂，销售渠道是否畅通，价格是否具有竞争性，等等。如果一个企业在某一个方面或某几个方面的优势正是该企业应具备的关键成功要素，那么，该企业的综合竞争优势也许就强一些。需要指出的是，衡量一个企业及其产品是否具有竞争优势，只能站在现有潜在用户的角度，而不是站在企业的角度。

【例文分析】

×××有限公司关于男性化妆品的营销策划书

一、前言

(一) 公司概述

×××有限公司拥有男性化妆品研发的专业技术和独特配方，秉持"优雅时尚，经典男人"的新理念，致力于为男性打造更开放、更具人文意识的现代健康男人新形象，让消费者体会简易、快捷、有效的美容方法。

(二) 市场概述

放眼目前男性化妆品市场，很多具有高知名度的品牌没有开发男性的专属系列品牌，加之许多男性化妆品系列品牌没有鲜明的男性色彩，往往只是借助本品牌在女性市场中建立的高知名度在市场上立足，或是在原有女性产品的基础上进行改良，更换外包装后就推入市场，产品毫无新意。

本公司的产品以这一现状为切入点，专门针对男性肌肤来研发产品，树立男性化妆品系列品牌形象。基于此，中高端路线最为合适，我司宜采用竞争定价策略进入市场。国内高端产品市场几乎全部被国外知名公司所垄断，而我们的产品相对于国外知名公司的产品有价格优势，仅为其平均市场价格的 60%，而且有较大的价格空间；国内开发的一些男性化妆品大多走低端路线，我司宜用中高端品牌拉开档次，树立良好的公司形象和品牌形象。

我司将采取店铺+直销的模式，在我国东部沿海地区设立专柜、专卖店和专业美容店等，并配以电子商务平台做好网络营销，与第三方物流一起构建健全的营销网络。产品进入市场的过程中，可以通过派发少量免费产品、销售优惠组合包装进行促销，进行事件营销和广告宣传，以期提高市场占有率，甚至带来市场上的轰动性和效应性。

(三) 营销目标

第一年销量达到 30 万套，计划占领 60%市场份额。

第二年推出更多产品，目标是在原有基础上增加 11%的市场份额。

在第三年底之前，在消费者中获得较高的品牌知名度。

(四) 财务目标

第一年的损失控制在 500 万元之内，并在第二年里估计盈利 500 万元。

在头五年内，每年保持 35%左右的销售利润率，投资回报期估计为一年零五个月。

二、市场分析

(一) 背景分析

1. 行业背景

随着经济的发展，人们生活水平的提高，男性也越来越注重自己的仪容仪表，开始关心自己的皮肤状态，这在很大程度上推动了男性化妆品市场的发展。另一方面，随着对男性化妆品研发的不断深入，更多符合男性肤质和特色的产品不断涌现，已由只有面霜、洗面奶和须后护理液等简单品种逐步发展为洁肤、护肤、洗发、护发、沐浴和剃须用品等多品种、多功能的产品类型。

2. 市场细分

我司主要的目标顾客是中层到高层收入的男性白领和金领，他们具备较强的经济实力和审美能力，对自我的审美标准通常是举止得体、仪容整洁、个性化。因此，他们需要纯净简单、清爽淡雅、审美高级的男性化妆品。我司的另一个目标群体是男大学生，大学生追求健康与活力，他们也开始逐渐注重自己的外表。

男性消费行为特征表现为注重产品的效果，易携带且成分安全。在追求护肤化妆方面，男性的生理层面(肤质、性别特征等)及心理层面(男性追求健康与活力)都与女性的迥异。

(二) SWOT分析

1. 优势

(1) 专业品牌，男性色彩。现代男性个性消费的趋势，有利于树立品牌形象，同时也克服了目前男性化妆品市场上男性特色不明显的弱点。

(2) 男性专用，品种齐全。我司男性化妆品是针对男性肌肤和生理特点研发与生产的，产品从洁肤、护肤、保养到洗发、护发、香氛、沐浴、剃须用品等一应俱全，概念一致。

(3) 直销模式，掌握需求。我司产品的终端布局不走多渠道流通方式，而是采取店铺+推销人员的直销模式，可以节约转移到消费者身上的成本，更可以直接获知消费者的需求，提高消费者的忠诚度，大大增强了企业的市场应变能力。

2. 劣势

(1) 缺少品牌意识。作为刚成立的公司，我司缺乏一定的品牌形象，不利于在初期进行产品的推广和传播。

(2) 产品定价较高。我司产品走中高端路线，在一定程度上压缩了市场空间，对初期推广产生了一定的阻碍，特别是对一些对价格敏感度高的消费者来说。

3. 机会

(1) 男性美容观念的改变带来了无比广阔的市场前景。越来越多男性比以前更加重视自己的外表，也逐渐认识到美容护肤不再是女性的专利，这一观念上的变化，使男士化妆品应运而生，推动了男性化妆品市场发展。

(2) 男性的皮肤特点和生活习惯决定了市场需求空间。从男性皮肤的特点来看，男性毛孔一般比女性粗大，而且油性大，容易长青春痘，男性应选用补充水分，清爽不油腻的专用化妆品；从男性的生活习惯来看，一方面男性户外活动较多，频繁受紫外线照射，另一方面由于男性吸烟、喝酒较多，这两个方面导致皮肤老化和粗糙，这也为男性化妆品的产品特色指明了方向。

(3) 国际美容发展趋势决定了国内男性化妆品市场前景。从国际化妆品市场的发展来看，男性化妆品市场方兴未艾，前景诱人。

4. 威胁

(1) 市场开发尚未成熟。尽管男性化妆品行业前景看好，但目前这个市场尚未出现热销现象，市场开发的条件并不成熟，此时进入该市场要面临一定的市场风险。

(2) 面临更多市场竞争。随着男性化妆品市场的成熟，男性化妆品拥有巨大的市场潜力，必将导致越来越多的厂家竞相加入男性化妆品的研发队伍中来，因此我司制定的营销战略必须注重产品差异化，拥有独特的产品新意。

(3) 价格下降带来压力。日益激烈的竞争将促使男性化妆品价格下降，如果不保持紧缩成本控制，这一形势将会威胁我司资金的长期稳定。

三、营销战略

(一) 总体战略

公司将在3~5年内成为男性化妆品市场的名牌企业，占据市场主导地位。

1. 公司使命

为追求整洁、成熟、时尚、成功又有个性的新时代男性消费者服务。针对男性肌肤和生理特点研发高品质、高品位、高服务的"三高"产品，帮助消费者塑造完美的男性形象。

2. 目标群体

中层到高层收入的男性白领、金领，大学生群体。

(二) 发展战略

1. 初期(1~3年)

占据男性化妆品市场；创建自己的品牌，回收资金，不断研发新产品。

第一二年：

产品进入市场，提高产品知名度，创立独特品牌，初步建立自己的营销网络平台。估计初步销量约150万套，市场占有率为6%~11%。

第三年：

增加投资，升华产品品牌效应；增加设备，扩大生产规模，市场占有率提高到15%左右；挖掘产品新性能，研发新产品，利用现有营销网络，开拓男性化妆品市场。

2. 中期(4~5年)

进一步扩大和健全营销网络，拓展产品生产线，实行多元化、信息化经营战略。市场占有率达16%~20%，不断扩大男性化妆品市场占有率。

3. 长期(5~10年)

利用公司男性化妆品研制的技术优势，研发相关产品，扩大市场占有率，努力成为个人护理领域的佼佼者。

四、营销策略

(一) 产品

1. 产品概述

我司男性化妆品讲究产品的系列化、专业化和特色化。产品从洁肤、护肤、保养，到洗发、护发、香氛、沐浴和剃须用品等一应俱全，概念一致。

产品种类：

(1) 护肤、保养、洁肤产品：洁面乳，润肤乳液，润肤水，紧肤水，防晒露。

(2) 头发用品：洗发水，护发素，整发剂(摩丝，啫喱水，营养水)，生发剂。

(3) 剃须用品：湿式剃须产品，干式剃须产品，剃须后护理产品。

(4) 香水。

(5) 沐浴产品。

2. 包装

包装以白蓝色调为主，瓶型简洁大方，体现男性阳刚、大度、不拘小节的个性特点，融细腻和粗犷于一体。针对不同产品采用不同规格的包装，并且在包装上明确标注产品的成分，同时采用产品组合的形式出售。

3. 服务

建立完善的营销网络平台，为客户提供健全优质的服务。

(1) 售前服务。采用宣传、交流等手段，通过专业推销员及美容师的介绍，使客户了解产品的特性并试用。

(2) 售中服务。急客户所需，及时送货上门。

(3) 售后服务。建立信息交流反馈渠道，不断改进自己的网站，倾听客户的声音，保证产品的质量，处理反馈信息。根据客户需求不断改进产品，主动保持与客户的联系，加强与客户的联系，最大限度满足客户的需求甚至超越客户期望，适时举办信息交流活动，搭建沟通桥梁。

4. 品牌

基于国内市场的实际情况，我们选择高品牌形象、中高档价格定位的策略，树立品牌的阳刚之气，体现刚柔兼备的现代男性新形象。

(二) 价格

国内市场的男性化妆品品牌从产品、定价到渠道都定位于中低端市场，而真正有竞争力、概念明晰的国内高端品牌尚未出现。男性化妆品的消费群体多为成熟男性，购买能力相对较高，对产品的选择较为理性，同时重视产品的质量，容易形成较高的品牌偏好度。基于此，我们拟采取中高端价格路线策略，尽可能靠近目标消费群体，树立良好的品牌形象，打动消费者的内心，抢占男性化妆品的市场。

(三) 渠道

终端布局不走大流通渠道，我司选择商场男士专柜、男士专卖店和男士专业美容院三种销售终端。这种布局有利于形成鼎立之势，互为依托。同时采用电子商务平台模式，线上商业交易平台搭配高速、快捷的配送物流，让市场无疆界。此外，我司以专柜、专卖店、专业美容院为营运支点，与第三方物流形成有效组合，构建属于自己的物流网，形成协调一致的有效配送体系。

(四) 促销

1. 销售促进

采用样品派送和优惠组合套装的形式在终端促销，加速品牌及产品进入市场的进程，提升消费者认可度和接受度。尽可能打消消费者对新品牌的顾虑，建立对产品的信心，塑造消费者的购买和消费习惯，提高产品的销量，提升销售额。

2. 广告规划

(1) 推广初期采用突破性的媒体投放策略，以大规模的广告投放态势，结合广告推广力量，力争在最短时间内吸引公共注意力，迅速占领市场。

(2) 推广中期适当降低强度与频率，根据反馈信息，及时调整广告策略，可拉长周期，采取细水长流的方式渗透市场，保证市场稳步增长。

(3) 推广后期再度加强广告投放态势，低密度，高强度，进行冲刺，提高销量。

五、费用预算

1. 收支平衡分析

我司男性化妆品第一年的期望销售收入是 3000 万元，期望销量为 10 万套，以每套 300 元售出，预计每个产品的可变成本为 60 元。由于在产品研发、促销、渠道支持方面的大量投入，预计第一年造成 500 万元左右损失。根据财务部计算，预测我司将在第二年上半年销量突破 43.5 万套，开始获利。

2. 营销费用预算

我司预计投入的预算包括：广告，销售促进，销售点现场展示，消费者促销，在线营销，公共关系，渠道补贴，外出推销，市场研究，新产品开发，销售培训和支持，物流费用和消费服务支持等。

×××有限公司

2023 年 5 月 20 日

【评析】　该营销策划书基于对市场形势的合理分析，设计研发符合消费者需求的产品，并能制订相应的营销方案，突出了营销策划书的创新创意思想。该策划书结构合理、主题明确、创意新颖，对目标客户有着较强的针对性，能够为客户提供切合实际需求的消费方案。

拓展阅读

4P 营销策略组合理论

著名的 4P 营销策略组合理论是由美国市场营销专家杰罗姆·麦卡锡(Jerome McCarthy)提出的，4P 是指产品(Product)、定价(Price)、渠道(Place)、促销(Promotion)。"4P"是营销策略组合通俗经典的简称，这个理论奠定了营销策略组合在市场营销理论中的重要地位，它为企业实现营销目标提供了最优手段，即最佳综合性营销活动。4P 营销组合理论的具体内容如下。

1. 产品

产品指能够在市场上进行销售并且可以流通的物品，或指消费者在发生购买行为时可获得的与其需求相符的物品。在整个消费过程中，产品不仅包括企业与客户可进行实体交易的实物，同时也包括技术、服务、咨询等诸多不以实体呈现的延伸产品。产品策略要求企业注重产品功能的开发，使得产品有独特的卖点，要把产品的功能诉求放在第一位。

2. 价格

价格策略包括许多方面，主要指采取包括打折、返利在内的各种优惠行为。消费者在进行商品购买时，关于企业是否能以符合消费者内心需求的价格实现销售，企业所预计的生产成本的补偿及获得的利润能实现多少，采用合理有效的价格销售策略就显得尤为重要。企业选择价格策略时，价格高低与市场需求情况有较大关系，而产品的最低价格主要受产品生产成本的影响，企业以不亏损为最低要求。产品的最高要求则主要根据供需关系确定，但市场供需关系波动较大，企业需要根据市场实际情况进行调整。企业要根据自身不同的市场定位，制定不同的价格策略。

3. 分销

企业生产的大多数产品不会直接传递给消费者，企业若想将自身生产的产品传递到消费者手中，就需要通过分销商来进行。中间商、电商平台、营销组织等与客户接触密切，具有较强的专业性，能够起到良好的销售效果。从分销发展的历史来看，分销有三种基本形式：批发、零售和直销。企业要注重经销商的培育和销售网络的建立，这样才能使产品以更快的效率传递到消费者手中。

4. 促销

促销就是指营销者向消费者传递有关企业及产品的各种信息，说服或吸引消费者购买其产品，以达到扩大销售量的目的的一种活动。促销实质上是一种沟通活动，即营销者(信息提供者或发送者)发出能刺激消费的各种信息，把信息传递给一个或更多的目标对象(即信息接收者，如消费者或用户等)，以影响其态度和行为。常用的促销手段有广告、人员推销、网络营销、营业推广和公共关系。为了有效提升产品对消费者的吸引力，企业可以开展多种不同的促销活动，使产品在消费者中有更高的曝光度，最终提升产品销售量，扩大市场占有率。

知识链接

活动策划书的八大要素——"5W""2H""1E"

Why (为什么) —— 策划的缘由。

What (什么) —— 策划的目的、内容。

Who (谁) —— 策划组织者、策划人、策划所涉及的公众。

When (何时) —— 策划实施时间和日程安排。

Where (何处) —— 策划实施地点。

How to do (如何去做) —— 策划的方法和实施形式。

How Much (花费多少) —— 策划活动经费预算。

Effect (效果) —— 策划活动实施效果预测。

【任务演练】

请认真阅读以下两个案例，并回答问题。

1. 2020 年 5 月，某地一个商场举办开业庆典，推出了一个策划活动：凡是所持的百元人民币号码尾数为"99"的顾客，可获得 200 元消费优惠券。结果顾客手持"中奖"人民币蜂拥而至，柜台被挤坏，还有人员受伤，主办商家只好提前宣布活动中止，这次活动招致顾客不满，降低了客户的信任度。

(1) 以上案例活动失败的原因在哪里？

(2) 假如让你来策划这家商场的开业庆典，说说你的策划思路。

2. 2015 年 4 月，××公司与××市环保局合作发起了环境保护活动，规定自 4 月 22 日起至 5 月 31 日，顾客可在该市任何一家××餐厅用 10 节废旧电池兑换一杯可乐；用 20

节废旧电池可兑换一杯可乐加一包纸巾。该公司主管还在电视报道中表示，保护环境事关子孙后代，是全社会的大事，××公司愿为马前卒。

(1) 在创意方面，上述活动有什么值得学习的地方？

(2) 谈谈这次活动的主题特点。

(3) 请你预测一下这次活动会产生什么效果。

第三节 广告策划书

【学习目标】

1. 了解广告策划书的概念、特点和种类。

2. 重点掌握广告策划书的基本格式和写作方法。

3. 认真阅读例文，培养撰写广告策划书的能力。

【知识储备】

随着互联网技术的不断发展，过去那种"酒香不怕巷子深"的时代已经一去不复返，企业要想在行业中脱颖而出，必须找准自己的定位，继而"广而告之"。广告策划是依据企业的营销战略、品牌管理战略等目标设计的，企业可以通过广告策划把各个方面、各个领域的智慧聚集起来，充分发挥团队优势，集思广益、取长补短，激发灵感和创意，借助创意点子的推动作用，让消费者熟悉自己的产品与服务，提升品牌知名度。

一、广告策划书的概念、特点和种类

1. 概念

广告，即"广而告之"之意，它是以促进销售为目的，通过向特定的媒体支付一定的费用，进行产品或劳务宣传的大众传播活动。广告策划书是指企事业单位为在广告活动中取得更好效果，最终实现广告促销目标而进行计划安排的文字材料。

2. 特点

(1) 独创性。独创性是广告策划的生命，这一特性可以体现在广告的定位、表现形式和广告语言上，能有效打造企业形象和产品形象。一个成功的广告策划，需要做到"人无我有、人有我新"，体现其创新创意方案。

(2) 超前性。广告策划是一项"立足现实，面向未来"的活动，它对广告活动中所涉及的广告目标、对象、媒介、形式、经费等方面都要事先进行周密的安排。只有满足超前性，才能有效地把握全局，进而达到"广而告之"的目的。

(3) 全局性。广告策划尽管包含许多环节和内容，但它们之间并不是彼此孤立的，而是经过系列广告战略共同规划而成的。广告策划的各项内容环环紧扣，施行环节密切配合，使广告策划成为和谐统一的整体。

3. 种类

根据广告策划内容的不同，可大致分为广告总体策划书、广告主题策划书、广告目标策划书、广告创意表现策划书、广告效果反馈策划书、广告费用预算书等。

二、广告策划书的基本格式

广告策划书的基本格式是：标题+正文+落款。

1. 标题

标题一般由产品名称+文种构成，如《×××广告策划书》。有时这部分内容可置于封面，封面由标题+策划机构名称(或策划人)+成文日期构成。

2. 正文

正文一般由以下五个方面内容构成。

1) 前言

前言部分简要介绍广告对象、广告诉求重点和广告目的等内容。

2) 环境分析

环境分析是指对企业所处的竞争环境进行分析，一般包括市场分析、消费者分析、产品分析、企业和竞争对手分析、企业和竞争对手的广告分析等，主要目的是通过大量的市场调查研究，比较出自身的优势和劣势，从而找到一种适合企业自身特点的广告策划方案。

3) 广告战略

广告战略指的是广告发布者在宏观上对广告决策的把握，它以战略眼光为企业长远利益考虑，主要为产品开拓市场着想，也就是所谓的"放长线钓大鱼"。研究广告战略的目的是提高广告宣传效果，使企业以最低的开支(费用)达到最好的营销目标。一般由一些具体的目标构成，如广告目标、广告地区、产品定位、消费者情况等内容。

4) 广告策略

广告策略是广告策划的重点内容。广告策略是指实施、实现广告战略的各种具体手段与方法，是对战略的细分。常见的广告策略有产品策略、目标策略、市场策略、定位策略、媒介策略和广告实施策略等内容。

(1) 产品策略。企业制定广告策略时，首先要明确企业能提供什么样的产品和服务，以满足消费者的要求。从一定意义上讲，企业成功与发展的关键在于其提供的产品与服务能否最大限度满足消费者的需求。

(2) 目标策略。广告目标是指企业通过广告活动要达到的目的，其实质就是在特定时间内达成特定受众(包括听众、观众和读者)所需求的特定内容的信息沟通任务。目标策略是广告策略的起点，它必须与企业的市场定位、目标市场的选择以及企业的市场营销组合策略相适应。

(3) 市场策略。市场策略是指企业根据自身内部条件和外部竞争状况所确定的关于选择和占领目标市场的策略。企业制定市场营销策略，目的是充分发挥企业优势，增强竞争能力，更好地适应营销环境变化，以较少的营销投入获取最大的经济效果。

(4) 定位战略。定位策略一般体现在产品上，具体运用主要分为两大类：实体定位策略和观念定位策略。所谓实体定位策略，就是在广告宣传中突出商品的新价值，指出与同类商品的不同之处，强调产品定位带来的更大利益；所谓观念定位策略是指突出商品的新意义，从而改变消费者的惯性心理、树立新的商品观念。

(5) 媒介策略。媒介策略包括媒介计划的具体问题，如：所选媒介的类别(如电视或杂志)，广告预算的区域分配情况，媒介预算(金额和总数的百分比)，月度、季度、年度预算等。

(6) 广告实施策略。广告实施策略就是按照竞争制胜的原则，科学合理地筹划广告，并在合适的时机有序推进，从而使广告策略克服种种因素的制约，最终发挥最佳效应。广告策略要将观念形态变为现实的行动，就必须有具体的实施策略。

5) 费用预算

费用预算主要包括广告策划创意费用、广告设计费用、广告制作费用、广告媒介费用等。

3. 落款

落款要写明广告策划单位名称和成文日期。

三、广告策划书的写作要求

(1) 目标要明确。在广告策划中，策划者一般运用科学的研究和分析方法，集中经验和智慧，事先对各项活动作细致周密的安排，每一项活动紧紧围绕最终的总体目标展开，具有共同的指向性，确保广告目标得以实现。因此，策划者要把广告策划书的目标写得十分明确，这不仅有利于决策者作出选择，也有利于执行者大胆实施、少走弯路。

(2) 方案要创新。广告策划的创新创意方案是促使广告目标达成的关键要素。策划者要发挥团队优势，保证整个广告活动的每一个环节都有较高的创新性和创意性，争取说服消费者信任企业所提供的产品与服务。

(3) 预算要合理。预算作为一种可量化的详细计划，它是对未来活动的细致、周密安排，是未来经营活动的依据，可以说，预算是一种可以据以执行和控制经济活动的具体计划，是将企业活动导向预定目标的有力工具。基于此，预算必须与广告策划的战略或目标保持一致，对预算经费的使用要合情合理，既不能该用的不用，一味地节省，达不到效果；也不能该省的不省，过度开支，无节制地滥用。

【例文分析】

××广告策划书

一、前言

××自投入市场以来，一直以塑造品牌形象为核心展开广告宣传，如"××有点甜"早已成为时下的时尚语。从名称上吻合了人们回归、向往自然的心理需求，引起消费者的心理共鸣。可见，××这一品牌名称具有强大的品牌亲和力。为配合宣传××推出的新包装，特进行本次广告策划，目的是维护××的固有品牌形象，提升××在消费者心中的地位，并以崭新的面貌将其推向市场。

二、环境分析

1. 营销环境分析

饮料工业包括软饮料和啤酒。饮料工业作为食品工业最具经济规模的产品，也是国际竞争最活跃的领域，在竞争中脱颖而出依靠的是实力、规模和技术。如今，整个行业的集中化、规模化格局已初步形成。据近 10 年来世界饮料消费统计资料，充气饮料、茶、瓶装饮用水和果汁饮料的消费呈增长趋势；牛奶、咖啡、啤酒和葡萄酒的消费呈下降趋势。

由于我国生活饮用水存在管网和二次供水输送过程的污染问题，所以城市居民对于包装饮用水的需求逐年增长。中国瓶装水总销售量在 1999 年就已达到 29 亿升，跃居亚洲第二。20 世纪 90 年代中期是我国饮用天然矿泉水工业发展的鼎盛时期，产品质量逐年提高，产量以 30%至 40%的幅度稳步增长。在全国饮料业年消费额的 1000 亿中，饮用水占 200 多亿元，为总额的 20%，这一资料已经充分证明中国的饮用水市场具有无比广阔的发展前景。

近两年来，新一轮的运动功能型饮料正在兴起，而且还有其他类饮料一直在试图分割市场，但瓶装水以其低廉的价格和天然纯正的特性，仍有着不可替代的地位，而国内的瓶装水人均消费量仅为世界平均水平的 1/5，可以说中国的瓶装水市场还很年轻，潜力还很大。

从广告宣传、营销水平、品牌号召力到消费者选择偏好，整体上天然矿泉水不敌纯净水。纯净水利用的客观优势是：成本低廉，消费者现阶段对饮料水选择上的误区。在发达国家，饮用天然矿泉水才是讲健康、有品位的标志。世界知名水饮料品牌都是天然矿泉水，如×国"依×"。天然矿泉水在世界上已有近百年的悠久历史。我国消费者对天然矿泉水的认识逐渐清晰，饮水的功能已不仅仅是解渴，同时还追求对身体有益。同时，我国天然矿泉水质量有大幅度提高，合格率从 1992 年的 34.5%上升到 1997 年的 78.2%，部分品牌天然矿泉水销量也相当高。

2. 消费者分析

近年来，消费者已逐渐形成购买饮用水的习惯。据调查，经常购买者占 48.89%，偶尔购买者占 48.15%，仅有 2.96%的人从不购买。消费行为特征呈现为：重品牌，重口感，对矿泉水、纯净水概念较为模糊。

一般来说，消费者只接受简单而有限的信息，因此大多喜简烦杂。当消费者面临过多的品牌和纷繁的信息时，难以主动掌握产品的全面情况和具体细节。为了应对这种复杂情况，企业要学会把一切简化，而广告便是最佳选择，好的广告可以在消费者心中"创造一种新的次序"，取得良好的市场营销效果。

3. 产品分析

××三大理念：环保、天然、健康。××选取天然的优质水源，仅对原水作最低限度、必要的处理，保存了原水中钾、钠、钙、镁、偏硅酸等对人体有益的矿物元素，pH 值为 7.3±0.5，呈天然弱碱性，适于人体长期饮用。××天然矿泉水历来取自浙江千岛湖、峨眉山龙门洞等远离都市的天然淡水区，只经简单过滤，不改变水的本质，保有水源的天然特征指标。

4. 企业和竞争对手分析

目前，××的主要竞争对手为 A、B。A——知名度高，但品牌缺少丰满度，品牌气质上略显粗糙；B——品牌知名度低于 A，在三级市场与农村市场尤甚，但品牌美誉度高，品牌气质洋气、优雅、有品位。

5. 企业与竞争对手的广告分析

A 在水广告上采用的大多为感性诉求方式，如"我的眼里只有你""我的心里只有你""爱你就等于爱自己"等。A 提倡广告的促销性，认为广告最重要的是能为大众所接受，能吸引消费者，能启动市场，因此 A 提倡走明星路线。

B 的广告较为经典，例如：一滴晶莹的水珠，流利且透明地穿过层层过滤，最终净化成 B 纯净水，至纯至净。一个强有力的利益承诺随之推出：B 纯净水，27 层净化！纯净水原本是一种难以诠释的低参与度产品，消费者对它的认识不够清晰，因此，当"27 层净化"广告一经推出，用理性的方式加以解释，给消费者带来了很强的安全感。这种诠释纯净水的广告方式，不仅塑造了一种"很纯净，值得信赖"的印象，而且以"冷静、优雅、高水准的制作画面"大大提升了 B 的品牌形象。

三、广告战略

1. 广告目标

通过广告，巩固××在天然矿泉水类别中第一品牌的地位；在更换新包装的同时，维护、提升消费者对××品牌的认知度。

2. 产品定位

××定位为大众品牌，以中青年为诉求对象。同时，力求在消费者中树立"最天然矿泉水"的品牌形象。

3. 媒体选择

电视、网络。

4. 诉求策略

××广告要诉求一种美好品质，塑造一个深入人心的、健康的天然矿泉水品牌形象。

四、广告策略

1. 策略思路

(1) 旗帜鲜明地与纯净水划清界限，不打价格战。

(2) 打出功能牌，凸显××天然矿泉水资源价值，强调消费者可获得的超值利益。

(3) 向全社会倡导绿色健康的生活方式，传播科学正确的消费观念，从而树立×××高品位的品牌形象，并塑造一个对社会真诚负责、造福人类的企业形象。

2. 策略步骤

树立品牌，做地方老大；强化品牌，做中国矿泉水名牌；延伸品牌，做世界的绿色健康产业龙头。

3. 策略部署

以某些大城市为重点市场，如北京、上海，争取率先突破，稳住阵脚后，走向全国。

4. 品牌形象

将品牌形象定位为"健康、活力、高尚"。

5. 产品功能

将产品功能定位为"富含天然矿物质"。

6. 消费人群

将"适合各年龄层次的人群"定位为消费人群。

五、广告实施策略

1. 广告的目标

维护××固有的品牌形象，提升××在消费者心目中的地位，并以崭新的面貌将××推向市场。

2. 广告的时间

30秒至1分钟。

3. 广告的发布计划

在4月中旬，展开全面的电视、网络宣传，同时在超市、商店开展促销活动。

在5月底，结束本次宣传。

4. 广告的诉求对象

××的忠实消费者和潜在客户。

5. 广告的诉求重点

本次的广告宣传旨在传达：××虽换了新包装、新水源地，但品质不变、信念不变。同时，重申×××固有的三大理念和"××有点甜""好水喝出健康来"等品牌形象。

6. 广告的表现

加强创意宣传，提出××"好水喝出健康来"的老品牌概念；展示新老包装的对比，并提出"新包装新体验，老品质老承诺"的口号；通过影像资料和声音介绍，重申××的三大理念；最后将×××水的现有种类全部摆出，并再次声明老概念——"××有点甜，好水喝出健康来"。

7. 广告媒介计划

电视：全国性(如CCTV)、地方性电视台(如四川卫视)。

网络：各大门户网站、视频网站、自媒体、影视广告植入等。

六、费用预算

电视广告费用：4000万。

网络宣传费用：200万。

其他活动所需要费用：100万。

×××市场营销部

2023年3月1日

【评析】　该策划书结构完整、篇幅适中、分析到位，做了大量的前期调研工作，了解竞争对手的运营状况与销售环境，能基于翔实的数据作出系统的市场分析。策划者能结合自身的品牌特性和产品特点，将产品与消费者的认知情况和消费习惯结合在一起，推出新的产品包装，充分展示了新产品的特性，是一份比较完善的广告策划书。

知识链接

营销策划书和广告策划书的区别

营销策划指在以等价交换为基本原则的市场推广中，通过各种渠道、方式向顾客宣传产品，激发消费者的购买欲望和购买行为，扩大产品销售量的一种经营活动。营销策划书，一般包括品牌策划(品牌形象、品牌个性、品牌定位)、市场分析(目标人群分析、价格策略、分销策略、渠道分析、促销策略)等内容。

广告策划指对广告决策实施、广告决策检验的全过程作出预先的考虑与设想,是对广告整体战略与策略的运筹规划。广告策划不是具体的广告业务,而是广告决策的形成过程。广告策划书一般包括品牌策划(品牌形象、品牌个性、品牌定位)、广告策划(设计策略、媒介策略、广告策略、内容制作)等内容。

具体来说,有如下区别。

1. 效果不同

营销策划书以单一时期的业绩为准,不考虑未来是否达到销售目的或利润目的,对讲究的是即时效果。广告策划书常常考虑延时效果,即本年度广告费投放下去后,也许不一定能立刻发生作用,通常要延后一段时间,甚至在很长一段时间后,才能看见效果。

2. 手段不同

市场营销所采用的手段通常是分销、产品设计、价格、包装、商标、促销等,这些手段通常围绕着产品销售目的展开。广告策划使用的手段是:通过研究消费者的心理需求,以大众传播媒介为渠道,将产品、形象或观念等信息传播给消费者,告知消费者具体的信息,刺激消费者购买欲望,使其产生购买行动。

3. 目的不同

营销策划的直接目的是促进产品的销量增长,从而进一步扩大企业盈利,产生企业效益。广告策划的目的是传播产品、形象或观念等信息,使消费者对产品产生好感,从而激发消费者购买欲望。

【任务演练】

请选择一款你身边的产品,结合品牌形象和产品特性,为其制作一份翔实的广告策划书,并且运用多媒体手段,将其拍成微视频,与同学们分享。

第七章 工科文书

【情景导入】

李清冉是××职业学院信息与计算科学专业的一名毕业生。大学期间，她除了要认真学习专业知识，还要围绕专业内容开展工科文书的写作活动。工科文书是人们在从事基础研究、应用与开发研究的过程中，用来总结科研成果、传播科技信息、进行科技管理的文种，具有科学性和严谨性两大特点。首先，工科文书所呈现的内容必须具有科学性，要客观准确地反映客观事物的发展规律和应用方法；其次，工科文书的语言表达必须严谨，不允许有差错或表达含混的地方。

【章前思考】

对工科生来说，工科文书是进行实验活动、表述研究成果的必备工具。因此，掌握工科文书的写作技能，是相关专业的大学生巩固专业知识、增强专业能力的重要方面。在李清冉写作工科文书的过程中，她需要了解哪些相关知识？工科文书的写作方法有哪些？

第一节 产品说明书

【学习目标】

1. 了解产品说明书的概念、作用、特点和格式。
2. 掌握产品说明书的写作技巧，规范撰写生活中常见的产品说明书。
3. 提高学生的逻辑思维能力和文字表达能力。

【知识储备】

在新时代背景下，产品经营者应严格遵守法律规章制度，秉承"依法守信，文明经营"的原则开展产品销售活动。《中华人民共和国消费者权益保护法》规定，消费者享有知悉其购买、使用的商品或者接受的服务的真实情况的权利。为此，根据《中华人民共和国产品质量法》相关条例，生产者应当在产品或产品包装上注明采用的产品标准，产品质量要符合以产品说明、实物样品等方式表明的产品质量状况。因此，产品经营者要依法撰写真实可靠的产品说明书，维护消费者的知情权。

作为新时代工科类大学生，未来除了要研发新产品，还需要掌握产品说明书的写作方法，成为维护消费者合法权益、普及科学文化知识、传播正确科技信息的中坚力量。一份信息全面、结构科学、表述准确的产品说明书，可以为产品用户提供有效正确的指导，避免其因不恰当操作造成设备损坏甚至危害生命的严重后果。

一、产品说明书的概念和作用

1. 概念

产品说明书，又名商品说明书、说明书或使用说明书，是生产部门使用图片、文字等媒介，向消费者介绍该产品的产地、主要材料、用途、构造、规格、使用和保养方式以及注意事项等信息的说明性应用文，是直接为生产、生活、科研服务的一种实用性文体。

2. 作用

作为产品的"专属名片"，产品说明书具有指导消费、宣传产品、普及知识的作用，在企业形象推广和产品营销中扮演着不可或缺的角色。

(1) 指导消费。产品说明书所呈现的产品信息，为消费者认识、选购、使用以及保养产品提供了有效指导。例如，《××多功能电蒸锅使用说明书》客观介绍了电蒸锅的型号规格、优势特点、使用方法和保养维护等内容，帮助消费者充分了解该产品的特性、掌握相关操作程序，从而达到科学消费的目的。

(2) 宣传产品。产品说明书是一个产品的身份象征，可展现一个企业的社会形象，起到了广告宣传、树立品牌的作用。一份真实科学、逻辑清晰的产品说明书，可以提升消费者对产品的信任度、增强认同感，继而帮助企业树立良好的品牌形象、扩大知名度。如《××补水面膜的产品说明书》，对面膜的成分、功效和专利等内容都进行了科学解释和细致介绍，利于获得众多消费者的喜爱及信任，有效提升了企业的美誉度和影响力。

(3) 普及知识。《"十四五"国家科学技术普及发展规划》明确提出，科技工作者要通过撰写科普文章、举办科普讲座、参与科普活动、翻译国外科普作品等多种形式开展科普。在此背景下，产品说明书应当发挥普及科学技术知识的作用，帮助消费者适时了解新知识、新技术。如《LED××充电式手电筒产品说明书》，既普及了光学、电学等专业物理知识，也传播了科学方法、科学思想和科学精神，同时，引导消费者正确使用产品，降低了售后服务的难度和复杂度。

拓展阅读

中国 17 世纪的工艺百科全书——《天工开物》

《天工开物》是世界上第一部记录农业和手工业生产的综合性科技著作，被外国学者称为"中国 17 世纪的工艺百科全书"。作为中国科学技术史上保存最完整、内容极丰富的一部著作，《天工开物》对中国古代的各项科技进行了系统的总结，展示了中华民族底蕴深厚、先进的科技文明。

《天工开物》由宋应星于 1637 年撰写出版，共 3 卷 18 篇，全面记载了古代农业和手工业的生产经验技术，包括谷类和棉麻栽培、食品加工榨油、造纸、冶铸、兵器、舟车制造和珠玉采琢等。在介绍操作技术和使用工具时，作者宋应星尽可能用数字进行科学描述。如《天工开物》中冶金章节的部分内容(见表7-1)，精确介绍了银、锌、铜、铁等物质。

表7-1　《天工开物》冶金章节的部分内容

物质名称	《天工开物》中的对应素材	释　义
银	① 凡礁砂入炉，先行拣净淘洗。每炉受礁砂二石，用栗木炭二百斤周遭丛架 ② 每礁百斤先坐铅二百斤于炉内，然后煽炼成团。其再入虾蟆炉沉铅结银，则同法也	① 淘洗干净后的银矿放入土筑的炼炉进行炼制之前，在炼炉的底部铺上木炭、瓷屑，每炉装礁砂二石，用果木炭二百斤在其周围堆积起来。靠近炉旁砌一堵砖墙，将风箱安置在墙背，由几人拉动风箱通过风管送风，用墙挡住炉的高温，鼓风的人才能安全。炉内木炭烧完时，用长铁叉再将木炭添入。风力、火力足时，礁砂熔化成团，此时银隐藏在铅中，尚未脱离出来。 ② 熔炉冷却后，将物料取出另装入分金炉内，用松木炭在炉内围起，留出一穴门以辨火候。分金炉用风箱或扇箱送风，到一定温度，铅便沉下成为底子，炉底的铅成为密陀僧(中药名)(PbO)，另入熔炉冶炼，又成为扁担铅。要不断用柳枝从穴门缝中插入助燃，待铅的成分去尽后，便提炼成纯银了。刚炼出来的银叫生银。如果倒出后冷凝未出现丝纹，需再进行一次熔炼，向其中加入少许铜，重新用铅来协助熔化，然后放入槽中凝结成丝状，四周被框住，银气就不会横溢走散
锌(倭铅)	其质用炉甘石熬制而成	锌是由炉甘石($ZnCO_3$)烧炼而成的，每十斤炉甘石要耗损二斤，在烧炼的过程中需保持密闭环境，避免锌被氧化。烧炼时需与铜结合，否则入火就变成烟飞去。这是因为锌的熔沸点较低，需要与其他金属结为合金才更容易获得
铜	以炉甘石或倭铅参和，转色为黄铜。以砒霜等药制炼为白铜；矾、硝等药制炼为青铜；广锡掺和为响铜，倭和泻为铸铜。初质则一味红铜而已。	世人所用的铜，不管采自山上或出自冶炉，都只有红铜一种。铜与炉甘石或锌掺和熔炼，则转变成黄铜；若将铜与砒霜等药制炼，则成为白铜；若将铜与砚石、硝石等药制炼，又成为青铜；铜与广锡共炼则成为响铜；与锌共炼则得铸铜。以上各种铜合金，最基本的原料也只有一种红铜而已
铁	凡铁分生、熟，出炉未炒则生，既炒则熟。生熟相合，炼成则钢	古代人已经能将铁分为生铁、熟铁和钢，这个分类至今仍在沿用，区别是现代化学中清楚地规定了生铁含碳量大于2.11%，熟铁含碳量约在0.02%以下，钢的含碳量质量百分比介于0.02%至2.11%之间

(引自谭蕾. 中国古代科技在中学化学教学中的应用研究[D]. 河南大学，2021，有删改)

作为一部科技著作，《天工开物》涵盖了大量的基础知识和应用数据，将生产信息有效地传递给了生产者，起到了解释、说明和引导作用。在某种程度上，《天工开物》与当代的产品说明书属于相同类型的应用文，发挥着指导科学行为、普及科学知识、传播科学方法、弘扬科学精神的作用，值得我们反复学习、细细品读。

二、产品说明书的特点和种类

1. 特点

(1) 真实性。依据《中华人民共和国消费者权益保护法》《中华人民共和国产品质量法》等相关规定，产品说明书的内容要呈现真实准确的产品质量和操作流程，不能夸大相关功能或传递虚假信息，确保消费者利益不受侵害。

(2) 说明性。产品说明书以说明为主要表达方式，向消费者介绍产品的具体功能、功效、作用和使用方法等。依据消费者的使用需求，产品说明书呈现的内容可详尽、可简略，最终目的都是使消费者了解、认识并学会使用这类产品。

(3) 通俗性。为了让各种文化程度的消费者都能正确操作产品，产品说明书应以"便于消费者理解"为第一要义。一般来说，大众化的语言更能有效地指导消费者。因此，书写用语应当通俗易懂、条理清晰、可读性强。

(4) 多样性。产品说明书的形式多样，不局限于单纯的文字说明，还可穿插图表，做到图文并茂。还有许多厂商结合三维动画和实拍内容，制作了电子版的产品说明书，以此代替纸质版的产品说明书。

(5) 逻辑性。产品说明书要按照由易到难、由浅入深的逻辑顺序说明内容，逐条列举，叙述要逻辑清晰、有条不紊，帮助消费者循序渐进地了解产品的各种要素，从而达到科学认识产品、正确操作产品的目标。

2. 种类

产品说明书的应用范围广泛，种类形形色色。

(1) 依据产品用途的不同，可划分为固定性产品说明书、专业技术类产品说明书、日常用品类产品说明书、饮食健康类产品说明书等；

(2) 依据形式的不同，可划分为条款式产品说明书、图表文字结合式产品说明书；

(3) 依据所处位置的不同，可划分为外包装说明书和内包装说明书。

三、产品说明书的写作过程

(1) 观察产品。主要观察产品的样式、规格、质料、包装等，有条件的情况下还可以亲身体验产品，提升对产品的熟悉度和认知程度。面对一些大型工业机械产品，还需观察其基本构件，总结设计特点。

(2) 全面了解产品。联系企业深度了解产品，包括产品的性能、材料成分、工艺流程、制造原理，以及使用、保管、维修方法等。对于新开发的产品，要注重它与已有产品的差异，对制造新原理、新工艺、新技术等作详尽的了解。

(3) 撰写具体内容。在完成上述两个方面的准备工作后，可根据已收集到的产品信息编写产品说明书。

四、产品说明书的基本格式

产品说明书通常由标题、正文和落款三个部分构成。其中，正文是产品说明书的核心部分。

1. 标题

标题一般由产品名称加上"说明书"三字构成(也可以只写产品名称),比如《异维 A 酸软胶囊说明书》。部分说明书侧重于讲解使用方法,可称其为使用说明书,如《××多功能电蒸锅使用说明书》《电动车使用说明书》。

2. 正文

正文是产品说明书的主体部分。产品类型不同,需要着重说明的内容也不同。例如,饮食健康类产品说明书侧重于对成分、使用方法和保质期限的标注;药物保健品说明书重在呈现其成分、基本效用及用量;电器说明书重在介绍使用方式和保养方法等。一般情况下,正文包括产品特征、性能、使用方法、保养维护、注意事项等内容。

(1) 产品特征。产品特征指该产品的特色,如对固定性产品电蒸锅的描述——耗电少、噪声低、功率大等。又如介绍日常用品的基本配方和效果等——介绍洗涤产品或化妆品的香氛特点。

(2) 性能。性能包括产品性质和功能。如固定性产品,说明书中一般介绍这类产品的相关技术参数、结构组合、工作方式和运行程序等,包括电源、额定输入功率、续航时长等信息。又如药物保健品类说明书,一般告知消费者产品的功效和作用,使用户明确能够治疗的病症情况。

(3) 使用方法。使用方法指产品的基本操作方式或用法用量、适用范围等。如日常用品类说明书,主要介绍产品的开启、安装和操作方法。如洗涤、化妆类用品,外包装说明书会呈现一次用量、准备过程与使用时间等信息。

(4) 保养维护。某些产品需要重点编写产品的保养与维护方法,避免不当操作缩短电器、仪表、机械设备之类产品的使用寿命。

(5) 注意事项。注意事项需要写明产品保质期限、谨慎使用的情况、禁止使用的场景等。特别是药物保健类产品,撰写者要遵守药品说明书的法律规定,一定要写明注意事项,包括不良反应、日期、储存方法、禁忌等内容。

3. 落款

落款一般跟在正文后,包含企业名称、商标、地址、电话、传真、邮编、联系人和生产日期等信息,以便消费者随时联系和查询。

五、产品说明书写作的注意事项

(1) 树立责任意识。依据《中华人民共和国消费者权益保护法》第二十条,经营者向消费者提供有关商品或者服务的质量、性能、用途、有效期限等信息,应当真实、全面,不得做虚假或者引人误解的宣传。产品说明书是消费者了解产品信息的直接依据,说明的内容必须真实可靠,这直接关系着消费者的利益。因此,撰写者应秉持对消费者负责的态度,实事求是地描述产品,绝不能夸大其词,欺骗消费者。尤其是在说明技术含量较高、事关人身和财产安全的产品时,更要做到字斟句酌、言简意赅、表述准确,不能含混不清、模棱两可,让人不得要领。

(2) 突出重点内容。撰写产品说明书时要将产品特色作为描述重点，突出其独特之处，不能千篇一律、套用模板。如《头孢克洛分散片说明书》，突出的重点内容是药品的用法用量和注意事项，避免消费者错误用药。

(3) 满足大众需求。撰写产品说明书时，应优先考虑多数消费者的实际情况，树立为大众服务的意识。从具体内容的取舍到表达方式的选择，都要尽可能适应社会群众的需求。为方便消费者找到所需信息、了解用法步骤，产品说明书的结构要简单明了、语言要朴实准确。

【例文分析】

例文一：

××多功能电蒸锅使用说明书

××多功能电蒸锅是一款容量超大的不锈钢双层多功能中式电蒸锅，具备蒸、焖、涮、煮、炖等功能，能够烹调出水煮牛肉、火锅串串、冒菜等美味佳肴。有P01～P06六种火力可供调节，大火收汁焖菜口感更好。

一、使用注意事项

1. 如果电源软线损坏，为避免危险，必须由制造商或相关专业人员进行更换。

2. 若气温较低导致多功能电蒸锅内残余的油被冻住，建议使用前先进行解冻，加热过程中把油打散，避免沸腾后锅内蒸汽大量聚集，产生高压，出现安全问题。

3. 器具不能在外接定时器或独立的遥控控制系统下运行。

4. 烹饪时需要注意，会有蒸汽从玻璃盖和蒸笼间冒出，要防止烫伤。

5. 当锅内没有液体时，不可长时间加玻璃盖进行工作，以免玻璃盖上的部件温度过高导致烫伤。

二、使用说明

(一) 产品规格

名称	型号	内锅/蒸笼容积	蒸笼数量	蒸笼直径	额定功率	额定电压	额定频率
多功能电蒸锅	ZH50YV824	3L/12L	两个	34 cm	1700W	220V	50 Hz

(二) 产品特点

1. 1700 W 大功率，快蒸出鲜。

2. 智能控火控时，精准掌控。

3. 不粘底锅，蒸、煮、煎多能。

4. 34 cm 口径双层蒸，一锅多菜。

5. 分体设计，方便清洗。

(三) 使用方法

1. 将机身置于平稳、固定的台面上，与有可能因蒸汽而受损的物体保持一定距离。

2. 往锅内注水。加水量请介于最大水位与最小水位之间，可依烹饪时间长短加适量水。

3. 将蒸笼放置到内锅上，根据需要可选择使用一个蒸笼或两个蒸笼；将需要蒸煮的食物放到蒸笼内，盖上玻璃盖。

（四）温馨提示

1. 新机器首次使用前请务必清洗锅体，用干毛巾擦干锅体。加热时会有轻微冒烟及焦糊味，属正常现象。

2. 在使用过程中，请勿用手或任何肢体接触锅体、蒸笼或锅盖表面，以免烫伤。

3. 产品使用时，锅盖出气孔不可对着人或带电插座，以免发生烫伤及触电事故。

4. 请勿用锋利的刀具或其他尖锐物品直接接触锅体，以免损伤锅体。

5. 加水量的大小，请参照内锅内标识的水位线。加热食物一般需要 20 min，如果加水过量，至水位线"最大"位置，则增加了水加热的时间，有可能导致食物不熟。

6. 蒸煮鸡蛋时，可将鸡蛋立于蒸笼凹槽内。

7. 使用完毕，待机体冷却后再进行清洗。注意机身不能进水。

三、保养和维护

1. 使用后请立即切断电源，待电蒸锅完全冷却后再将内锅及蒸笼取下进行清洗。

2. 请勿使用研磨性清洁产品或溶剂进行清洗。

3. 蒸笼、内锅及玻璃盖可用洗洁精清洗，风干后再进行收藏。

4. 机身用湿软布擦干净，切勿用水龙头直接冲洗机身。

5. 使用完毕后将锅内的剩水倒尽，每次使用前换上干净的水。电蒸锅使用 7～10 次后内锅壁会有水垢生成，请定期清除水垢。

出现下列情况时，不得使用电蒸锅：

1. 本产品或电源线有损坏。

2. 本产品如曾经摔落，有明显损坏或使用出现异常。

3. 出现异常后，为避免危险，必须由其制造商或相关专业人员更换。

【评析】　此文书属于固定性产品说明书，主要从使用注意事项、使用说明、保养和维护三个方面介绍了该多功能电蒸锅的产品规格、产品特点和使用方法，逻辑清楚，易于掌握。文字表述具备通俗性的特点，使用了大众常用的词汇，可引导消费者正确使用产品。综上所述，这则使用说明书结构清晰、内容具体、文字精简明了，是一篇值得学习的产品说明书。

例文二：

头孢克洛分散片说明书

【药品名称】

通用名称：头孢克洛分散片

英文名称：Cefaclor Dispersible Tablets

汉语拼音：Toubaokeluo Fensan Pian

【成分】本品主要成分为头孢克洛。

【性状】本品为薄膜衣片，除去包衣后显类白色至淡黄色。

【适应症】本品主要适用于敏感菌所致的呼吸系统、泌尿系统、耳鼻喉及皮肤、软组织感染等。

【规格】$C_{15}H_{14}ClN_3O_4S$，计算 0.25 g。

【用法用量】本品适宜空腹口服。

成人常用量一次 0.25 g，一日 3 次。严重感染时剂量可加倍，但一日总量不超过 4 g，或遵医嘱。

小儿一般按体重一日 20 mg/kg，分 3 次给予，严重感染可增至 40 mg/kg，但一日总量不超过 1 g。

【不良反应】

1. 与头孢克洛治疗有关的不良反应如下。

过敏反应：根据报道，约占病人的 1.5%，包括荨麻疹样皮疹(1/100)。瘙痒、荨麻疹和库姆斯试验阳性，发生率均在 1/200 以下。

胃肠道症状：发生率约 2.5%，软便、胃部不适、食欲不振、恶心、呕吐、嗳气，其中包括腹泻(70 例中占 1 例)。

2. 尚不能确定是否与头孢克洛有关的不良反应。

中枢神经系统：活动增多、神经质、失眠、精神错乱、高血压、头晕、幻觉和嗜睡，这些均罕见于报道。

【禁忌】

对头孢克洛和其他头孢菌素过敏者禁用。

【注意事项】

1. 在使用头孢克洛之前，要注意确定病人以前是否对头孢克洛或其他头孢菌素、青霉素或其他药物过敏。如果本品用于对青霉素过敏病人，要加以注意，因为文献清楚地报道在 β-内酰胺类抗生素中存在交叉过敏反应。

如果发生对头孢克洛的过敏反应，应立即停药。如果有必要，应采用急救措施，包括吸氧、静脉注射抗组胺剂及肾上腺素、气管插管等。

对于以往有某种类型过敏(尤其对药物)的病人，应慎用抗生素(包括头孢克洛)。

2. 存在严重肾功能不全时要慎用头孢克洛，因为头孢克洛在无尿症病人体内的半衰期为 2.3～2.8 h。对于中度至重度肾功能受损病人，剂量通常可不变。但在这种情况下应用头孢克洛的临床经验有限，因此，应进行仔细的临床观察和实验室检查。

3. 一般注意事项：长期使用头孢克洛，会使不敏感菌株大量繁殖。因此，对病人进行细心的观察是必要的。如果治疗期间发生二次感染，必须采取适当措施。

【贮藏】遮光，密封，在凉暗(避光并不超过 20℃)干燥处保存。

【包装】药品包装用 PTP 铝箔/冷成型复合铝箔包装，6 片/板×1 板/盒；8 片/板×1 板/盒；5 片/板×2 板/盒；6 片/板×2 板/盒；8 片/板×2 板/盒；8 片/板×3 板/盒。

【有效期】24 个月

【执行标准】国家食品药品监督管理总局标准 YB××××

【批准文号】国药准字 H××××

【上市许可持有人】成都×××有限公司

地址：成都××××号

【生产企业】成都×××有限公司

生产地址：成都市××区××路××号

邮政编码：××××

电话号码：×××-×××-×××
传真号码：××××
网址：www.×××.com

【评析】 此文书属于药品说明书，由标题、正文和落款三个部分组成，结构标准完整，内容具体全面，项目清晰明了，语言通俗易懂。该则产品说明书从消费者的需求出发，用数字准确地呈现了药品的用量用法，具有极强的说明性。正文部分对药品的"不良反应""注意事项"进行了详细说明，避免消费者错误用药。

例文三：

×××蒸汽热敷肩颈贴说明书

随着生活节奏的加快，人们很容易积小劳成大疾。长期伏案，长时间低头，使颈椎长期处于被动拉伸状态，造成颈部肌肉过度紧绷等问题。对此，我厂推荐使用×××蒸汽热敷肩颈贴，10秒发热，恒温持续10 h左右；富含艾草精华，提高睡眠质量，促进血液循环，有效舒缓疲劳与疼痛，消除所贴部位的种种不适。

【产品名称】蒸汽热敷肩颈贴

【产品组成】由无纺布罩、发热片等构成。发热片内含有铁粉、蛭石、活性炭、盐、高吸水树脂、水等均匀混合的自发热材料。

【规格】175 mm × 85 mm

【包装】1贴/袋

【注意事项】

1. 孕妇及婴幼儿禁止使用，儿童请在大人指导及陪同下使用。

2. 如有尖锐物品刺破包装袋或有其他破损，不可继续使用。

【使用方法】

打开密封袋，取出产品并展开；取下透明隔膜，将产品粘贴在肩颈疼痛部位；一次可享受10 h的持续热敷。

【贮存】贮存在相对湿度不超过80%、无腐蚀性气体和通风良好的室内。

【产品标准号】Q/320××××××J48

【有效期限】有效期暂定×××××××

【委托方】企业名称：云南×××有限公司

住所：×××开发区1×××号地块

电话号码：0××0-8××6××

邮编：×××××

【评析】 此文属于日常用品说明书，是一篇写作失败的产品说明书，存在以下几个问题：第一，开头语言表述不当，"消除所贴部位的种种不适"等语句近似广告语，不具有科学依据；第二，没有实事求是地描述使用方法，夸大其词。科学研究证明，普通发热贴一般可持续6 h，该说明书却呈现了"持续10 h发热"的错误信息，存在欺骗行为；第三，没有写明有效日期，很可能是假冒伪劣的"三无"产品。

知识链接

产品说明书的相关法律规定

为保障产品说明书内容的真实性、严谨性、科学性，撰写者需要了解相关法律法规，根据国家要求和产品具体特点编写产品说明书。对于消费者来说，生活中一旦发现自己购买了"三无"产品，可及时向质量监督局、工商管理局等相关部门举报，并根据《消费者权益保护法》要求赔偿。

一、《消费者权益保护法》第八条

消费者享有知悉其购买、使用的商品或者接受的服务的真实情况的权利。

消费者有权根据商品或者服务的不同情况，要求经营者提供商品的价格、产地、生产者、用途、性能、规格、等级、主要成分、生产日期、有效期限、检验合格证明、使用方法说明书、售后服务，或者服务的内容、规格、费用等有关情况。

二、《中华人民共和国产品质量法》第二十六条

生产者应当对其生产的产品质量负责。产品质量应当符合下列要求：

1. 不存在危及人身、财产安全的不合理的危险，有保障人体健康和人身、财产安全的国家标准、行业标准的，应当符合该标准。

2. 具备产品应当具备的使用性能，但是，对产品存在的使用性能的瑕疵作出说明的除外。

3. 符合在产品或者其包装上注明采用的产品标准，符合以产品说明、实物样品等方式表明的质量状况。

三、《中华人民共和国产品质量法》第二十七条

产品或者其包装上的标识必须真实，并符合下列要求：

1. 有产品质量检验合格证明。

2. 有中文标明的产品名称、生产厂厂名和厂址。

3. 根据产品的特点和使用要求，需要标明产品规格、等级、所含主要成分的名称和含量的，用中文相应予以标明；需要事先让消费者知晓的，应当在外包装上标明，或者预先向消费者提供有关资料。

4. 限期使用的产品，应当在显著位置清晰地标明生产日期和安全使用期或者失效日期。

5. 使用不当，容易造成产品本身损坏或者可能危及人身、财产安全的产品，应当有警示标志或者中文警示说明。

另外，除以上规定以外，编写者还需要特别了解药品相关的法律法规。

四、《药品说明书和标签管理规定》

1. 第五条　药品说明书和标签的文字表述应当科学、规范、准确。非处方药说明书还应当使用容易理解的文字表述，以便患者自行判断、选择和使用。

2. 第十一条　药品说明书应当列出全部活性成分或者组方中的全部中药成分。注射剂和非处方药还应当列出所用的全部辅料名称。药品处方中含有可能引起严重不良反应的成分或者辅料的，应当予以说明。

3. 第十四条　药品说明书应当充分包含药品不良反应信息，详细注明药品不良反应。药品生产企业未根据药品上市后的安全性、有效性情况及时修改说明书或者未将药品不良反应在说明书中充分说明的，由此引起的不良后果由该生产企业承担。

4. 第十五条　药品说明书核准日期和修改日期应当在说明书中醒目标示。

5. 第十七条　药品的内标签应当包含药品通用名称、适应症或者功能主治、规格、用法用量、生产日期、产品批号、有效期、生产企业等内容。

6. 第二十三条　药品标签中的有效期应当按照年、月、日的顺序标注，年份用四位数字表示，月、日用两位数表示。其具体标注格式为"有效期至××××年××月"或者"有效期至××××年××月××日"；也可以用数字和其他符号表示为"有效期至××××.××."或者"有效期至××××/××/××"等。

【任务演练】

1. 李清冉是×××职院大三的学生，毕业前她来到了一家较有影响力的民营洗护用品公司实习。实习期间，她接到一项任务：为公司的洗发水写一份产品说明书。请你根据以下材料，代李清冉撰写一份洗发水产品说明书。

×××滋润修复洗发水说明书

该洗发水属于滋养型，适用于特干发质和深度受损发质。

一、产品功效

滋润水养发丝，洁净头皮。

二、有效成分

水，灵芝，菟丝子，甘草。

三、使用方法

(1) 用37℃的温水将头发彻底泡湿(水温不要超过37℃)。

(2) 将洗发水在手心揉搓出泡沫，按摩清洁头皮，由发尾至发根温和揉搓秀发后，冲洗干净。

四、适用人群

×××。

五、注意事项

(1) 对洗发水中的中药成分过敏者慎用。

(2) 洗完头发后最好自然阴干，不要用吹风机吹干。

六、企业名称、地址、生产许可证编号、电话、联系人、生产批号和限期使用日期。

2. 以下产品说明书在格式、内容、语言等方面均存在明显问题。请你结合所学知识，找出错误并进行修改。

商品说明书

商品名称：×××肠溶胶囊

建议口服，不可咀嚼；一次 20 mg，一日 1~2 次，每日晨起吞服或早晚各一次。

适用于胃溃疡、十二指肠溃疡、应激性溃疡、反流性食管炎等。

遮光、密封，在干燥处保存。

建议在医生指导下使用，不应该私自用药。

批准文号：

国药准字 H200×××7

生产企业：××××××有限公司

第二节 实 验 报 告

【学习目标】

1. 了解实验报告的概念、作用、特点和种类。
2. 掌握实验报告的格式与写法，能独立撰写规范的实验报告。
3. 培养理论联系实际的学风、实事求是的科学态度和细致严谨的科学素养。

【知识储备】

新时代高校致力于培养工科学生的综合素质，提升他们探寻真理的热情和能力。伽利略曾说过，科学的真理不应该在古代圣人的蒙着灰尘的书上去找，而应该在实验中和以实验为基础的理论中去找。因此，为了探寻科学真理、解决实际问题，人们要通过系列实验研究活动来获取科学结论。

实验是培养科学人才的重要部分，是培养学生质疑精神、提高逻辑表达能力的关键途径。而将实验过程和结果进行如实准确记录的文书，就是实验报告，它是一种重要的工科文书。通过撰写规范的实验报告，大学生可以加深自己对理论知识的理解程度，切实提高总结归纳能力、逻辑分析能力以及书面表达能力，为将来撰写研究报告和毕业论文奠定基础。

一、实验报告的概念和作用

1. 概念

实验报告是指在探讨新问题、应用新理论、开发新技术等科学研究活动中，人们为了验证某种科学理论，通过观察、分析、判断、综合、总结等实验方法，如实地记录实验过程和实验结果的一种总结性文字材料。

2. 作用

实验报告是对某次实验的书面总结，具备资料保存、情报交流和能力提升等重要作用。

(1) 资料保存。实验报告帮助人们完整地记录实验步骤、实验过程、注意事项和实验结果，积累和存储相关文献资料，以备查阅和使用。做完实验后，撰写者通过写报告记录真实数据、分析实验结果、总结客观规律，及时保存相关资料，为后续的查询、研究和复盘提供依据。

(2) 情报交流。情报交流是指人们借助共同的符号系统，彼此传递、交换情报信息的活动，分为直接交流和间接交流。撰写实验报告是研究者获取、理解和传递科学情报的间接交流方式。因此，通过搜集和查阅大量实验报告，研究者可以获得研究启发、开拓研究思路、学习研究方法，对原有研究内容进行补充或作新的探索，促进科学理论向技术的转化和应用。

(3) 能力提升。实验报告的书写是一项基本技能训练，可以提升学生的逻辑归纳能力、综合分析能力和文字表达能力，为撰写科学论文奠定基础。此外，撰写实验报告还可以培养学生一丝不苟的精神，帮助他们养成严谨科学的实验态度，提高自身发现问题、分析问题、解决问题的能力。

二、实验报告的特点和种类

1. 特点

(1) 真实准确性。实验报告内出现的数据、文字等信息必须真实严谨、准确无误，与客观事实相一致。不得弄虚作假，不得加入主观臆断。为此，撰写者要实事求是，不能为了证明既定的实验现象而随意修改甚至捏造材料。凡是捏造的数据、伪造的结论，最终都经不起科学实践的检验。

(2) 结果确证性。结果确证性指的是实验报告记录的实验结果能被任何人重复和证实。在给定条件下，任何实验者无论何时何地进行同样的研究，都应能观察到相同的科学现象、得到同样的结果，如证明光直线传播原理的小孔成像实验，每位实验者都能在用保鲜膜制作的光屏上看见火苗的倒立影像。

(3) 信息可读性。信息可读性是指实验报告应通俗易懂，便于读者接受和了解自然科学和社会科学知识。撰写者可借助图表方式加以说明，生动阐述实验的基本科学原理、关键步骤以及各步骤间的关联，从而进一步推广科学技术、倡导科学方法、传播科学思想，发挥科普作用。

2. 实验报告的种类

(1) 按照实验主体划分，可分为科学研究实验报告、教学实验报告等。

(2) 按照实验方法划分，可分为定性实验报告、定量实验报告、模拟实验报告、结构分析实验报告和对照实验报告等。

(3) 按照实验性质划分，可分为验证性实验报告和探索性实验报告。

三、实验报告的写作过程

(1) 确定实验目的。可以通过收集有关文献、研究选题意义、分析国内外研究成果、总结研究现状和发展趋势等方式，首先确定实验目的和实验对象。

(2) 掌握基本原理。科学理论是实验的根本依据。任何特定的科学实验都必须在遵循科学原理的条件下进行，没有理论依据的实验，是无法设想且不成立的。因此，撰写者要充分理解和掌握相关科学原理，在此基础上开展实验活动。

(3) 设计实验方法和实验程序。预先设计出实验方法和实验程序，确保实验过程有目标、有计划、有依据。在形成实验报告框架后，报告撰写者可根据实际操作再对其进行修改和完善。应及时记录，避免漏掉重要问题。

(4) 撰写实验报告。在完成上述准备工作后，可依据具体模板撰写实验报告。

四、实验报告的基本内容

实验报告一般包括标题、作者、实验目的、正文、结果分析、实验结论、参考文献。

1. 标题

标题一般由研究对象和文体名称组成。如《凸透镜成像实验》，"凸透镜"是研究对象，"实验"是实验报告的代称。

2. 作者

为了维护科学研究者的合法权益，要将所有科研人员的姓名和单位按照主次顺序一一写明。有的实验是以课题组的名义进行的，署名就必须为课题组的名称，而不能以个人姓名代替课题组名称。

3. 实验目的

实验目的包括理论和实践两个部分。从理论层面分析，实验者可以验证某些理论从而获得对相关知识的深刻理解；从实验层面分析，主要目的是掌握实验方法和仪器的使用方法等。

4. 正文

正文由实验原理、实验仪器、实验步骤三个部分构成。

1) 实验原理

实验原理部分主要起到奠定理论基础的作用，能够说明和计算实验的可行性。一般涉及实验相关的科学定律、公式和理论等。

2) 实验仪器

实验仪器一般涉及设备装置、材料试剂等。对于设备装置，报告会给出相关图表，并对特定的实验装置作出详细的说明，如介绍主要设备的工作原理、性能、型号等。对于材料试剂，实验报告中一般要写明选用的类型、配比和用量等。

3) 实验步骤

按照先后顺序，分点写明实验步骤，详细介绍实验操作中应特别注意的问题、遇到的困难以及解决措施等，必要时可用实验原理图、流程图等进行辅助说明。

5. 结果分析

撰写者通过整理实验结果和实验过程，分析总结出基本的科学认识。内容一般包括影响实验的根本因素、实验研究方法的科学性和局限性、观察到的实验现象及其科学原理、可深入研究的其他问题、在本实验研究中尚未解决或需要进一步解决的问题等。

6. 实验结论

实验结论指从实验结果中归纳出的一般性、概括性结论，是对实验所能验证的科学理论、概念或原则进行的简单总结。要求语言精练，分点撰写。

7. 参考文献

参考文献格式固定，位于实验报告的结尾部分，标注文中所引用科研成果的出处。这既可以表明撰写者的科研水平和科学态度，也是对他人科研成果的尊重。同时，此部分起到为读者提供研究信息、拓宽阅读视野的作用。

五、实验报告写作的注意事项

实验报告是对科研实验的总结和文字阐述，是实验研究的必要环节。在撰写实验报告时应当注意以下三个事项：

(1) 如实、及时、准确地记录实验。实验者要认真仔细地观察实验过程中发生的各种现象，并实事求是地记录和描述实验现象和测得的数据。俗话说："好记性不如烂笔头"，在实验时，如果观察得不仔细、不认真，也没有及时记录，很可能会遗漏某些重要现象或关键数据，导致与成功失之交臂。

(2) 结构完整，层次清晰。撰写实验报告时要注意报告结构的完整度，列出标题、作者、实验目的、实验原理、实验仪器、实验步骤、实验结果分析、实验结论、参考文献等内容。要做到数据确凿可靠、说明实事求是、分析条理清晰、图表准确合理、书写工整规范。

(3) 格式规范，表述科学。实验报告的各项内容都有其存在的价值和作用，写作时应严格按照统一的形式和规格进行撰写，不得随意增减项目。实验报告一般应使用精练的短句，文字表述要简洁明白、恰当准确，避免模棱两可和易产生歧义的表述，不用自造的不规范的简化字或代号。

【例文分析】

例文一：

平面镜成像探究实验报告

实验项目名称：探究平面镜成像的特点

作者：×××、×××、×××

一、实验目的

1. 探究物体和像分别与平面镜的距离间的关系，探究物、像间的大小关系。

2. 感受并体会什么是"虚"像。

二、实验原理

平面镜成像是由光的反射造成的。

三、实验设备和装置

蜡烛(两只)，平面镜(能透光的)，刻度尺，白纸，火柴。

四、实验步骤

1. 在桌面上平铺一张 16 K 的白纸，在白纸的横轴上用铅笔画上一条直线，把平面镜垂直立在这条直线上。

2. 在平面镜的一侧点燃蜡烛，从另一侧可以看到平面镜中点燃蜡烛所成的像，用不透光的纸遮挡平面镜的背面，发现像仍然存在，说明光线并没有透过平面镜，因而证明平面镜的背后所成的像并不是实际光线的汇聚，是虚像。

3. 拿下遮光纸，在平面镜的背后放上一支未点燃的蜡烛，当所放蜡烛大小高度与点燃蜡烛的高度相等时，可以看到平面镜的背后未点燃蜡烛也好像被点燃了，这说明平面镜的背后所成像的大小与物体的大小相等。

4. 用铅笔分别记下点燃蜡烛与未点燃蜡烛的位置，移开平面镜和蜡烛，用刻度尺分别量出点燃蜡烛到平面镜的距离和未点燃蜡烛(即像)到平面镜的距离。比较两个距离的大小，发现是相等的。

五、实验结果分析

该实验过程是合理的，所得结论也是正确无误的。做该实验时最好在暗室中进行，现象更加明显。实验者要认真仔细地操作，使用刻度尺时要认真测量。

六、实验结论

通过该实验我们已经得到的结论是：物体在平面镜中所成的像是虚像，像的大小与物体的大小相等，像到平面镜的距离与物体到平面镜的距离相等，像与物体的连线被平面镜垂直平分。例如，我们站在穿衣镜前时，看到的穿衣镜中自己的像是虚像，像到镜面的距离与人到镜面的距离是相等的。当我们向平面镜走近时，会看到镜中的像也在向我们走近。我们还可以解释为什么看到水中的物像是倒影，平静的水面其实也是平面镜，等等。

七、参考资料

初二物理书本。

(引自：刘会芹，黄高才. 新编应用文书写作[M]. 3 版. 西安：西安交通大学出版社，2014.)

【评析】 这是一篇探索性实验报告，实验的主要过程是提出假设猜想、设计实验方案、完整记录实验步骤和实验结果分析，最终得出与假设猜想契合的结论。此报告内容准确具体、结构完整。其中，正文部分单独用小标题呈现实验原理、实验设备和装置、实验步骤等，运用理论知识解释说明并解决问题，层次清楚、逻辑清晰。基于实验结果，结论部分深入浅出，呈现了撰写者的独到见解，是值得学习的典型案例。

例文二：
使用醋酸纤维素薄膜电泳法分离血清蛋白的实验报告
实验项目名称：使用醋酸纤维素薄膜电泳法分离血清蛋白

作者：×××、×××、×××

一、实验目的

1. 掌握电泳法分离血清蛋白的原理；
2. 掌握醋酸纤维素薄膜电泳法的操作方法。

二、实验原理

1. 电泳是指带电粒子在电场中向本身所带电荷相反的电极移动的现象。在一定 pH 条件下，不同的蛋白质由于具有不同的等电点而带不同性质的电荷，因而在一定的电场中它们的移动方向和移动速度也不同，即它们的电泳迁移率不同，因此，可使它们分离。

2. 影响电泳迁移率的因素有内在因素和外界因素。内在因素包括蛋白所带静电荷的量、蛋白的大小和形状。外界因素包括电场强度、溶液的 pH 值、溶液的离子强度和电渗现象。

3. 血清中各种蛋白质的等电点在 pH4.0～pH7.3 之间，在 pH8.6 的缓冲溶液中均带负电荷，在电场中向正极泳动。血清中各种蛋白质的等电点不同，所带电荷量也不同，此外各种蛋白质的分子大小各有差异，因此在同一电场中电粒子泳动的速度不同。分子小而带电荷多者，泳动较快；反之，则较慢。

4. 醋酸纤维素溶于有机溶剂(如丙酮、氯仿、氯乙烯、乙酸乙酯等)后，将其涂抹成均匀的薄膜则成为醋酸纤维素薄膜。该膜结构为均一的泡沫状，厚度约为 120 μm，有很强的通透性，对分子移动阻力很小。该薄膜电泳具有微量、快速、简便、分辨能力高，以及对样品无拖尾和吸附现象等优点，现已广泛用于血清蛋白、糖蛋白、脂蛋白、血红蛋白、酶的分离和免疫电泳等方面。

5. 醋酸纤维素薄膜电泳可将血清蛋白按电泳速度分为 5 条区带，从正极端看依次为血清蛋白、α1 球蛋白、α2 球蛋白、β 球蛋白及 γ 球蛋白，经染色可计算出各蛋白质的百分含量。

人血清中蛋白质的等电点及分子量		
蛋白质名称	等电点(pl)	分子量
血清蛋白	4.88	6900
α1 球蛋白	5.06	200 000
α2 球蛋白	5.06	300 000
β 球蛋白	5.12	90 000～150 000
γ 球蛋白	6.85～7.50	156 000～300 000

三、实验准备

(一) 实验器材

1. 电泳仪：为电泳提供直流电源。

2. 电泳槽：为电泳提供场所。

3. 血清加样器：可用盖玻片或微量加样器。

4. 醋酸纤维素薄膜：2 cm × 8 cm。

5. 其他：培养皿(直径 9～10 cm)、滤纸、镊子等。

(二) 实验材料及试剂

材料：牛血清。

1. 巴比妥-巴比妥钠缓冲液(pH 8.6)。

2. 0.5%氨基黑 10B 染色液。

3. 漂洗液。

4. 透明液：临用前配制。

　　甲液：取冰乙酸(AR)15 ml，无水乙醇(AR)85 ml。

　　乙液：取冰乙酸(AR)25 ml，无水乙醇(AR)75 ml。

5. 保存：液体石蜡。

6. 定量洗脱液为 0.4 mol/L 的氢氧化钠(NaOH)溶液。

四、实验步骤

(一) 电泳槽的准备

电泳槽有两个互相隔离的槽，各自装有缓冲液，接不同的电极，红色为正极，黑色为负极。每个槽上都有一根可移动的横杆，滤纸的一头搭在横杆上，另一头浸入缓冲液中，形成了滤纸桥，点好样的醋酸纤维素薄膜就搭在滤纸桥上。

(二) 醋酸纤维素薄膜的润湿

将醋酸纤维素薄膜完全浸泡于缓冲液中约 30 min 后，用镊子小心夹住薄膜一端，放在折叠的滤纸中，并用滤纸吸干表面液体。

(三) 点样

把膜条铺在玻璃板上(无光泽面朝上)，将点样器在血清中沾一下(薄薄一层为好)，再在膜条一端 1.5～2 cm 处轻轻水平地落下并随即提起，这样即在膜条上点上了细条状的血清样品，此步是实验的关键。

(四) 电泳

将点样端的薄膜平贴在阴极电泳槽支架的滤纸桥上(点样面朝下)，另一端平贴在阳极端支架上，要求薄膜紧贴滤纸桥并绷直，中间不能下垂，连接好电泳仪，在室温下电泳，打开电源开关，将电流强度与膜宽度之比调节为 0.3 mA/cm，电泳时间约为 1 h。电泳后，关闭电泳仪，切断电源。

(五) 染色

电泳完毕后将薄膜取下，放在含氨基黑 10 B 染色液的培养皿中浸泡 5～10 min。(之后需回收染色液。)

(六) 漂洗

将薄膜从染色液中取出，将其在自来水下冲洗除去多余的染色液后放入盛有漂洗液的培养皿中漂洗，直至背景蓝色脱尽，条带清晰为止，此即色带清晰的电泳图谱。

(七) 透明

将脱色吹干后的薄膜浸入透明液甲中 2 min 后，立即放入透明液乙中浸泡 1 min，取出后立即将其紧贴在干净玻璃板上，两者间不能有气泡；等待约 2～3 min 至薄膜完全透明，若变透明太慢可用滴管取透明液乙少许在薄膜表面淋洗一次，并垂直放置待其自然干燥，或用吹风机冷风吹干(使薄膜无酸味)；再将玻璃板放在流动的自来水下冲洗，当薄膜完全润湿后用单面刀片撬开薄膜的一角，用手轻轻将透明的薄膜取下，用滤纸吸干所有的水分；最后将薄膜置液体石蜡中浸泡 3 min，再用滤纸吸干液体石蜡，压平。此薄膜透明，区带着色清晰，可用于光吸收计扫描，长期保存不褪色。

(八) 定量

1. 浸泡

将膜片上的各蛋白质分离区带分段剪下，分别置于相应的标有编号的试管内，然后各加入 0.4 mol/L 的氢氧化钠溶液进行浸泡。浸泡淡色带时加入的 0.4 mol/L 氢氧化钠溶液的量为 4 ml，浸泡深色带时为 8 ml(此时的稀释倍数是淡色带的 2 倍)。室温下的浸泡时间为 30～60 min。若在 37℃水中浸泡，则浸泡时间为 10～15 min。浸泡期间振荡数次，使蛋白质区带浸出，另外再剪取与色带膜条大小相同的无色带膜条作为对比带，以相同的方式浸泡在 0.4 mol/L 氢氧化钠溶液中。

2. 比色

浸泡完毕，将浸出的有色溶液在分光光度计上进行比色测定，测定波长为 620 nm，光径为 1 cm。若浸出液有混浊或沉淀，则以 4000 r/min 的转速离心 10～20 min 除去，然后再取上清液进行比色测定。

3. 计算

比色测定结束后，各组分的含量按下式计算：

$$某蛋白质组分百分含量 = \frac{某蛋白质组分的光吸收值}{样品中各蛋白质组分的光吸收值总和} \times 100\%$$

式中，深色带蛋白质组分的光吸收值应乘以稀释倍数 2，例如血清蛋白组分的分离区带为深色带，浸泡时所加入的 0.4 mol/L 氢氧化钠的量是其他淡色带的 2 倍，所以应乘以 2。

五、数据记录及处理

(一) 实验数据

蛋白质	0	血清蛋白	α 球蛋白	β 球蛋白	γ 球蛋白
光吸收值	0	0.002	0.008	0.010	0.026

(二) 数据处理

总光吸收值 = 0 + 0.002 + 0.008 + 0.010 + 0.026 = 0.046

血清蛋白/% = 0.002/0.046 = 4.3%

α 球蛋白/% = 0.008/0.046 = 17.4%

β 球蛋白/% = 0.010/0.046 = 21.7%

γ 球蛋白/% = 0.026/0.046 = 56.5%

六、实验结果分析

(一) 醋酸纤维素薄膜电泳法分离牛血清蛋白的原理

蛋白质是两性电解质。当 pH>pI 时，蛋白质为负离子，在电场中向阳极移动；当 pH<pI 时，蛋白质为正离子，在电场中向阴极移动。血清中含有白蛋白、α 球蛋白、β 球蛋白、γ 球蛋白等，各种蛋白质由于氨基酸组分、立体构象、相对分子质量、等电点及形状的不同，在电场中的迁移速度不同，故可用电泳法将其分离。

(二) 电泳注意事项

电泳时需要注意控制电流和电压的大小，以及电泳时间。根据图谱分析可以估算血清中蛋白质的相对含量。图谱中颜色的深浅和面积的大小可以反映血清蛋白的含量，颜色较深者含量高，面积较大者含量高。由于电离时间等因素的影响，实验存在一定的误差。

(三) 可能存在的影响因素

1. 电泳时间不足；

2. 薄膜在染色或漂洗时重叠紧密且时间很长；

3. 薄膜在缓冲液中浸泡的时间不足；

4. 点样时薄膜上可能存在多余的水分。

(四) 分为五个区带

用醋酸纤维素薄膜法可以将蛋白质分为 5 条区带，分别为：α1 球蛋白、α2 球蛋白、β 球蛋白、γ 球蛋白、血清蛋白。分子量越小，带电量越高，运动速度越快，而这 5 种血清蛋白的分子量不同，带电量也不同，在电泳时的速度有快有慢。

七、实验结论

在一定 pH 条件下，不同的蛋白质由于具有不同的等电点而带不同性质的电荷，因而在一定的电场中它们的移动方向和移动速度也不同。由实验结果可知，分子量越小，带电量越高，运动速度越快。而这 5 种血清蛋白的分子量不同，带电量也不同，在电泳时的速度有快有慢。

八、参考文献

[1]　周丽亚，高静，吴兆亮，等. 血清蛋白醋酸纤维薄膜电泳实验的改进[J]. 生物学杂志，2008(02)：67-68.

[2]　廖飞，王咏梅，左渝萍，等. 点样位置对血清蛋白醋酸纤维薄膜电泳行为的改变[J]. 实验室研究与探索，2004(04)：17-18，23.

[3]　陈巍，龚伟宏. 宁夏滩羊血清蛋白组分含量的研究[J]. 中国草食动物，2003(S1)：70-71.

[4]　王友基，王钦利. 血清蛋白电泳测定的标准化问题初探[J]. 江西医学检验，2002(06)：399-400.

【评析】　这是一篇对照实验报告，基于醋酸纤维素薄膜电泳原理，分析和测定血清中各种蛋白质的相对百分含量。从整体分析，此报告实验目的明确，实验步骤清晰，实验数据正确，实验结论合理，实验态度严谨。具体而言，报告基本格式明确，分为实验项目名称、作者、实验目的、正文、实验结果分析、实验结论、参考文献。由于实验内容的特殊性，报告中增加了对数据进行记录和处理的部分，内容全面具体。

知识链接

实验报告与其他几种文章的区别

1. 实验报告和研究报告

从范畴方面看，研究报告包含实验报告，实验报告是研究报告的一种。从特点方面看，研究报告具有创新性、叙述性，注重文字叙述的严谨合理；而实验报告具有步骤明确和结果确定的特点。从内容来源看，研究报告的获取方式有文献检索、采访法、问卷调查、实验法等；而实验报告的全部内容只能从实验过程中获取，需要准确无误地记录数据和实验结果。

2. 实验报告和试验报告

实验与试验的概念不一样。实验是指通过一些专门的仪器设备，在排除外界条件干扰与影响的条件下，对某个理论或某个猜想进行探究与验证，从而得到相应的理论及规律。例如，同一物体在不同粗糙度平面上的摩擦力实验；而试验是指对已有对象进行一系列的操作活动，通过这些操作活动来了解已知对象的性能、相关技术参数及运行情况和结果，例如新设备运行试验。二者概念不同，报告撰写的内容当然也不一样。实验是探究理论，试验是检验已有对象是否符合相关要求。

3. 实验报告和学术论文

从含义来看，学术论文是讨论或研究某一问题的文章，需要提出明确的观点，这是论文的本质；实验报告是用事实和数据来说明现象的文书类型。从写作目的来看，学术论文主要用来阐述观点见解；实验报告主要用来报告具体结果。从内容要求来看，学术论文需要选取与论证有关的数据并形成论文；而实验报告则记述实验工作的全过程，结论具有验证性。

拓展阅读

中国科学史上的里程碑 ——《梦溪笔谈》

《梦溪笔谈》由北宋时期科学家、政治家沈括撰写，是一部涵盖了古代中国自然科学、工艺技术及社会历史现象的综合性笔记体著作。此书详细记载了劳动人民在科学技术方面的卓越贡献和作者自己的科学研究成果，以北宋时期为代表，反映了中国古代自然科学达到的辉煌成就，价值非凡。英国科技史学者李约瑟曾评价其为"中国科学史上的里程碑"。

《梦溪笔谈》一共分30卷，其中《笔谈》26卷，《补笔谈》3卷，《续笔谈》1卷。全书有十七目，凡609条，内容涉及天文、数学、物理、化学、生物等各个门类学科。其中，《辩证》的卷三、卷四部分以考证名物为主，涉及度量单位、地理、植物、制造、图卷、语词、名物、礼仪、诗文等内容。下面摘取其中的凹面聚光镜"阳燧"篇和锻铁法篇，请大家赏读学习。

凹面聚光镜"阳燧"篇

阳燧[①]照物皆倒，中间有碍[②]故也。算家谓之"格术"，如人摇橹[③]，臬[④]为之碍故也。若鸢[⑤]飞空中，其影随鸢而移，或中间为窗隙所束[⑥]，则影与鸢遂相违：鸢东则影西，鸢西则影东。又如窗隙中楼塔之影，中间为窗所束，亦皆倒垂，与阳燧一也。阳燧面洼[⑦]，以一指迫而照之则正；渐远则无所见；过此遂倒。其无所见处，正如窗隙、橹臬、腰鼓碍之，本末相格，遂成摇橹之势。故举手则影愈下，下手则影愈上，此其可见。阳燧面洼，向日照之，光皆聚向内。离镜一二寸，光聚为一点，大如麻菽[⑧]，著物则火发，此则腰鼓最细处也。岂特物为然？人亦如是，中间不为物碍者鲜矣。小则利害相易，是非相反；大则以己为物，以物为己。不求去碍而欲见不颠倒，难矣哉！《酉阳杂俎》[⑨]谓"海翻则塔影倒"，此妄说也。影入窗隙则倒、乃其常理。

注释：

① 阳燧：古代用来聚光取火的凹面铜镜。

② 碍：实为聚光的焦点。

③ 橹：通"橹"，船桨。

④ 臬(niè)：装在船侧，用来支撑橹的小木桩。因为臬为支点，所以桨的两端运动方向相反，这正如下面小孔中鸢、楼塔与其影的运动方向相似，故称"碍"。同理，两头宽、中间细的腰鼓，其"腰"亦似"碍"。

⑤ 鸢(yuān)：鹞鹰。

⑥ 为窗隙所束：指光线穿过窗上的小孔。

⑦ 洼：下凹。

⑧ 麻菽(shū)：麻籽和豆粒。

⑨ 《酉阳杂俎(zǔ)》：唐朝段成式创作的笔记小说集，有前卷20卷，续集10卷。

译文：

用阳燧照物体，照出来的都是倒像，这是因为物体与镜面中间有"碍"的缘故。算术家称为"格术"，如同人摇桨时以桨为"碍"。就像鹢鹰飞在空中，影子随着鹢鹰移动的方向移动，而如果光照在鹢鹰身上，再穿过窗上的小孔，那么影子运动的方向就会和鹢鹰飞行的方向相反：鹢鹰向东飞，影子就向西，鹢鹰向西飞，影子就向东。又如窗缝外面楼塔的影子，光线穿过小孔照进来，楼塔的影子都是倒着的，原理和阳燧一样。阳燧的镜面下凹，用一根手指靠近镜面，就会看到正像；手指逐渐移远，像就消失了；再远一点，镜子里就会出现倒像。看不见手指的那一端，就像是窗上的孔、船橹的桨、腰鼓的腰一样，都是"碍"，物与像两端的运动方向相反，就如同摇橹一样。所以举起手影子反而向下，放下手影子就向上，这是可以看到的。阳燧的镜面下凹、对着太阳照，光线向内聚焦。离开镜面一二寸的位置，光线聚焦为一点，就像麻菽那么大，把物体放到那里就会燃烧，这就是腰鼓最细处的那个"碍"。难道只是物理现象如此吗？人其实也是这样的，人与人之间很少有没有"碍"的。小则利害更易、是非颠倒；大则以自我为外物，以外物为自我。不追求去除"碍"，还希望见不到颠倒，困难啊！《酉阳杂俎》中说"海翻则塔影倒"，这是不对的说法。影子通过窗缝就会呈倒像，这是常理。

锻 铁 法 篇

世间锻铁所谓"钢铁[①]"者，用"柔铁"屈盘之，乃以"生铁"陷其间，泥封炼之，锻令相入，谓之"团钢"，亦谓之"灌钢"。此乃伪钢耳，暂假生铁以为坚，二三炼则生铁自熟，仍是柔铁，然而天下莫以为非者，盖未识真钢耳。余出使至磁州[②]锻坊，观炼铁，方识真钢。凡铁之有钢者，如面中有筋，濯[③]尽柔面，则面筋乃见。炼钢亦然，但取精铁锻之百余火，每锻称之，一锻一轻，至累锻而斤两不减，则纯钢也，虽百炼不耗矣。此乃铁之精纯者，其色清明，磨莹之，则黯黯然青且黑，与常铁迥异。亦有炼之至尽而全无钢者，皆系地之所产。

注释：

① 钢铁：在现代化学标准下，钢与铁的区别在于含碳量的多少，含碳量为 0.02%～2.11%的铁碳合金为钢，含碳量为 2%～4.3%的铁碳合金为生铁。随含碳量的增加，钢的硬度增加、韧性下降。沈括以为钢为铁中之一部分，故而百炼之后只剩纯钢，其实这里说的"一锻一轻"去除的是熟铁中的杂质。

② 磁州：沈括于熙宁八年(公元 1075 年)任河北西路访察使。

③ 濯(zhuó)：洗。

译文：

世间炼铁所谓的"钢铁"，是用"柔铁"盘曲起来，再把"生铁"陷入其中，用泥封好来炼，炼好后再锻打使其混到一起，称为"团钢"，也称为"灌钢"。这是假钢，只是暂时借助生铁使其坚硬，炼过两三次生铁就变成熟铁，但仍然是柔铁，然而天下都这么认为，大概是没见过真钢。我出使北方的时候路过磁州锻铁坊，观察他们炼铁才知道什么是真钢。大凡铁中有钢，就像面中有面筋，把柔面洗尽，面筋就出来了。炼钢也是这样，只取精铁经过百余次煅烧，每次煅烧称一次，每煅烧一次就轻一次，至于多次煅烧而重量不减，就是纯钢了，即使再经过百炼也不会有损耗。这才是铁中精纯的部分，其颜色清澈明亮，打磨后则色泽暗淡呈青黑色，和一般的铁差别很大。也有炼到最后全部炼尽而完全没有钢的情况，这和铁的产地有关。

(引自《梦溪笔谈》，储雨辰，译注，北京中华书局，2016年)

《梦溪笔谈》作为中国古代科技史上的一部经典古籍，里面有 10 多条记述涉及光学、磁学、声学等领域。如对阳燧凹面镜成像及光线聚焦原理的正确描述，对"古人铸鉴"时正确处理镜面凹凸与成像大小关系等的研究与分析，都极具研究价值。书中详细记载了劳动人民在科学技术方面的卓越贡献和他自己的研究成果，反映了中国古代特别是北宋时期自然科学达到的辉煌成就。虽然书中涉及的学科众多，条目属性不同、研究方法不同、研究内容也不同，但是贯穿于其中的科学精神是相同的。

这本著作便是沈括晚年撰写的，沈括之所以能取得如此多的科学成就，原因之一是沈括见微知著的治学态度。他不但记录了自然现象，而且对这些现象进行了仔细的观察和实地测验等，而后进行总结和诠释。他本人具有探索精神和创新意识，且求真务实、注重实践，多次进行实地考察，通过实验等方法进行科学研究，以此来验证自己的想法是否正确。这部被后世誉为中国科学史上里程碑式的著作非常值得我们花更多的时间和精力去探索和研究。

【任务演练】

1. 什么是实验报告？实验报告的作用有哪些？
2. 实验报告有哪些特点？可分为几种类型？
3. 实验报告在写作过程中应注意哪些事项？

下 篇

实用拓展篇

第八章　党务文书

【情景导入】

中国共产党是执政党，是中国特色社会主义事业的坚强领导核心。如今，世界正经历百年未有之大变局，青年大学生应该积极向党组织靠拢，这既是党组织发展的需要，也是自身发展的需要。自初中起就成为一名共青团员的赵德同学，在大学里，强烈感受到了中国共产党的巨大魅力，他立志要早日加入中国共产党，在实际行动中，他也正在一步步地向党组织靠拢！

【章前思考】

作为一名优秀的大学生，赵德在思想上要求进步，积极向党组织靠拢，期望有朝一日能光荣加入中国共产党。这是一件需要经过不断努力才有可能实现且极其严肃的事情。在入党过程中，申请人需要撰写许多党务材料或填写相关表格等。请大家思考党务文书的写作方法和基本写作要求，尤其是必须由入党申请者个人撰写的文书，如入党申请书、思想汇报、个人自传和转正申请书等，它们的写作要点是什么？

第一节　入党申请书

【学习目标】

1. 学习和了解入党申请书的内容和特点。
2. 理解和掌握入党申请书的基本格式内容。
3. 练习和提高入党申请书的书写技能。

【知识储备】

入党是一件严肃、庄重的事情，其中包含许多基本程序。入党过程中，申请人撰写的材料或填写的表格均是档案材料，一旦入了党，这些材料将会伴随终身。写好入党文书，不仅要注意写作方法与格式问题，更要具备严肃、认真、细致的态度。

一、入党申请书概述和特点

1. 概述

入党申请书是入党申请者向党组织表明自己入党的愿望和决心、向党组织提出入党请求时使用的一种文书。入党申请书是一种专用书信，它同一般书信一样，也是表情达意的工具。一般来说，申请入党者，必须自愿向党组织正式提出书面申请，这是加入党组织的必要手续，也是入党申请者向党组织郑重表达自己的政治选择的形式。

入党申请书标志着申请者经过了郑重思考，向党组织表明自己有入党的意愿和要求，使党组织了解申请人的政治信仰和根本追求，便于党组织对申请者有针对性地进行培养、教育、考察，同时也是党组织确定入党积极分子和发展对象的重要依据。可见，入党申请书在一定程度上反映了申请人对党的认识和对自我的认识，每一位要求入党的人，都应该认真写好入党申请书，写好入党申请书可以提高被批准的概率。同时，写作本身是一个学习和反思的过程，通过写作可以锻炼和提高我们应用文写作的能力。

2. 特点

(1) 内容针对性。入党申请书是入党申请者在主动入党这个背景下写作的，是入党申请者向党组织表达个人入党的意愿和决心、请求入党的一种书面申请形式。因此，其内容要求单一，属于一事一议，具有鲜明的针对性。

(2) 政治思想性。为了维护党员队伍的纯洁性和先进性，党在思想教育、廉政自律、党风建设以及组织建设等方面制定了许多标准和要求，采取了许多基本措施。严格把关入党门槛、认真考察筛选入党对象，有利于强化入党申请者的政治思想觉悟。因此，入党申请书这一专用文书要求申请人在政治思想上保持高度纯洁。

(3) 目的明确性。入党申请书应动机明确、思想纯洁，不能矫揉造作、言不由衷，其中心思想理应是："我志愿加入中国共产党"，这也要求入党申请者向党组织清楚明了地表达其入党意愿。

二、入党申请书的基本格式内容

1. 标题

标题的一般写法是在"申请书"前加上内容，如居中写"入党申请书"。

2. 称谓

一般来说，入党申请书的称谓应具体情况具体分析，根据接收入党申请的党组织名称而定。若交给党支部则写"党支部"，交给党委则写"党委"，交给省委则写"省委"，一般情况下，入党申请书应交给党支部。第一行顶格写上"敬爱的党组织"或"××党支部"等名称，后面应加冒号。

3. 正文

正文是入党申请书的主体部分，其主要内容要通过这一部分来体现。根据每位申请者的不同情况，其侧重点也不一样，但一般情况下，要包括以下内容。

1) 说明入党动机

这一部分主要写自己对党的认识(包括党的性质、宗旨、基本理论、基本路线和基本方略等)和政治信念，以及个人在这些方面有着怎样的思想变化，以此表明自己要求入党的意愿，讲明自己的入党动机。

2) 介绍个人情况

这一部分主要写个人成长经历、政治历史问题、受过何种奖励和处分，以及自己在思想、工作、学习和作风等方面的主要表现，并对照党章找出自己的不足之处。

3) 讲明基本关系

这一部分主要写家庭主要成员和主要社会关系情况，如说明职业方向、政治情况、家庭各成员与本人的关系等，若在入党申请书中不便写明，可以另外单独书写。

4) 表达实际行动

这一部分主要写申请人应该如何积极争取入党、怎样正确对待入党问题，即自己今后努力的方向，特别要表达自己将以怎样的实际行动争取早日入党，接受党组织的考验。

4. 结尾

申请书的结尾主要表达"请党组织考察我"的态度和意愿。一般来说，申请者写完正文后，应另起一行，一般用"请党组织在实践中考验我"或"请党组织看我的实际行动"等作为结束语。全文的结尾一般用"此致""敬礼"等词语。

5. 署名和日期

在申请书的最后，要署名并注明申请日期。申请者可以在结尾的右下方写"申请人×××"，下一行写上专业班级(例如：2022级工业设计专业××班)，第三行写上日期，按公历书写(例如：××年××月××日)。

三、撰写入党申请书的注意事项

(1) 关于入党，一定要在深思熟虑、郑重选择后决定。申请人不能陷入思想上的误区，因兴之所至、一时冲动，或随大流申请入党。入党并不是一件随心所欲的小事，一旦向党组织递交了入党申请书，就等于向党组织正式表明了自己的政治选择，表明个人自愿为共产主义事业奋斗终身的信念，不可随意对待。

(2) 申请人一定要在认真学习党的性质、宗旨、指导思想、奋斗目标、任务、党员的权利和义务等基本知识后，在了解党的基础上，撰写入党申请书。这也要求入党申请者要认真领会党章，了解党的基本知识。

(3) 申请人一定要结合自己的实际情况撰写入党申请书。由于每个人的自身情况不同，即使在大目标一致的前提下，每个人的成长经历、入党动机、认知能力和水平也会各不相同。因此，撰写入党申请书一定要从个人的实际情况出发，多多联系自己的生活经历，谈谈对党的认识、为什么要入党和今后的努力方向等。这一过程，申请人要注重反映自己的真实思想，便于党组织全面、准确地掌握情况，有针对性地安排培养教育。

(4) 树立正确的入党观念。申请人一定要对党组织忠诚，要向党组织如实汇报自己的思想，要能客观地反映自己的政治历史、个人经历等有关情况，即使发现自身存在有可能影响入党的一些问题，也不能对党组织隐瞒或伪造。

(5) 入党申请书一定要写得朴实、庄重，不要过分追求华丽的辞藻、夸夸其谈。要根据自己的实际情况去书写正文各部分内容。

(6) 入党申请书一般应由申请者本人亲自写，不能由别人代写。即使是文化程度较低的申请者，只要能把自己的入党意愿和决心表达出来，就不要请别人代笔。如因病重、残疾或其他特殊原因不能亲自书写的，可以由本人口述，请他人代写，但要说明不能亲自书写的原因，须经申请者署名盖章或按手印后交给党组织。对用电脑打印的入党申请书，申请人必须亲笔签名盖章或按手印。入党申请书不管亲笔书写还是打印，均应由申请者亲自递交给党组织。

(7) 入党申请书的署名和时间一定要认真、工整。署名要字迹端正，让别人能够一眼识别，不能字迹潦草、龙飞凤舞。书写时间要准确，要按公历时间写明。计算培养教育时间和确定发展对象时，均有可能核查入党申请时间，而入党申请书上的时间则是重要的依据。

四、常见写作错误

(1) 入党申请书并非由申请者本人撰写，也没有亲笔签名。

(2) 入党申请书没有用黑色墨水的钢笔或水笔书写，没有使用统一规格的 16 K 方格或双线格稿纸。

(3) 入党申请者对党的认识不够，对党的基本知识了解不足，随意更改、添加党章内容。

(4) 署名处把"申请人"写成了"汇报人"。

(5) 入党申请书内容与时间产生冲突，落款日期存在格式错误。

拓展阅读

"特殊"的入党申请书

当你深入了解和学习中国共产党的发展史后，你也许会发现，不同的历史时期、不同的时代，入党申请书因时机、场所以及时事等的不同、有着不一样的呈现方式，但不管怎样，共产党员跟党走的决心始终坚如磐石，毫不动摇。如"焦裕禄同志三写入党申请书印证入党初心"的入党故事让人无限感慨。"百姓谁不爱好官？把泪焦桐成雨"，提起"焦桐"，人们第一时间想到的便是河南省兰考县原县委书记——焦裕禄。

1945 年 8 月，新四军解放宿迁，为了参与家乡的解放，焦裕禄主动加入了村民兵组织，历次参加革命斗争的实践，让他渐渐萌生了加入党组织的想法。前两次写完入党申请书后，他觉得自己还够不上党员标准，写好申请书后均没有提交。经过两次思想考验之后，焦裕禄更加严格要求自己，最终写下第三封入党申请书，并成为一名共产党员。

1962 年，焦裕禄担任兰考县县委书记，任职期间，他冒着风雪探查民情，顶着病痛治理"三害"问题。由于过度劳累，本来就身患肝病的他，健康状况每况愈下，但他仍一心扑在工作上，疼得实在忍不住就找个硬东西，一头顶住肝部，一头顶在椅子上。时间长了，他坐的藤椅右边被顶出了一个大窟窿。为官一任、造福一方，焦裕禄就是以这样一种鞠躬尽瘁的方式，塑造了一名优秀共产党员和优秀县委书记的光辉形象。

心中有信仰、眼中有光芒，无数共产党人为了所热爱的事业，不畏艰难、全力以赴，他们将自己的初心和使命根植于心、践行于身。

【例文分析】

例文一：

入党申请书

敬爱的党支部：

我怀着十分激动的心情，郑重地向党组织递交入党申请书，我志愿加入中国共产党，愿意为共产主义事业奋斗终身。我是沐浴在党和人民的教育关怀下成长起来的一名当代大学生，我坚信中国共产党是伟大、光荣、正确的党。我相信中国共产党能够带领我们国家和民族走向繁荣和富强，实现中华民族伟大复兴的中国梦。

中国共产党是中国工人阶级的先锋队，是中国各族人民利益的忠实代表，是中国特色社会主义事业的领导核心，是一个践行马克思列宁主义，并坚持与中国国情相结合，走中国特色社会主义的先进政党。

一百多年前，《共产党宣言》发表，在世界各国共产主义力量的领导下，世界范围内的革命取得了巨大成就，而中国共产党是团结带领人民攻坚克难、开拓前进最可靠的领导力量。中国共产党的诞生是将马克思列宁主义引入中国的大事，在成立并发展的时间里，中国共产党并未一味地照搬马克思列宁主义或外国的模式来领导中国，而是坚持与中国的国情相结合，毛泽东思想正是将马列主义与中国实际国情结合的智慧结晶，是经实践证明了的正确理论，是中国共产党人的集体智慧结晶。

中国共产党领导全国各族人民，经过长期艰苦的斗争，推翻了"三座大山"，取得了新民主主义革命的胜利，建立了人民民主专政的中华人民共和国。新中国成立以后，顺利地进行了社会主义改造，完成了从新民主主义到社会主义的过渡，确立了社会主义制度，发展了中国特色社会主义的经济、政治和文化。

中国共产党是中国特色社会主义建设的领导核心。在革命的每一个时期，党都勇敢地担负起领导革命的任务。以中国共产党为代表的共产党人，把马克思列宁主义的普遍真理同中国革命的具体实践相结合，创建了人民民主专政的新中国，开辟了中华民族奋发图强的新纪元。

党的十一届三中全会后，中国共产党总结了新中国成立以来的经验教训，确定将工作重心转移到经济建设上来，实行了改革开放的政策。几十年来，中国已经走出了一条有中国特色的发展道路，实现了经济建设的巨大成功，极大地丰富了人民的物质文化生活，国家面貌发生了翻天覆地的变化，中国的国际地位空前提高，极大地提振了中华儿女的信心，激发了强烈的爱国情感。我坚信在中国共产党的领导下，我国的社会主义建设事业必将取得辉煌成就，我们的祖国一定走向繁荣富强。

回顾历史，面向未来，中华民族伟大复兴的曙光已经照亮东方的地平线。当前，我国综合国力、国际竞争力、国际影响力显著提高，中华民族以过去从未有过的崭新姿态傲然屹立于世界民族之林。

中国共产党以马克思列宁主义、毛泽东思想、邓小平理论、"三个代表"重要思想、科学发展观、习近平新时代中国特色社会主义思想作为自己的行动指南。正是因为党以这些正确的理论和先进的思想作为思想武器，她才能如此正确地认识和掌握事物发展的客观规律，研判国内外的复杂形势，在不同历史时期制定正确的纲领，才能树立坚定的信念和必胜的信心，始终站在革命运动和建设事业的前方，带领工人阶级和广大群众，建设有中国特色的社会主义，完成社会主义初级阶段的历史任务，进入社会主义的更高发展阶段并最终实现共产主义。

中国共产党在现阶段的总任务是领导和团结全国各族人民，以经济建设为中心，坚持四项基本原则，坚持改革开放，坚持科学发展观，自力更生，艰苦奋斗，为把我国建设成为富强民主文明和谐美丽的社会主义现代化强国而奋斗。中国共产党探索中国特色社会主义道路，是深入推进改革开放和社会主义现代化建设的需要，并进一步表明党对建设中国特色社会主义充满必胜信心，毫不动摇地贯彻执行党的基本路线。

我出生在一个普通的工人家庭。自小父母就教导我要热爱祖国，热爱党，热爱人民，好好学习，长大为人民服务。他们言传身教，使我从小就对党的性质和职责有了一定了解，我的成长过程中，真切地感受到随着我国改革开放逐步取得成就、综合国力不断增强，给人们生活的方方面面带来的翻天覆地的变化。

我切身体会了到党给我们创造的美好生活，使我更热爱这个先进的组织，向往成为她的一员。中学时期，通过对团章的学习，了解到共青团是党的助手和后备军，于是义无反顾地加入共青团，接受团的教育。在我光荣地成为共青团的一员时，我就下定决心，在不久的将来我要成为一名光荣的共产党员，为人民服务，为祖国服务。

我始终牢记自己是一名中国人，是一名在中国共产党领导下的中国人。作为一名青年学生，我永生不会忘记这些教诲。我暗自下定决心，要在发奋学习的同时利用自己的特长和良好习惯，去帮助那些有困难的同学，在信念上坚持党和人民的利益高于一切，个人利益服从党和人民的利益，吃苦在前，享受在后，克己奉公，多做贡献。在实际生活中践行党的密切联系群众路线，向群众宣传党的主张，遇事同群众商量，及时向党反映群众的意见和要求，维护群众的正当合法权益。

迈入大学后，我的人生进入了一个新起点，随着学习和生活环境的变化，我对自己也有了更高的要求，即争取早日加入党组织。我深知要成为中国共产党的一员，就必须要有优良的素质，因此我必须在各方面严格要求自己，使自己早日成为一名合格的共产党员。

在思想上，我严格要求自己，刻苦学习有关党的理论知识，时刻用党员的标准要求自己，争取做到身未入党，思想先入党；在学习上，对于所学的每一门功课都一丝不苟，严肃对待，努力钻研，争取每门功课都达到优良成绩；在实践工作中，积极响应学校、学院、班级的号召，发挥自己的特长，起到先锋模范带头作用；在生活上，尊敬师长，与同学时刻保持融洽良好的关系，热心主动地帮助有困难的同学，同时要求自己朴素、节俭，发扬党员的优良传统。

我知道，我自身还有一些小缺点，如专业知识需要强化，专业技能有待提高，在理论学习上过于死板，不能灵活运用；在实践工作中有些情绪变化，容易冲动。对此，我希望党组织从严要求我，使我更快进步，我要在思想上、行动上全面提高自己，仔细钻研党章，认真学习党在新时期的理论，努力学习科学文化知识，用党员标准严格要求自己，自觉地接受党员与周围同学等的帮助与监督，努力克服自己的缺点和不足，牢记并遵守党章规定的共产党员标准，做到"讲政治、有信念，讲规矩、有纪律，讲道德、有品行，讲奉献、有作为"。

如果党组织能批准我的入党申请，我一定按照党章规定的党员标准严格要求自己，努力践行党的宗旨，努力学习，掌握专业知识和技能，积极服从和服务于实现"两个一百年"奋斗目标，实现中华民族伟大复兴中国梦的共同目标，在社会实践中锻炼提高自己，发挥党员的先锋模范作用。具体来说，我一定会自觉加强党性锻炼，始终保持政治上的清醒和坚定。我将立足学生角色，发扬积极探索、勇于创新、艰苦奋斗、自强不息、无私奉献的精神，带头成为同学们的学习榜样。我坚决维护人民的利益，勇于同一切危害人民、危害社会、危害国家的行为作斗争，为党和人民的事业拼搏奉献。

如果党组织暂时不批准我的入党申请，那说明我还不满足党员资格条件，我也不气馁。我将认真地检讨自己，正确地对待党组织的考验。在今后的学习生活中，进一步端正入党动机，主动向党组织汇报自己的思想情况，积极完成党组织交给的工作，自觉接受党组织的教育培养，经常用党章规定的党员标准对照检查、规范自己的言行，争取早日思想上入党，早日跨入党的大门。

请党组织看我的实际行动吧！

申请人：×××

××××年×月×日

(引自青柚文案馆和高校党务工作常用文书实用手册，李俊伟主编，中共中央党校出版社，2020 年 8 月第 2 次印刷，有删改)

【评析】　这是一份写得非常不错的入党申请书，无论格式还是主体内容均达到了规范要求。文章的主体内容写得全面、真实、庄重、情真意切，读起来能深刻感受到申请人入党的强烈意愿和决心。入党申请人能紧扣时代脉搏，展现自身对党的基本知识学习的深度，能紧密联系自身实际情况升华对党的认识和感情，清楚表达了入党动机，最后结合自身实际，明确了在入党道路上的努力目标和行动方向。

例文二：

入 党 申 请 书

敬爱的党组织：

我怀着十分激动的心情向党组织提出申请：我志愿加入中国共产党，愿意为实现共产主义事业奋斗终身。

通过对党的理论知识的学习，特别是近期对党的二十大精神的学习，我对中国共产党有了更深的认识。中国共产党是中国工人阶级的先锋队，同时是中国人民和中华民族的先锋队，是中国特色社会主义事业的领导核心。我们党以马克思主义、毛泽东思想、邓小平理论、"三个代表"重要思想、科学发展观、习近平新时代中国特色社会主义思想作为自己的行动指南。中国共产党人的初心和使命是"为中国人民谋幸福，为中华民族谋复兴"。中国共产党一经成立，就把实现共产主义作为党的最高理想和最终目标，义无反顾地肩负起实现中华民族伟大复兴的历史使命，团结带领全国各族人民进行了艰苦卓绝的斗争，付出巨大牺牲，敢于面对挫折，勇于修正错误，攻克了一个又一个看似不可攻克的难关，创造了一个又一个彪炳史册的人间奇迹，谱写了气吞山河的壮丽史诗！

历史已经并将继续证明，我们党始终是时代先锋、民族脊梁，没有中国共产党的领导，民族复兴必然是空想。为此，我常常思考，我如何才能加入中国共产党，成为先锋队的一员；我能为党做什么，怎样才能为实现党的伟大事业贡献一份微薄而坚定的力量？党的二十大擘画了全面建成社会主义现代化强国、以中国式现代化全面推进中华民族伟大复兴的宏伟蓝图，明确了新时代新征程党和国家事业发展的目标任务。在全面建成社会主义现代化强国的征程中，我将直接参与并全程见证。这是使命，也是荣耀；这是责任，更是担当。我决心要在党组织的培养和帮助下，在实现中国梦的生动实践中放飞青春梦想，在为人民利益的不懈奋斗中书写人生华章！

我深知，一名合格的共产党员，不仅是一个解放思想、实事求是的先锋，更需要在不断改造客观世界的同时，努力改造自己的主观世界，树立马克思列宁主义的科学世界观。只有树立科学的世界观、人生观和价值观，才能充满为共产主义事业奋斗终身的信心和勇气，才能为新时代中国特色社会主义事业不遗余力地奉献自己的智慧和汗水！

在走上工作岗位后，我踏实肯干，认真完成本职工作。在工作中，我任劳任怨，起到了模范带头作用。同时，在生活中，我接触到了许多优秀的党员同志，他们时刻以党员标准严格要求自己，吃苦在前，享受在后，勤勤恳恳工作，从不叫苦叫累，我从他们的身上看到了党的优良传统和作风，进一步激发了我志愿加入党组织的决心和信心。

今天，我虽然向党组织提出了申请，但我深知，在我身上还有许多缺点和不足，因此，希望党组织从严要求我，使我更快进步。今后，我将用党员标准严格要求自己，自觉地接受党员和群众的帮助与监督，努力克服自己的缺点，弥补不足，在实际工作中以二十大精神为指导，志存高远、脚踏实地，不忘初心、不懈奋斗，争取早日在思想上、进而在组织上入党。

希望党组织在实践中考验我！

汇报人：×××

2023 年 6 月 8 日

【评析】　写入党申请书时，申请者须认真学习党的基本知识，学习最新的党章，有效结合党的最新理论信息来谈对党的认识，要用党员标准严格要求自己。入党意愿要明确，如我志愿加入中国共产党。存在的问题如下：1. 入党申请书后面的表态，只有"如果我加入中国共产党，我将……"而没有"如果不能加入中国共产党，我将……"故不能单方面表述，更要表明如果不能加入，该怎么做。2. 结尾用语不规范，申请人在结尾处写道，"希望党组织在实践中考验我"，而"希望"一般是上级领导对下级的期望，在入党申请书中使用"希望"这个词语不妥当。3. 把"申请人"写成了"汇报人"。4. 申请书中标点符号的使用也存在一些问题，文章中多次出现感叹号等带有感情色彩的符号。

知识链接

入党申请书与入党志愿书的区别

入党申请书与入党志愿书虽有着相近的内容，但也有明显不同之处。在填写入党志愿书时，发展对象已经过党组织较长时间的系统教育和精心培养，也经历了一定的实践锻炼，在思想认识、理论学习等各方面都有了较大的提高，与写入党申请书时相比，已明显不同；两者的格式也不一样，在填写入党志愿书时不需要像入党申请书那样有具体的标题、抬头、落款和日期。

在填写入党志愿书时，要紧扣三个方面的内容去填写：一是对党的认识；二是政治信念、入党动机和心愿；三是对待入党的态度和决心。填写时，一定要紧密联系自己的思想实际，实事求是地写出自己思想认识的发展、变化过程和真实的思想情感，不能照抄有关资料，也不能简单地照抄入党申请书。

【任务演练】

1. 请同学们在课堂上回顾并说明入党申请书的写作格式和主要内容，具体文字可适当省略，限时 15 分钟。

2. 赵德同学是一名 2022 级大一新生，9 月份开启了大学新生活。出于自小喜欢摆弄机械设备，同时也一直热爱研究机器人，便选读了机器人技术专业。入校一个多月后，他慢慢熟悉了学校环境，很快适应了大学生活。通过查阅相关资料，他更加坚定了自己的专业选择，立志要在机器人领域有所作为，让中国的机器人事业发展强大起来，助力中国制造品牌发展。身为一名优秀团员的他，进入大学后，心中也萌生了加入中国共产党的念头，在与院党支部书记一番交流后，便立即投入写入党申请书的实际行动中……请根据赵德同学的情况，站在他的角度，以第一人称撰写一份入党申请书。

第二节　思想汇报

【学习目标】

1. 学习和了解思想汇报的概念、作用和特点。
2. 理解和掌握思想汇报的格式内容。
3. 练习和提高思想汇报的书写技能。

【知识储备】

从向党组织递交入党申请书起，申请人就被纳入了党组织教育、考察和培养的范围。

为了使申请人更好地接受党组织的教育和监督，争取党组织的教育和帮助，入党的同志应积极主动地向所在的党支部定期汇报自己的思想、工作和学习情况；也可根据重大活动、重要讲话等，及时积极作专题思想汇报。通过思想汇报，增强自身的组织观念，提高思想觉悟，便于党组织了解申请入党人员的思想状况。

一、思想汇报的概念、作用和特点

1. 概念

思想汇报，其全称为入党积极分子思想汇报，是指入党积极分子向党组织汇报自己思想，检查自己工作和学习情况，这不仅能增强其组织观念，主动争取党组织的教育、帮助和监督，同时也能使党组织及时了解入党积极分子的思想、工作和学习等情况，对其进行培养、教育。

思想汇报分为口头汇报和书面汇报。口头汇报，即要求入党积极分子面对面向党组织作汇报，其好处是可直接面对面谈自己的思想，也可及时请教一些问题，党组织负责同志还能够根据汇报的情况有针对性地对其进行教育帮助。这是一种双向交流，汇报的内容、表情、语气等诸方面，都能使党组织更好地了解入党积极分子的思想状况。但是，入党积极分子在远离党组织的情况下，难以向党组织当面汇报，可选择写书面思想汇报。

可结合实际情况选择思想汇报方式，根据每个人的情况确定思想汇报的具体内容。原则上，入党积极分子每季度至少要书面汇报一次。

2. 作用

思想汇报的作用是帮助入党积极分子检查自己的工作、学习情况，接受党组织的教育和监督，争取在实际生活中改掉缺点、发扬优点，争取早日加入中国共产党。入党积极分子向党组织汇报自己的思想、工作和学习情况，对党组织而言，是培养、教育和考察入党积极分子的需要。

3. 特点

(1) 政治思想性。思想汇报是入党过程中的重要一环，入党积极分子不仅要在行动上向党积极靠拢，更要在思想上自觉入党。思想汇报注重思想交流，其本身也具有浓厚的政治思想性。

(2) 严肃性。申请加入中国共产党是一件严肃、认真的事情，入党积极分子要高度重视、认真对待思想汇报的书写，真实呈现个人的思想变化，及时发现缺点，改正不足。因此，对于思想汇报的内容，应严肃对待、严格把关，确保入党严肃性。

(3) 个体性。思想汇报是入党积极分子向党组织汇报自身的思想、工作和学习进展情况的文书，汇报主体是自己，不能由他人代劳；汇报内容是个人自身的情况，而不是他人或集体的情况。每个入党积极分子都是不同的个体，个人思想的真实成长变化具有鲜明的个体特征。

(4) 实时性。思想汇报是入党积极分子根据自身思想变化情况向党组织进行的阶段性汇报，汇报的思想变化情况是自递交入党申请书后，个人在努力学习党的知识过程中，对自身思想、工作发展等方面情况的阶段性实时呈现，而不是对入党过程阶段之外甚至毫不相关的变化情况的呈现。因此，思想汇报具有实时性。

二、书面思想汇报的格式内容

1. 标题

居中写"思想汇报"。

2. 称呼

申请人对党组织的称呼，一般写"敬爱的党组织"或"×××党支部"。在标题的下一行顶格书写，后面加冒号。

3. 正文

(1) 结合个人生活、工作、学习实际书写。正文主要结合自己的生活、学习、工作等方面，写明自身的思想感悟情况。这一部分应重点谈自己对党的认识，为什么要求入党，以及自己提出申请后的思想变化情况。对自己思想上出现的问题和困惑要及时写出来，以便求得党组织的及时帮助与教育。

(2) 学习党的基本知识、马克思列宁主义基本理论等方面的收获。可通过思想汇报的形式，将学习体会、思想认识及存在的问题向党组织说明反馈。

(3) 阐明新认识、新看法。对党的路线、方针、政策或一个时期的中心任务有什么新的思考、看法，可以在思想汇报中表明自己的态度，阐明自己的观点。此外，如果参加了重要的活动或学习了某些重要文章，可以把自己受到的教育体会向党组织汇报。

(4) 对待重大事件立场明确。对于国内外发生的重大政治事件，要通过学习以提高对事件本质的认识，旗帜鲜明地向党组织表明自己的立场。

(5) 及时汇报个人生活。在日常生活中遇到个人利益同集体利益、国家利益发生矛盾的问题，可以把自己的想法、如何对待和处理的情况向党组织汇报。

(6) 其他需要向党组织汇报的问题。

4. 结尾

结尾可以写上自己对党组织的请求。一般用"恳请党组织给予批评、帮助"或"请党组织加强对自己的培养和教育"等作为结束语，进一步表达自己入党的愿望和决心。

5. 落款

落款处写上署名和汇报日期。一般居右书写："汇报人：×××专业×××班×"并签名，下一行居右按公历时间写上年/月/日。

三、撰写思想汇报的注意事项

(1) 实事求是。要真实地反映自己的思想，忌说假话。如有思想变化，应写出思想变化的过程。有些入党积极分子不愿意真实地汇报自身的情况，担心党组织认为自己思想落后，实际上这种做法十分有害。事实上，党组织根据多方面考察确定发展对象，并非只看重思想汇报，若不真实地汇报思想或有意歪曲本意，会使党组织认为你言不由衷、言行不一。同时，也会因为无法了解你的真实思想而未能提供有效帮助。此外，切忌东抄西搬，空话、套话连篇，做表面文章，虚假汇报。

(2) 敢于暴露缺点、不足。不能只写成绩、收获、进步和提高等好的方面，也要如实反映自己的缺点和不足，以及对某些问题的模糊认识与疑惑，要敢于暴露缺点和问题，以便得到党组织的教育和帮助。

(3) 言之有物，突出重点。不能光讲大道理，缺乏实际内容，不要拼凑材料，不要大篇幅地抄录党章、报告、领导讲话和报刊文章内容，也不要写成流水账。

(4) 要及时向党组织汇报自己最新的思想工作情况。不能等，不能拖，只有这样，才能使党组织及时掌握情况，有针对性地开展思想教育工作。

(5) 注意汇报后的反馈。对于党组织反馈给自己的意见，一定要认真对待，并在今后的工作学习中很好地落实，及时改进。

(6) 汇报应持之以恒。有些人被确定为入党积极分子后，往往兴致很高，初期常向党组织汇报思想；有时又觉得自己被吸收入党的可能性不大或有其他想法时，就间断很长一段时间不向党组织汇报思想，这会严重影响自身的进步。

【例文分析】

例文一：

思 想 汇 报

××党支部：

在党组织的关怀和培养下，我于20××年×月经党组织批准，确定为一名入党积极分子。自从我被批准成为入党积极分子以来，在党组织的教育和支部党员的大力帮助下，通过一系列的理论知识学习，我在政治思想方面有了较大提高，特别是通过参加学校组织的党员交流活动，认真学习了党的光荣传统和作风，加深了对党的宗旨的认识，增强了自身的党性修养。在党组织的培养教育过程中，我始终按照党员的标准严格要求自己，保持党员的先进性，加强学习，认真参加实践工作。为便于党组织对我的了解，现将近段时间个人在思想、学习和工作实践等方面的情况向党组织汇报。

(一) 思想方面

经过这个假期的生活、学习和社会实践，我在思想上更加成熟，知识阅历更加丰富，对党和国家的时事更加关心，学习党中央颁布的最新决策、决议，在思想上和党组织保持高度一致，而且党性修养也得到加强。不过，我也发现了自身存在的诸多不足，自己在思想水平上仍有很大的提高空间。对此，在新的学年、新的学期，我将为自己制订一份详细的发展规划。

作为学生，虽然有寒暑假，但思想上我丝毫不放松对自己的要求。放假之余我仍不忘给自己"补课"和"充电"，也密切关注每年召开的"两会"全过程，学习领会两会精神。长期以来，我都要求自己端正思想态度，在思想行为上与党保持高度一致。通过学习，我的共产主义信念更加坚定，对党的理论认识得到进一步深化。除了在思想上不放松外，我也争取在行动上赢得更多主动性，组织家乡的大学同学开展了看望高中时期的老师、到敬老院做义工等一系列活动。

（二）学习方面

要成为一名学生党员，首先要把自己的学习搞好。我深知在当今科学技术飞速发展的时代，只有掌握丰富的科学知识，才能适应社会的发展，才能更好地为人民服务。因此，除了学习党的理论知识外，作为大学生还要学习专业知识与文化知识，强化专业技能，并且把社会作为学习的大课堂。作为大二学生，我对自己未来要从事的职业有了一定认识，去年的见习活动，让我认识到自身能力素质方面存在的不足。因此，课外我要抓紧时间及时"充电"。这次假期，我一方面从图书馆借了十几本专业书籍带回家学习；另一方面我也树立了专升本的决心和目标，并购买和搜集了一些学习资料，开始向新的学习高峰攀登。

（三）工作实践方面

这个假期回家，我安排时间和高中同学一起组织了一次家乡大学生联合会，帮助母校中学生树立学习信心，激励他们为自身理想努力学习。在母校的所见所闻给了我很多感悟，我对家乡的热爱之情更浓了。与此同时，我们还开展了关于新型农村合作医疗的调研活动，深入了解民生，积极锻炼自身的社会实践能力，同时也学习了如何与地方政府部门打交道。在校期间，作为一名学生干部、入党积极分子，在实践工作中，要认真负责、踏实稳重，完成各项班级工作。作为学委，我要认真带头学习，帮助班级营造良好的班风、学风，构建积极向上的班级学习氛围。我要在做好学校交给的相关任务的同时，争分夺秒学习，做好专升本的备考工作。

（四）生活作风方面

作为大二学生，个人思想需要更加成熟，需要具备独立生活的能力，但不得不承认一个事实：我个人交际圈狭小、交际能力不强。虽然目前我与同学的交往还算融洽，互相帮助，互相学习，共同进步；我也通过帮助他人增进了同学间的感情，但自己在这方面的进步总是很微小，扩大"朋友圈"是我今后需要改进的方面。在日常生活中，我始终坚持严格要求自己，端正作风，树立良好的精神面貌，以良好的态度待人接物。同时保持积极向上、虚心学习的心态，在家做好儿女，在外做好青年，在学校做好学生。我时刻提醒自己做到戒骄戒躁，一步一个脚印踏踏实实地走，充分认清自己的角色，从身边的小事做起，发挥党员先锋模范带头作用。

（五）自身存在的不足和需要改进的地方

1. 要继续发挥党员的先进性和模范作用。自身存在不足是毋庸置疑的，这些不足，也让我看到了自己的改进空间。成为一名优秀的共产党员，保持党员的先进性，这绝不是一蹴而就的事，需要自身在实践中不断改进提高自己。对照党员标准，完善不足之处，就是我要成为一名党员的努力目标，有了目标就有了希望，我会永远朝着新的目标不断努力。

2. 学习功课的同时也不能放松学习党课。任何时候党员的行动都要以理论为先导，党的马克思主义理论也会反过来促进其他方面的工作，因此，要利用好业余时间抓紧党的理论知识学习，用马克思主义理论武装头脑，并指导自己的思想和行为。

3. 要增强当代青年的使命感和责任感。要投入组织的怀抱，要为集体的建设做出应有的贡献。此外，还要放眼世界，面向未来，以发展的眼光促进自身的发展，为实现崇高的理想而努力拼搏。

　　以上是我近期思想、学习和实践工作等情况的汇报。在今后的大学生活中，我一定以更高的标准严格要求自己，刻苦努力学习，深入实践锻炼，以优异成绩向党组织汇报，争取早日加入中国共产党。

　　恳请党组织给予我批评与帮助。

汇报人：×××

××××年×月×日

　　【评析】　这篇思想汇报在格式上规范完整，清楚明了，向党组织汇报的内容能及时、真实地反映自己的思想，很有条理写出自身思想变化的过程；言之有物，能有效突出重点；详略得当，很好呈现了个人进步、取得成绩等好的方面，也如实反映了其存在的不足，没有回避认识上存在的模糊与疑惑的地方，敢于暴露缺点和问题，以期得到党组织的教育和帮助。

例文二：

思　想　汇　报

敬爱的党组织：

　　作为当代大学生，我们必须与时俱进，要深入学习并领会科学发展观的精髓和要义，将科学发展观与大学生成长成才有机联系起来，用科学发展观指导我们的成长成才，指引我们的学习、生活和工作。

　　大学生在成才发展中必须首先学会如何做人。古言之：先成人，后成才。换言之，人格的完善在某种意义上比知识的获取更重要。因此，我们要树立正确的世界观、人生观、价值观，培养自身对祖国、对社会、对人民的美好情感，坚持"忠心献给祖国，爱心献给社会，关心献给他人"的信念。而学做人，首先要具备诚信与责任心。诚信是我们中华民族的传统美德，在五千年的文化传承中，诚信渗透于我们生活的各个角落，形成了我们的民族重信守诺、诚实无欺的美好品德。针对当前一些大学生存在的诚信缺失、责任心不强问题，我们要树立和学会与他人及社会和谐相处的意识和能力，把诚实守信、尽职尽责等高尚品德当作立身处世的基本准则和信条，树立诚信去赢得他人的信任和友谊，获得与他人合作共事、共谋发展的机会。我们要学会解决学习、工作、生活和内心世界的矛盾冲突，提高自己的心理承受能力和自我约束能力，养成开朗豁达、理解、宽容的人格。

　　大学生要成才，还须具备高度的社会责任感。成才不仅要看在校的学习成绩怎样，更要看在学生走向社会后是否善于工作？能否干成事业？我们要把个人的成才和社会需要结合起来，在学习知识和实现远大理想的过程中，要有坚定的信念和真诚的态度。要从小事做起，"勿以恶小而为之，勿以善小而不为"。作为当代大学生，我们肩负着人民的重托和历史的责任，我们是中华民族伟大复兴的建设者，我们一定要学习和实践"科学发展观"，把它融入我们的日常工作当中，适应新时代、新阶段的发展。

申请人：××班级×××学生

2022年3月18日

【评析】　这篇思想汇报格式完整，语句通顺，能结合一定的时事政策展开叙述。但经过仔细阅读后，存在问题如下：一是整篇汇报大谈理论，空喊口号，缺乏实际内容，侧重于讲大学生群体共性问题，未能紧密联系自身实际情况，真实汇报自己的思想；二是没有对自己进行客观的评价，不敢向党组织暴露自身的缺点和问题；三是结尾处没写"恳请党组织批评指正"作为结束语；四是没有汇报自己最近的思想情况，未能清楚地表明自己有哪些进步，存在什么问题，以及今后自我提升的打算；五是把"汇报人"写成了"申请人"。

【知识链接】

思想汇报制度和谈心谈话制度区别

　　思想汇报制度和谈心谈话制度都是中国共产党党务工作的方式方法，主要作为党组织与党员之间、党员与党员之间进行思想交流的手段，旨在加强沟通，增进了解，化解矛盾，解决问题。

　　思想汇报制度，是党员向党组织汇报思想、工作、生活等情况并健全和完善党支部生活制度的一项重要内容。作为加强党员队伍管理和监督的一项重要活动，党员或入党积极分子应主动进行思想汇报，勇于谈出自己的真实思想和遇到的矛盾、问题，党组织应根据汇报内容，针对不同情况，给予指导帮助。党员思想汇报的主要内容有：学习党的基本理论、基本路线、基本方略和基本知识的体会；贯彻执行党支部决议和完成党组织交给的任务的情况；近期的思想、学习和工作情况；参加党支部活动和交纳党费情况；遵守党纪和国家法律、法令、政策情况；了解的好人好事和不良倾向；了解的群众的情绪和要求；对党组织或任何党员提出批评和建议。党员思想汇报的方式可分为定期汇报、口头汇报和书面汇报。

　　关于谈心谈话制度，在《关于新形势下党内政治生活的若干准则》中要求："党组织领导班子成员之间、班子成员和党员之间、党员和党员之间要开展经常性的谈心谈话，坦诚相见，交流思想，交换意见。领导干部要带头谈，也要接受党员干部约谈。"在《中国共产党支部工作条例(试行)》中规定："党支部应当经常开展谈心谈话。党支部委员之间、党支部委员和党员之间、党员和党员之间，每年谈心谈话一般不少于1次。"可见，谈心谈话制度是中国共产党的优良传统和政治优势，是党内民主生活的一个重要方法。谈心谈话是党内进行思想和感情交流最直接、最常用、最有效的方式，对于增进相互感情、及时化解矛盾、巩固内部关系，具有其他工作不可替代的作用。基层党组织开展谈心谈话，可以沟通交流思想，通过个别谈话、集体座谈、上门走访等多种方式，深入征求党员群众意见，有组织地开展谈心谈话活动。

【任务演练】

　　1. 学完此节内容，请同学们按两人一组的方式组成若干个小组，一位同学当入党积极分子，另一名当党组织，以相互采访的方式，组织一次模拟口头思想汇报，限时15分钟。

　　2. 赵德同学在递交了入党申请书后，心情很激动，一时难以平静，但他明白，一切才刚刚开始，入党之路还很长，需要进行多方面艰苦努力的工作，因此，一方面他继续查阅党的相关资料，以增强自己对党的基本知识的学习；另一方面他对照入党要求，在行动上积极向党组织靠拢。经过党组织一段时间的考察，他接到了自己被确定为入党积极分子的通知。对此，请根据赵德同学的情况，站在他的角度，以第一人称撰写一份思想汇报。

第三节　自　传

【学习目标】

1. 学习和了解自传的概念、作用和特点。
2. 理解和掌握自传的格式内容。
3. 练习和提高自传的书写技能。

【知识储备】

自传，由入党申请人本人亲自书写，是记述自己的生平和思想演变过程的文字材料。即回顾自己的生活经历、思想演变过程等，据此系统而又有重点地用文字表达出来。自传是入党申请人向党组织进行书面汇报的一种形式，是组织上全面、系统地了解入党申请人的重要材料，也是党组织审批新党员的重要参考材料之一。对没有交自传的入党申请人，党组织要在将其列为入党积极分子后，最迟在将其列为发展对象前，通知其写好自传并向党组织呈递。

一、自传的概念、作用和特点

1. 概念

所谓自传，是将自己的经历、思想演变过程等系统地记录下来的文字材料，以便让党组织了解自己的成长过程、学习和工作的经历、家庭成员和主要社会关系成员的政治情况。对入党积极分子来说，向党组织递交自传，是向党组织汇报自己情况的一种形式，也是党组织全面、系统、历史地了解入党申请人相关情况的重要途径。入党申请人向党组织提出入党申请后，应主动向党组织递交自传。

2. 作用

自传的作用主要有：一是便于党组织尽快熟悉和了解入党申请人；二是作为党组织对发展对象进行政治审查时的重要依据。自传是申请入党过程中的一份重要材料，每位入党申请人都要认真写好自传。

3. 特点

(1) 严肃性。自传属于入党过程中的重要材料，是档案材料的重要组成部分，同时也是党组织审查入党申请者情况的重要依据，要确保内容真实可靠。入党申请人需要严肃、认真地对待自传的书写。

(2) 政治思想性。自传是入党申请者个人经历以及入党思想成长变化的重要记录材料，关系着入党申请者政治审查能否过关，也关系着其能否顺利入党，影响着其政治前途，因此具有很强的政治思想性。

(3) 个人性。自传，顾名思义就是入党申请者个人成长经历、思想变化的一种记录材料，向党组织汇报的是个人自身情况，并不是记录和汇报他人的情况，因此，自传具有鲜明的个人性特征。

(4) 针对性。党组织需要通过自传全面准确地掌握入党申请者的基本情况和思想状况，因此，申请者要有针对性去写，要详略得当，与自己入党有关的方面要多写，无关联的方面可简写。

二、自传的格式内容

1. 标题

标题写"自传"两字，应居中。

2. 正文

(1) 入党申请人的基本情况。基本情况包括入党申请人的姓名、曾用名、性别、出生年月(按公历算)、出生地、籍贯、民族、文化程度、家庭现住址、现在就读学校、担任的职务、专长等。

(2) 入党申请人的政治历史情况。政治历史情况主要包括学习成长经历、历史上受到的奖励或处分等有关情况。学习经历一般从小学写起，要写明从何时到何时，在什么学校读书、学习的专业、担任何种职务，每段时间要衔接起来，而且每段时间都要提供熟悉你这段历史的证明人。此外，还应写明参加过哪些进步团体、参加过什么大的活动、担任过何种职务，有无其他政治历史问题、有无结论、结论如何，受过何种奖励和处分，以及需要向党组织说明的其他问题等。

(3) 入党申请人家庭主要成员职业和政治情况。家庭主要成员，是指和自己有血缘关系或婚姻关系的直系亲属，主要指父母、配偶和子女，以及和本人长期在一起生活的亲属的基本情况和政治情况。写明家庭主要成员的姓名、年龄，现在何单位、从事何工作、担任何种职务，是否中共党员、民主派人士或共青团员等 (对于已过世的亲人，要注明何时因何故去世；对于已离退休的亲人，要填写原工作单位任职情况和政治情况，注明已离退休)，属于农村户口，要填写清楚在何省、何市、何镇、何村务农或从事何种工作。上述人员中有政治历史问题的要说明清楚。

(4) 主要社会关系成员的职业和政治情况。主要社会关系成员是指本人的旁系亲属，如岳父母、分居的兄弟姐妹、伯叔、姑舅、姨侄等，还包括与本人在政治、经济、生活上有较密切联系或本人受其影响较大的亲友、同学、同事等人。主要社会关系成员的姓名、年龄、现在何单位、从事何工作、担任何种职务、是否中共党员、共青团员或其他民主派人士等同样需要填写清楚，当中有政治历史问题的也应予以说明。

(5) 入党申请人的思想演变过程。入党申请人可将自己的思想演变情况分成几个阶段来写，也可根据自己对一些重大政治事件的认识来写。总之，要准确地把自己的思想认识反映出来。

3. 落款

右下角书写申请人姓名和日期。

三、撰写自传的注意事项

(1) 自传需要入党申请者亲笔书写，并由汇报人本人亲自交给党组织，同时，要求字迹工整，正确规范使用标点符号，原则上不允许出现错别字或涂改，如有错别字或涂改则需要重写该页。

(2) 应统一使用黑色签字笔或黑色钢笔进行书写，不能用打印件代替。材料写完后要亲笔签名，同时签署书写日期。

(3) 纸张颜色大小统一，建议统一使用白底红色方格纸或黑色方格纸书写，建议字数不少于 2000 字，要对必要情况进行详细汇报。

(4) 写自传要有针对性，注意详略得当，从实际生活中总结经验教训。写自传并不仅仅是实录生活经历，应从对自己思想变化的分析中，明辨是非，把握方向，对入党有关的方面，要多写，要写清楚，无关联的方面可简写。

(5) 对党要忠诚，要实事求是，力求准确、全面，不能含糊其词，不能模棱两可，不能隐瞒应该向党组织描述清楚的问题。应尽量客观、准确，不管是写自己的经历，还是写思想演变过程，都要实事求是，不夸大、不缩小，有些时间、地点确实记不清的，该核实的要想办法核实，不能给党组织提供不实信息。对有的重大事件确实记不清，又不便自己核实的，可向党组织提供线索，请党组织核实。

(6) 要通过总结，有所提高。入党申请人书写自传，既能使党组织全面了解情况，也可使入党申请人通过系统地回顾自己的成长历程，进一步明确今后努力的方向。

(7) 写自传不等同于写"履历"。自传要求写得详细，对主要经历、情节要交代清楚。要注意，不能只直述经历不触及思想，不能事无巨细、重点不突出，而应做到主次分明，繁简得当。

拓展阅读

吴锦芝：个人自传写了 20 张纸

谈起自己的入党故事，江西省南昌市某社区党支部副书记吴锦芝打开了话匣子。吴锦芝在社区工作了 21 年，为群众办了很多实事，是群众心中的好书记。对于年少时那段难忘的入党往事，至今提起来吴锦芝都激动不已。

1990 年，23 岁的吴锦芝以第一名的成绩考入文苑大饭店，任总台台长，当年饭店刚刚开业，作为第一批入职的员工，吴锦芝与饭店一起迎来了开业之初的一个重大任务——承接首届瓷博会来宾接待工作。1990 年 10 月，景德镇举办首届陶瓷节(现瓷博会前身)，吴锦芝所在的文苑大饭店承接了来宾的住宿和餐饮接待任务。"嗓子都喊哑了，每天的入住率超过 100%，忙着加床位。"当时，算上吴锦芝，总台总共 4 名工作人员，吴锦芝带着大家几天几夜坚守岗位、调度工作，最终圆满完成任务，给来宾留下了良好印象，获得了高度肯定。

　　刚入职就经受了这样一个考验，吴锦芝得到快速成长，做事稳重踏实的她也得到了领导的一致好评和认可。之后，饭店成立团支部的时候，吴锦芝被任命为团支部书记。

　　1991年初，吴锦芝递交了入党申请书，自此开始了她长达4年的入党申请生涯。"好难，真的好难，非常严格。"提起自己的入党经历，吴锦芝感慨万千。第一年考察通过后成为入党积极分子，第二年成为发展对象，写个人自传、家庭成员政审通过后，第三年转为预备党员，就这样，直到1994年12月，吴锦芝才正式成为一名中共党员。"这个过程真的很严格。我记得我的自传改了一遍又一遍，说不够翔实，最后写了将近20张纸，个人经历可以说是事无巨细。其间，为了成为一名合格党员，我积极向党组织靠拢，加强学习、进行思想汇报。"吴锦芝还谈起当中的一个小插曲。在成为发展对象期间，吴锦芝谈了一个男朋友，也就是她现在的丈夫，原本已经上交完政审材料的她，又临时增加了男朋友和男朋友父母的政审材料。所以，1994年12月，当单位党支部书记通知吴锦芝通过党组织考验，成为一名正式党员时，她激动地哭了。经过重重考验、严格考核的她也对党员这个身份有了更深刻的认识，"作为一名党员要有对党忠诚、心系群众、无私奉献的优秀品质，要不断学习、进步，保持先进性，要在工作生活作风上严格要求自己，保持纯洁性。这是我心中的优秀党员应该具备的品质。"

　　1999年，恰逢社区换届面向社会招聘，吴锦芝主动参加招考，通过考试、面试、考核、政审后，进入蟠龙岗社区工作，担任党支部书记、主任，自此开始了自己20余年的社区工作生涯。这20余年来，她先后在蟠龙岗社区、凤凰山社区、韭菜园社区任职，担任党支部书记、主任。这20余年来，她始终牢记入党初心，以共产党员的标准严格要求自己，为百姓做好事、办实事，全心全意为人民服务。在她的努力下，茶山地区建起了第一座公厕、路难行问题得到解决、自来水一户一表安装到位，昌西路、黎明路完成标准水泥路建设，韭菜园社区新办公楼落地建成……她还积极为社区贫困居民、刑满释放人员奔走，办理低保、申请廉租房，成为居民的贴心人，把党的温暖关怀送进社区每一个家庭。

　　今年社区换届，为社区发展和培养年轻人着想，吴锦芝主动退居二线，从韭菜园社区党支部书记岗位退下，把"接力棒"传给了年轻人。"虽然不当社区党支部书记了，但我还是一名党员，我会一如既往地以党员标准严格要求自己，牢记初心使命，做好'传帮带'工作，做好社区工作。只要组织有需要、群众有要求，我一定冲锋在前，决不退缩！"吴锦芝动情地说道。

【例文分析】

例文一：

自　　传

　　我叫×××，女，汉族，××年×月×日出生，籍贯：××省××市××县，大学专科毕业，工人家庭出身，本人现为共青团员，毕业于广东××科技职业学院，现任××(单位/组织)××(职位/职务)。

　　××年×月至××年×月，在××市第二实验小学上小学，证明人：×××。

　　××年×月至××年×月，在××市第三中学上初中，证明人：×××。

××年×月至××年×月，在××市第二中学读高中，证明人：×××。

××年×月至××年×月，在××市××大学就读，获××证书，证明人：×××。

我出生在一个普通的工人家庭，父亲，×××，现在××县××单位任××职务；母亲，×××，现在××市××人民银行工作。伯父，×××，现在××市××医院工作；伯母，×××，现在××医院干部病房工作。6岁时，我上了小学，在老师的精心培养和教育下，我深深明白今天的幸福生活是无数革命先烈用生命和鲜血换来的。我应该好好学习，积极向上，不辜负党对我的培育。不久后，我光荣地加入了中国少年先锋队。在我的幼小心灵中萌发了热爱党、热爱社会主义祖国的思想感情。

××年小学毕业，我考入了××市读初中。随着知识的积累和年龄的增长，我在思想上逐渐明白了……在组织的悉心指导与帮助和自己努力下，我于××年加入了中国共产主义青年团。

××年高中毕业，我利用暑假兼职××工作，这段短暂的工作经历，让我懂得了……在中学期间，本人每年被评为"三好学生"，荣获奖状和奖品。大学期间，曾获一、二等奖学金各一次，会计专业技能大赛(东莞区)奖二次；获学校乒乓球联赛冠军。

在大学期间，我向党组织递交了《入党申请书》，向党表明了自己的思想和愿望，愿意加入中国共产党，从此，我在思想上、学习上和工作上更加严格要求自己，……

我现在……(目前个人的情况)。

在我成长过程中，对我影响较大的是我伯父。中小学阶段，我只知道读书，老师和父母对我的要求也是好好读书，考上好大学，学好本领为国家多做贡献。我上大学后，节假日经常到我伯父家，我俩很谈得来，经常讨论时事。我有什么心里话很愿意跟他讲。他也结合自己的经历和亲身体会，给我讲道理、讲感想，讲怎样做人、怎样做事。他告诉我，人一定要树立远大理想，一定要脚踏实地，一定要真诚待人。慢慢地，我追求进步的动力越来越足，信心越来越大，而且越来越不怕困难。

回顾走过的道路，不论是童年还是青年时期，我都是在党的关怀培养下学习、生活和成长起来的。从开始对党还只是朴素的感情到今天我对党有了深刻的认识，这都是党组织培养教育的结果。我决不辜负党对我的培育，一定要加倍努力学习、工作，为共产主义事业奋斗终身。

在日常生活中，我经常开展自我批评，并深知自己与党员标准间的差距还很大，还有许多缺点和不足，如处理问题不够成熟稳重、政治理论水平还不够高等。希望党组织从严要求我，使我更快进步。我将用党员的标准进一步严格要求自己，自觉地接受党员和周边群众的帮助与监督，努力克服自身缺点，弥补不足，争取早日在思想上，进而在组织上入党。

自传人：×××

2022年12月12日

【评析】此篇自传写得比较规范，格式符合要求，内容主要项目比较清晰齐全，尤其是个人基本情况和家庭主要成员的职业和政治情况等罗列得清楚明了。在思想演变过程中，申请人能依据个人成长历程的时间线进行叙述，层次分明，清楚有效地反映了个人思想水平不断提高的情况，此外，整篇内容把握得比较好，做到主次分明，繁简得当，重点突出，没有写成流水账。

例文二：

<h2 style="text-align:center">自　传</h2>

我叫×××，男，汉族，××年×月×日出生，籍贯××，××学历，共青团员。现就读于××大学××学院××专业，担任班长职务。

我于1996年11月5日出生于一个普通的农民家庭，是沐浴着党的阳光，伴随着祖国改革开放的热潮成长起来的。我的父母亲都是普通农民，生活虽然不算富裕但过得很充实。在这样的环境中长大，使我更加珍惜上学的机会，同时父亲的兢兢业业和母亲严谨细致的生活态度也深深地感染了我。

2003年9月，我进入了家乡第三小学，我仍清楚地记得老师对我们说："红领巾是五星红旗的一角，是革命先辈用鲜血染红的，是少年先锋队的标志，只有像解放军战士那样不怕苦、最勇敢的人才配戴上它；只有像钱学森、李四光那样为祖国的科学事业奉献出毕生精力的科学家们才配戴上它。"伴随着老师的教导，我开始了真正的学习生涯。在学习上，我勤奋好学；在劳动中，我不怕辛苦。通过努力，我在一二年级一直在班里保持前3名，每次平均成绩都在90分以上，并在班内担任学习委员的职务。经过评选，我作为第一批成员光荣地加入了中国少年先锋队，在入队仪式上，我抚摸着胸前的红领巾暗暗下定决心，一定要更加努力、不断进步。在接下来的几年中我一直在学习上名列前茅。

2009年9月，我就读于第二中学，在班内我担任了几何课代表和卫生委员。在初二下学期，我终于盼来了期待已久的入团宣誓！中国共产主义青年团带领广大青年在实践中学习共产主义，在团组织培养下，我加强了对党的认识。我告诫自己要做一个党的好孩子，并且时刻督促自己，一定要戒骄戒躁，要继续努力向党组织靠拢。在班级建设上，我在绘画方面有点特长，经常帮助宣传委员画板报。在初中三年里我年年被评为校级、县级三好学生，优秀学生干部，表现得到了老师同学们的赞扬。

2012年9月，我就读于县高级中学，在高一时由于入学成绩不是很高，我进入重点班进行学习，通过一年的努力，在高二时我因为成绩优异进入了实验班。来到了高层次班，身边的同学更强了，我的压力也更大了，为了不被比下去，我更加努力学习，通过不断努力在班中担任了生活委员一职，为班级的组织活动做出了自己的贡献。同时我的成绩也在班里比较靠前，曾进入物理、化学、生物奥赛班进行学习，虽然没有进入复赛，但也让我增加了很多知识。在整个高中阶段，我两次获得市、县级物理、化学竞赛二等奖，代表学校参加了县排球比赛，曾被评为校"十佳百优大学生"、优秀共青团员、校级三好学生。

2015年6月，我参加了高考，因为从小对××大学很向往，我第一志愿报考了××大学×××专业，并被顺利录取。进入了大学，也翻开了我人生征程崭新的一页。从开学开始，我没有辜负老师和同学的支持与信任，踏踏实实学习和工作，在入学时我毛遂自荐做了班长，经常为同学做一些力所能及的事，同时积极组织开展班级活动。我深知进入大学不但要学好专业知识，也要在组织能力和人际关系方面多多锻炼。因此，我加入了一些社团组织，通过社团活动进一步锻炼了自己，同时也结交了许多朋友，其中有很多人都在某些方面有很强的能力，他们不但让我认识到了自己的不足，也同时给我很大的帮助，让我在各方面都变得更加成熟。

在自己的成长学习中，我深深地体会到，共产主义世界观、人生观、价值观的确立和坚持不是一朝一夕的事情，也不是一劳永逸的事情，而是一个长期坚持不懈、艰苦努力的过程，无论何时，我都会努力提高自己的综合素质，全心全意为人民服务，为社会主义现代化建设贡献自己的一份力量。

自传人：×××

××××年×月×日

【评析】　该篇自传总体来说，符合书写的基本要求，但仍存在一些需要改进和完善的地方，如个人基本情况欠完整，家庭主要成员职业和政治情况缺失，个人履历相关信息欠缺。虽然个人思想演变过程书写量大，但文学色彩较浓，在总结个人成长进步经历的过程中，对自身不足未能详细说明，今后努力方向不清晰，这样造成个人主要经历等情况向党组织交代得不具体，未能很好地达到书写自传的作用。

知识链接

文学范畴中的传记

通过学习本节内容，也许有些同学对书写入党自传文书还是感到有些迷茫，难以把握方向，估计刚一接触到自传二字，潜意识里还是停留在文学范畴中的自传印象。通常，传记以记叙人物生平事迹与心得体会为主，而自传则以记述自己的生平事迹为主。下面我们来看看文学体裁概念中的几种传记的区别吧。

传记一般分为四种：定案本、授权本、一般传记和自传。

定案本，对一个人的一生做详尽完整记录的学术报告，能够达到上定案本的传记要求，说明这个人非常重要，并且此人已逝。这样的传记代表一段历史，代表作如鲍勃威尔的《约翰逊传》。

授权本，通常由重要人物的朋友来书写，从朋友的视角来记录这个人的经历。这样的传记会带有一定的片面性，比如《乔布斯传》。

一般传记，介于定案本和授权本之间，这一类传记虽比不上值得信任的定案本，但没有它后人可能会很难了解这些名人，如约翰·丁达尔的代表作《发明家法拉第》。如果没有《发明家法拉第》，后人很难了解到法拉第的生平与贡献。此外，《曾国藩传》也属于这一类。

自传，是作者写自己的生活与经历。自传都是作者尚在世的时候的记录。因此，自传一定是未完结的生活，并且由于是由本人书写的，很难说清作者会不会带偏见，掩盖或夸大事实。《富兰克林自传》属于这一类。本节中的自传跟这种文学体裁中的自传比较接近，只是入党文书的自传侧重于事实记述，是个人思想、学习等变化过程的如实记录，而文学体裁中的自传带有文学色彩，讲究语言的修饰与内容的升华。

【任务演练】

1. 学完此节内容，请同学们回顾一下本节主要内容，简单罗列自传的一般格式和内容，限时 15 分钟。

　　2. 赵德同学被确定为入党积极分子后，不断加强党的理论知识学习，并认真撰写了几份思想汇报，党组织也及时回应了他的思想汇报，尤其是在向党组织进行口头汇报的过程中，很多事让他印象深刻，也深深鼓舞了他。此后，他更加严格要求自己，注重理论与实践相结合，不断强化自身的学习，争取早日加入中国共产党。经过了一年多思想汇报，终于迎来了一个新起点，他被确定为考察对象。对此，请根据赵德同学的情况，站在他的角度，以第一人称撰写一份自传。

第四节　入党转正申请书

【学习目标】

　　1. 学习和了解入党转正申请书的概念、作用和特点。
　　2. 理解和掌握入党转正申请书的格式内容。
　　3. 练习和提高入党转正申请书的写作技能。

【知识储备】

　　预备党员本人应向党支部提出书面转正申请。这是中共中央办公厅在《中国共产党发展党员工作细则(试行)》文件中，规定预备党员转正的必要程序之一。预备党员的预备期，是党组织对预备党员进行考验的阶段，也是预备党员接受党组织的教育、考察和锻炼的重要阶段。因此，要求预备党员预备期满后向党组织提出书面转正申请，主要是为了使预备党员对照党员标准回顾并总结自己在预备期的表现，全面衡量自己是否符合党员条件。同时，预备党员入党时未向党组织说明的问题，或在预备期间发生的应该向党组织说明的问题，以及自己的认识、决心等，也要在转正申请中写清楚。这样做，一方面便于党组织更好地了解预备党员在预备期间的表现情况和对转正的态度，条件成熟时及时办理转正手续。另一方面也有利于预备党员总结经验教训，明确今后努力方向，自觉做一名合格的共产党员。

一、入党转正申请书的概念、作用和特点

1. 概念

　　入党转正申请书，也称预备党员转正申请书或转正申请书，是预备党员在预备期满后，由本人主动向所在单位党组织提出的希望转为正式党员的书面材料。

2. 作用

　　(1) 入党依据。入党转正申请书是党组织及时讨论预备党员是否认真履行党员义务，

是否具备党员条件的依据之一。

(2) 必备手续。书写入党转正申请书是预备党员转为正式党员的必备手续之一。

3. 特点

(1) 政治性。入党转正申请书是预备党员成为正式党员的书面材料。审核入党转正申请书是入党过程中须严格把关的最后一道程序，决定着个人的政治命运，因此，具有很强的政治性。

(2) 严肃性。入党转正申请书的递交表明了入党申请人的入党进程已到了关键时刻，结果如何，将影响着个人政治选择能否如愿实现，因此，从书写入党申请书到递交入党转正申请书的每个环节，都是一件必须严肃对待的大事，容不得半点马虎，否则将会前功尽弃。

(3) 时间性。入党转正申请书的撰写和递交具有较强时间性，一定程度上体现出入党申请人的时间观念和重视程度，因此，要把握好递交入党转正申请书的时间，既不能过于提前，也不能太滞后，否则将会影响能否顺利转正。

二、转正申请书的格式内容

1. 标题

标题，即"入党转正申请书"。

2. 称呼

顶格一般写"敬爱的党支部"或"敬爱的党组织"，后加冒号。

3. 正文

称呼下面另起一行写正文，一般包括以下内容：

(1) 申请者概况。说明申请者何时何地由何人介绍入党，何时被批准为预备党员，何时预备期满。如果被延长预备期的，要写明何时延长，何时延长期满，并正式明确向党组织提出申请转为正式党员。

(2) 申请者在预备期间的表现情况。这一部分是转正申请书的主要内容，要尽可能写得全面、具体、详细。首先，要从总的方面写清楚自己入党后，在党组织的教育和帮助下，在提高思想政治觉悟、增强党性锻炼、解决思想入党等方面所取得的收获，尤其要对入党时存在的缺点是否已经改正进行分析。其次，写清楚如何以党员标准严格要求自己，在政治、思想、工作、学习及发挥党员先锋模范作用等方面所取得的进步和成绩。最后，还要写自己存在的缺点和不足，提出今后努力方向，最好提出改进的具体措施。如果有在预备期间发生的应该向党组织说明的问题，也应该在转正申请中书写清楚，以便党组织对其全面了解。

(3) 申请者对待转正的态度。应向党组织表明：如果党组织认为自己还不具备转正条件，不批准按时转正的话，能否服从党组织决定、继续努力。

4. 署名

签署申请者姓名，并注明公历日期(××年×月×日)。

三、撰写转正申请书的注意事项

(1) 从时间上看，书写转正申请书不能提前太早。也不能延后太久。转正申请书一般应在预备期即将满时交给党组织，以便党组织按时讨论自己的转正问题，落款日期一般不要超过预备期。

(2) 转正申请书一般应由本人亲自书写，这样可以较好表达自己在学习、工作、生活等方面的情况，如因特殊原因不能自己写的，可以口述，由别人代写，但要有本人签名盖章或手印。

(3) 转正申请书不能过于简单、笼统，要能很好地体现思想进步的连贯性，要对预备期的思想、言行如实剖析。

(4) 写转正申请书要实事求是，紧密联系自身的思想实际，不能为了如期转正而文过饰非，掩盖自己的缺点和不足，更不能有任何的隐瞒和伪造。

(5) 注意不要在转正申请书中书写不在预备期中发生的事情。

(6) 延长预备期后提出的转正申请，不能缺失与党组织有关负责人正式谈话及向其征求意见的内容。

【例文分析】

例文一：

入党转正申请书

敬爱的党组织：

×× 年 × 月 × 日，经过党组织批准，我光荣地加入中国共产党，成为一名预备党员，至 ×× 年 × 月 × 日预备期满，我郑重向党组织提出转正申请，申请转为中国共产党正式党员。

这一年来，在党组织的关心和帮助下，我得以不断进步和成长。在这一年里，我在思想、学习、工作和生活等方面严格用党员的标准来要求自己，认真履行党员的义务。在大家的帮助以及自己的努力下不断充实和提高自己。

在思想方面，经过一年的预备期锤炼，进一步接受党的教育，我在思想上更加成熟，也提高了思想觉悟。为了主动强化政治学习，使自己更快、更好进步，我利用业余时间认真学习党史和党章。我认真了解和学习我们党的光辉奋斗史和党的基本知识，努力学习马列主义、毛泽东思想、邓小平理论、"三个代表"重要思想、科学发展观、习近平新时代中国特色社会主义思想。通过对理论知识的学习，树立正确、牢固的世界观、人生观、价值观，并在社会实践中加强自己的责任感和使命感，在学习、工作以及生活中保持拼搏向上的劲头。

在学习方面，我认为作为一名学生，最重要的任务是学习，学习是大学生的首要任务。我深刻认识到，随着当今科学技术的快速发展，社会需要更高素质、更高水平的综合性人才，只有掌握丰富的知识和专业技能，才能适应社会需求。只有具备良好的专业素质，才能更好地适应社会。作为一名预备党员，首先要把自己的学习搞好，用积极奋进的心态和行动赢得大家的认可。因此，从迈进大学开始，我就给自己制订学习规划和未来的人生规划，高度重视每一堂课、每一次学习机会，不断提高自己的知识水平和技能。一年来，我认真上好每一节课，并利用业余时间阅读了一些中外名著等；我坚持每周写一篇读书笔记和文章，提高自己的专业能力。在以后的学习中，我将更加认真、努力地学习专业课程，强化技能锻炼，争取取得更加优异的成绩。

在工作方面，作为班里的学习委员，我在辅导老师的指导下，配合各科老师、班长以及团支书做好工作，积极主动地完成各种任务。我耐心解决同学们提出的有关学习方面的疑问，利用课余时间到各个寝室检查同学们的学习情况。我指导同学修改作业，动员和指导同学们参加演讲、朗诵比赛等各类活动，组织开展一些学习兴趣活动，我的工作得到了同学们的认可、老师的肯定。

在生活方面，我时刻用党员的标准严格要求自己。我努力做到乐于助人、关心团结同学，加强和同学们在学习和生活中的沟通和交流，尽自己最大能力帮助同学排忧解难，发挥党员的模范带头作用。我认真参加每次组织生活，在集体学习和讨论的过程中，仔细地聆听其他党员的发言，认真地准备自己的发言，及时解决自己的思想问题，充实提高自己。在每一次党小组会议上，大家给我提出了许多宝贵的意见和建议，我虚心接受批评教育，认真地进行思考和反省。我逐渐认识到作为党员，沟通能力和表达能力是非常重要的，增强思想上的沟通和交流才能，有利于别人帮助自己发现问题。我在认清和了解自己的缺点后，从意识上强化要求，不断提醒自己要学会沟通，向其他党员同志们学习，强化进行书面和面对面的思想汇报的能力。为此，我平时利用好一些公共场合，参加一些口头表达能力训练活动，并大量阅读沟通交流方面的书籍和文章，从中吸取经验、长处，领悟其中的口才艺术，以增强自己的口才表达能力。经过自己的不断努力，在这方面取得了一些进步。不过，我觉得进步还远远不够，这也是我在以后的学习、工作和生活中努力和强化的方向，同时我也渴望得到其他党员同志的指导和帮助。

总之，在过去一年的预备期里，我在组织的关怀、指导与培养下，认真学习，勤奋工作，政治思想觉悟有了较大提高，个人综合素质也有了很大发展，但我知道自己还存在一些缺点和不足。在今后的学习生活中，我要进一步严格要求自己，虚心向先进的党员同志学习，继续努力改正自己的缺点和不足，争取在思想、学习、工作和生活等方面有更大的进步。

以上是我一年来思想、学习、工作和生活方面的基本情况，如有不妥和不足之处，恳请党组织批评指正。作为一名预备党员，我希望按期转为中国共产党正式党员，请党组织考虑我的转正申请，如果组织上批准我按期转正，我将更加努力学习，扎实工作，以实际行动实现自己的入党誓言。

如果组织上没有批准我转正，说明我还存在一些不足之处，离正式党员的标准还有一定的差距，但我决不气馁，我会更加认真地向身边的优秀党员同志学习，随时接受党的考验，争取早日转为正式党员。我将虚心接受党组织对我的审查和考验。

　　此致

敬礼

申请人：×××
××××年×月×日

（引自《党务公文写作与范例大全》倪亮，编著，黄河出版传媒集团，2019年，有删改）

【评析】　这篇入党转正申请书写得很好，基本格式符合规范要求，内容全面、具体、详细，能紧密联系自身的思想实际情况，并实事求是地书写，没有文过饰非情况；申请书层次分明，条理清晰；申请书如实向党组织清楚汇报了自己思想、学习、工作及生活方面的实际情况，此外，毫不掩饰自身存在的缺点和不足之处，能针对这些缺点和不足，采取有效的措施和对策。最后，申请书已经清晰呈现了自己对转正的态度，值得我们去对照学习与研究。

例文二：

入党转正申请书

敬爱的党支部：

　　我是 2019 年 6 月 28 日被批准成为预备党员的，到 2020 年 6 月 27 日预备期满。现在我郑重向党组织申请转为正式党员。现将自己在预备期间的表现向党组织汇报如下：

　　在这一年里，在党组织的培养和要求下，在身边党员同志帮助和指引下，通过自身努力，在学习、工作和生活等方面，我都取得了一些进步。2020 年注定是不平凡的一年，这一年我们经受了新冠疫情冲击，中共党员在抗疫前线的先锋模范表现和中流砥柱作用让我钦佩不已，由衷感谢他们为国家抗疫筑起的一道道坚固屏障。在世界抗疫的行动中，我看到了我们国家正在一步步走向世界舞台中央，发挥着巨大的引领作用。作为一个中国人，尤其是作为一位中国共产党预备党员，我感到无比的骄傲和自豪。如今，我的预备期已满，特向党组织递交转正申请书，汇报自己一年来的基本情况，请党组织予以考察。

　　我努力刻苦学习专业知识并且坚持理论联系实际，在实践中不断突破自己、提高自己。我知道党员不仅要有较高的思想觉悟，还要有扎实的专业知识。一年来，我虽然取得了一些小小的进步，但我知道我仍存在不足之处，比如理论联系实际的能力有待加强、意志力还不够坚定、执行力还有待提高等。但我相信我会改正缺点，弥补不足，争取早日成为一名共产党员。

　　在工作中，我担任班委并秉承一个信念，那就是全心全意为全班同学服务。班委的工作是做好学校规章制度的下达和学生意见的上传，这份工作在联系学生和老师方面尤为重要。同时我在周末组织开展一些活动，增进同学之间的友谊和相互了解。在工作中我感受到与其他班委合作的重要性，不断提高团队合作意识和为人处世能力。工作是辛苦的，但也是充实的，我喜欢这份工作。我深知，作为一名新时代的青年，在这个美好的时代，要奋力奔涌向前。

　　在生活中，我是一个活泼开朗的人。作为一名共产党员，我平时主动去帮助别人，主动去做事情。同时，我还积极参加学校组织的文体活动，在活动的过程中与周围人增进交往，加深和同学之间的友谊，增强团体的凝聚力。

　　今后，我一定要在党组织和本支部党员的帮助下，对党员标准衡量，认真克服自身存在的不足。如果党组织批准我的转正申请，我一定记住入党誓词，努力学习，勤奋工作，做一名合格的共产党员。

申请人：×××
2020 年 9 月 28 日

(引自：高校党务工作常用文书实用手册，李俊伟主编，中共中央党校出版社，有删改)

【评析】 这篇入党转正申请书从形式上来看，格式勉强符合基本规范，但篇幅不够，字数相对较少；从时间上来看，申请时间已大大延后于预备期结束时间；从内容上来看，主体内容过于简单、笼统，没有把相关内容进一步具体化，如对自己存在的缺点和不足的书写不够，要体现自己存在什么样的具体缺点和不足，自己将采取什么行动去改正。另外，申请者对待转正的态度没有很好地展现出来，如党组织没有批准，自己该怎么办，没有很好地表明态度。

【任务演练】

1. 学完此节内容，请同学们回顾一下本节知识要点，简单地罗列转正申请书的一般格式和内容，限时 15 分钟。

2. 赵德同学成为一名预备党员后，更加严格要求自己，在学习工作中积极践行党员标准，继续强化党的理论学习，期望早日成为一名正式的中国共产党党员。通过一年多的努力，预备期结束，他决定写一份入党转正申请书递交给党组织。对此，请根据赵德同学的实际情况，以第一人称试着帮他撰写一份转正申请书。

第九章 新谋体文书

【情景导入】

新媒体文书可见于各种网络平台，日常热点、国家要闻、消费潮流不一而足。所谓新媒体，就是随着卫星通信、数字化、多媒体计算机网络等技术发展而出现的新型媒介。目前，我国现有的新媒体形态多达数十种，比较常见的有：网络媒体、手机媒体、数字电视、搜索引擎等。它们的出现，很大程度上改变了人们的思维模式和生活习惯，同时也催生了新媒体文书。具体而言，新媒体文书具有超文本、多形态、交互性的特征，突破了传统媒体只能提供单一形态信息的局限，将文本、图片、动画、音频、视频等各种信息形态连接在一起，扩大了人们的视野。

生活在新媒体时代，青年人要顺势而为，拥抱新媒体文书写作新技能。随着互联网的普及，新媒体已成为人们日常生活中不可或缺的一部分。正因如此，每个人都可以将思想注入指尖成为"媒体人"，充分利用微博、微信、电子邮件、手机短信等多种手段与读者进行双向交流。然而，当今新媒体文书写作纷繁芜杂、良莠不齐。许多自媒体通过伪造嫁接、脑补细节、带节奏评论等方式制造网络谣言，虚实参半制造"爆点"，造成了广泛的不良社会影响。在中央网信办、国家广电总局整治下，社会强烈关注的"饭圈"乱象有所改善，但仍需不断在激浊扬清中塑朗朗正气。当代大学生要紧跟新时代步伐，了解新媒体文书的写作规范，掌握新媒体文书的写作技巧，成为营造风清气正网络空间的主力军。

本章选取了电子邮件、微信公众号这两类常见文种，帮助同学们树立正确的写作观念、搭建完善的写作框架、提升新媒体写作能力。

【章前思考】

新媒体文书是最能体现时代前沿风潮的文体种类。作为新时代大学生，赵德希望了解更多关于新媒体文书写作的知识。那么，你知道什么是新媒体文书，新媒体文书可以分为哪几种，它们的写作要求又有什么不同？

第一节 电子邮件

【学习目标】

1. 了解电子邮件的概念、特点、种类、整体结构和书写方法。

2. 能够按照实际要求，拟写一篇合格的电子邮件。

3. 培养认真严谨的写作态度，提高个人的信息化素养。

【知识储备】

电子邮件是以电脑、手机等设备为基础进行交互的一种通信手段，具有便利高效、成本低廉、沟通广泛等优点。它不受时间、空间的限制，没有篇幅要求，与当今时代人们快节奏的生活适配性很高，在维系感情、交流信息、联络工作等方面发挥着重要作用。因此，学习和遵守邮件沟通规范和技巧，养成每天检查和使用电子邮件的习惯，能够大大提高个人的工作效率。

一、电子邮件的概念、特点和种类

1. 概念

电子邮件，又称电子函件或电子信函。各种社会组织和个人可借助电子邮件传输系统进行信息沟通、业务联系、事项商洽等活动。

2. 特点

(1) 行文格式的简约化。在撰写传统信件时，需要遵守并达成许多格式方面的要求，比如写明寄件人、收件人、寄件时间等。但在电子邮件中，这些要素能够由系统自动完成，这既可以省略掉烦琐的步骤，也能够提高格式的准确性。虽然电子邮件为我们解决了基本格式的问题，但是仍需要注意基本的内容，比如书信礼仪、问候语、附件内容等。

(2) 信息多元化。现在的电子邮件服务系统已经能传输或在云端(有效期内)接发超大容量的附件。人们可以通过附件功能来传送大量的信息，比如文字、图片和声音。而随着邮件的服务种类不断丰富，科技发展不断创新，电子邮件能够承载的信息量和种类必然会不断增加。

(3) 传播快、交流广。电子邮件综合了电话通信和信件的特点，它传送信息的速度和电话一样快，几秒钟之内可以将电子邮件发送到世界上任何指定地址。无论你的发件对象身处何方，均可通过各种电子设备，随时随地进行邮件往来。

(4) 成本低廉。电子邮件采用存储转发方式在网络上逐步传递信息，无须额外费用，只要拥有一台电脑或者一部手机，就能畅快交流，这也是它被广泛使用的一个原因。

3. 种类

根据使用场景，可将电子邮件分为商务类电子邮件和礼仪邀请类电子邮件。

(1) 商务类电子邮件。在各个企业间的商务活动中，电子邮件扮演着十分重要的角色，涉及商业交往的方方面面，如信息传递、业务交流、贸易商谈、问题解决等。利用电子邮件在商务活动中的运用，不仅可以买卖产品、提供服务，还可以减少误会、解决冲突，和顾客维系良好关系。因此，在企业中，商务邮件的应用十分普遍，撰写优秀的商务类电子邮件，可能为企业带来远超想象的社会利益和经济收益。

(2) 礼仪邀请类电子邮件。礼仪邀请类电子邮件是由组织或个人发出的，用于邀请有关单位或个人参加重要会议、典礼，出席重要场合。它是一种具有礼仪性、实用性的社交应用文书。

二、电子邮件的基本格式

电子邮件一般由邮件开头、邮件主体、落款三个部分构成。邮件开头包括收件人地址、抄送人地址、主题等内容，邮件主体包括信头、正文、附件、结束语等内容。

1. 邮件开头

1) 收件人地址

完整的电邮地址包括注册使用者名称与主机名称全称，通常是"使用者名称(使用者识别码)@域名(网址名称)"，如 xmt×× @163.com 等。使用者名称即使用者所选取的代表本人的电子名称，其长度约为 4 至 20 位，通常以小写英文及数字为主，不得有空白。分隔号@是指"在"，在使用者名称与域名之间使用。域名就是一个服务器的名字，它为每个使用者提供电子邮件服务。在互联网上，几十亿个人都有自己的邮箱，而且都是独一无二的。因此，在发送邮件前，必须先确定收信人的邮箱地址，否则不仅对方无法收到，还可能发错对象。

2) 抄送人地址

在一些必要时候，撰写者需要将信息发给收件人，以及需要知晓信息的其他人，这时就需要用到抄送功能。但在确认抄送信息时，要尽量减少人数，避免不必要的麻烦。寄件人可根据信件内容，把它们"抄送"给有需要的人，而不用把整个通讯录都搬过来。还有一种抄送方式为"密文抄送"，即"密抄"，则是要把要抄送的密文的电邮地址填入，也就是发信人会把一封信以一封密信的方式寄给另一位收信人，而另一位收信人却不知道这封信的发信人是谁。"密抄"和"抄送"大同小异，不同之处在于，密抄的收件人无法看到密抄的发信人的邮箱。

当需要传达多个主题给收件人时，我们最好采用一封邮件对应一个主题的形式，这样做的好处是可以节约时间成本。因为如果在多个主题中，有些主题是收件人可以立马回复的，而有些主题的完成则是需要时间的。采用"一题一件"的方式，可以让收件人有选择性地回复邮件。否则，收件人则需要完成全部主题的内容后再统一回复邮件，导致回复时间有所延长。

3) 主题

主题即标题。一封邮件通常只有一个主题，切勿不填写主题或者使用模棱两可的标题。电子邮箱内包含了各式各样的邮件，如业务邮件、个人邮件甚至垃圾邮件。当我们在决定是否详细地阅读一封邮件时，很大程度上取决于邮件的主题。因此，若所发邮件没有写明清晰具体、简洁精确的主题，那么在信息洪流的冲击下很容易"石沉大海"。

2. 邮件主体

邮件主体在正文栏书写(正文栏是位于标题栏下面的编辑窗口)，这部分用于传递信息内容。为了增进交流的效果，普通的信函中可以省去缘起语、祝贺语等，较为随意，但是要注意内容的针对性和表达的简练。邮件主体由三个方面组成。

1) 信头

在邮件的第一行顶格书写对收件人的称呼。为了体现友好，最好写上收件人的姓名；当知道收件人性别时，应在姓名前加上先生、女士等称呼；当知道收件人身份时，应在姓名前加上其具体身份，如董事长、总经理等职位；当知道收件人所处的学校或单位时，应用"贵＋单位/学校/公司"的格式来表示尊敬。

2) 正文

正文栏位于标题栏下面的编辑窗。正文与信件的书写大致类似，但是要看具体的情况。邮件交流讲求效率，正文的开场白、客套语、贺词等都可以省略，但在写作过程中要注意以下要点：

第一，文章的内容要简洁。尽可能地用简洁的语句和短语，同时避免损害整体的完整性。一封冗长、措辞复杂的电子邮件不仅浪费了大量的写作时间，而且还会让读者产生困扰。

第二，要根据收件人的不同，选用不同的语言和语气，使用的语言要委婉有礼貌，使对方感觉亲切，容易被接受。

第三，如果事情比较复杂，或者有很多的问题，可以分段、分要点地写，把话说明白，不能含糊。

3) 附件

如果邮件有附件，要在正文中提醒收件人阅读。附件必须依据相应的主题来命名，并尽可能地总结其内容，便于接收者在下载后进行管理。在正文部分，尤其是在包含多个附件的情况下，应该简短地描述附件的内容。附件数量不能多于四份，当数量过多时，必须将其打包为一个压缩文档。如附件为特别的格式，要在正文中注明开启方法，以便于收件人打开。附件不能太大，如果附件太大，可以分成若干个小的文件，分开发送，并标明编号。最后，在发出电子邮件之前，要仔细查看附件的上传情况，以免出现疏漏。

4) 结束语

正文结束之后，一般用精练的语言将主体部分所述之事加以简要概括，并提出本函的有关要求，强调发函的目的。结尾语根据发信人与收信人的关系以及信函的内容而定，要求恰当得体。如"期待您的回复""需要合作，随时沟通""感谢您抽空洽谈"等。

3. 落款

很多人都会因为自己的邮箱里塞满了大量的垃圾邮件，或者是陌生人发来的邮件而烦心不已。如果要处理的话，不但要耗费大量的时间和精力，甚至会影响自己的工作。鉴于此，在邮件中应该有落款，以示身份。署名位置在正文右下角，与正文之间可以空一行。另外，电子邮件落款处标明年/月/日显得比较正式庄重，在商务类和公务类电子邮件中，此项不可或缺。

三、电子邮件写作的注意事项

(1) 确保邮件正常发送。如果是重要的电子邮件，我们推荐在发送之前重新打开附件，以确定附件格式和内容正确，特别是有多个版本附件的情况。如果是有时间限制的，或者是重要的邮件，都要电话通知对方检查一下，以保证工作的顺利进行。

(2) 注重电子邮件礼仪。在工作中，电子邮件不仅代表了个人的商业形象，也代表了所在公司、企业的整体形象，如果不注重电子邮件的基本礼仪，势必给个人和组织形象带来负面影响。因此，在发出电子邮件前，要仔细检查邮件文本是否有错别字和语法错误。同时，避免使用不恰当的语气和网络俚语。邮件结尾不可缺少署名。

(3) 注意回复邮件的技巧。首先要表达尊敬之情，以合理的措辞与方式进行沟通，使用同种语言文字进行回复。同时，注重回复的时效性，对于紧急重要的邮件需要及时回复，同时可以在回复时引用收到的内容。也可在邮件发送页面设置回复提醒功能，避免因查看邮件不及时而延误工作。

【例文分析】

例文一：

会 议 邀 请 函

收件人：×××@163.com

主题：会议邀请函

赵先生：

　　您好！

　　教师节期间，本县将举办一次教育工作讨论会，时间为××月××日(星期日)，在×××大厅，时间为一天。作为全县重点高中的德育教研室主任，您在全省范围内都有一定的影响力，并发表了大量有影响力的著述。我们诚挚地邀请您在会上发表10分钟左右的演讲，演讲内容希望能够包含学生思想教育工作。为了方便教师们的沟通，我们将安排好食宿和交通。

　　我们诚挚地希望您能接受此项邀请，并请尽早回复，以便后续内容的交流。

　　会议联系人：王××

　　电话：××××

　　邮箱：××××

　　主要活动日程安排见附件：××××

　　盼望您的光临！

××县教育学会会长　李××
××年×月×日

【评析】　　这是一份举办教育公共座谈会的礼仪邀请类电子邮件。主办者为县教育学会，被邀请者为县内教育行家。这封邀请类电子邮件，其包含的内容详细明确，语言表达清晰简洁。行文内容安排是十分有层次性的，首先说明座谈会的时间地点；随后直接点明来意，向收件人提出邀约并表达清楚了邀约的原因，同时提出自身要求；最后表达对回信的盼望。这样的邮件结构合理，内容完整，十分顺畅自然。最后将会议行程以附件形式加入，即便邮件内容简洁，收信人也可以通过附件了解会议的主要内容和安排，以此为基础作出是否赴约的决定，这种处理是十分合适的。

例文二：

求 职 自 荐 信

尊敬的人事部门经理：

　　您好！

　　我是××大学的毕业生。很荣幸看到贵公司在我校的求职网站上刊登了有关职位的招聘公告。经网上了解，贵公司十分重视员工与公司的发展，并具有勇于创新的精神。这些闪光点非常吸引我，并促使我将求职目标锁定为贵公司。本人不但对软件开发感兴趣，而且具有相关工作经验，我有信心可以胜任软件开发一职。

　　如果您能让我参加一次面试，我一定做好充足的准备，不负您的期望！

　　本人简历及推荐理由请参阅附件。

　　最后，谢谢您阅读这封信，期待您的答复。

　　祝您身体健康，工作顺利！

赵德
××××年×月×日

【评析】　这封求职邮件写得很得体，目标明确。首先，自荐人要向别人介绍自己是怎么了解到这个招聘信息的，这样也能让对方感受到他的热情。同时，对公司的认识，也是自己的总结，而不是从网上剽窃的，让对方觉得自荐人对他们公司的了解很详细、真实。本求职信着重介绍了其"软件开发"的优势，与该岗位要求吻合，从而达到了一拍即合的效果。在最后，作者展现了他的自信和有礼。通读一遍，留给人好的印象，让对方感受到自荐人是一个有远见、有商业头脑、有社交能力、值得信任的人。

例文三：

×总经理：

　　您好！

　　生活是一种态度，拼搏奋斗之间来去自由，才是生活的真谛！生活是一种心境，慢慢体会才会有温馨浪漫的甜蜜……今晨阳光灿烂，空气清爽宜人，我愿将这人间最美的时刻送给您。

　　祝您生活愉快，事业蒸蒸日上！

××
××××年×月×日

【评析】　这封问候类电子邮件真挚而热切，礼貌中表达了满满的祝福。既表达生活态度，又表现出对事业的奋斗精神，给人一种满满的正能量。

拓展阅读

电子邮件中的中美师生礼貌程度差异探析

　　本研究主要以电子邮件为研究资料，搜集到莫瑞州立大学美国师生之间的电子邮件和中国国内大学师生之间的电子邮件。

　　称谓语是称呼者对被称呼者的身份、地位、角色和相互关系的认定，起着保持和加强各种人际关系的作用。从称呼语能够看出交际双方对初始语用距离的判断。美国师生关系在学业上体现为指导与被指导的关系，在社交上往往是朋友关系。学生对教师使用昵称的频率最高，教师也并没用使用等级性的词来称呼学生，关系表现是平等的。中国师生关系是以教授知识为前提的不平等关系，中国老师和中国学生都把彼此之间的人际关系设定为工作关系。老师大部分称呼学生的名字或者××同学，而学生则是用礼貌程度较高的"名字＋职位"的称呼语。

　　中文中使用"您"称代，目的是承认教师的地位和权威。根据中国学生的邮件可以看出，出于对老师的尊敬，学生多使用贬己尊人准则。在搜集的19封中国学生给老师发的邮件中，使用"您"的次数高达40次。而由于美国教育是启发式教育，多在鼓励中激发和培养学生学习兴趣，所以老师在教学过程中多使用赞誉准则。在搜集的38封美国老师给学生的回复邮件中，赞誉学生的话就高达34句。

　　在所搜集的57封中外学生邮件中有48封是含有请求话语的邮件。请求行为一般采用两种交际策略完成：直接策略和间接策略。间接策略可细分为规约性间接策略和非规约性间接策略。在将邮件中含有请求话语的句子进行分析整理后发现，请求策略的使用涉及三种：分别为直接策略(见例1、例2)，规约性间接策略(多用请求修饰语，见例3、例4)，非规约性间接策略(不直接出现请求的内容，见例5、例6)。

　　例1：What would be the content of the visual aid?　Are we gonna choose our topic by ourselves or use the informative speech topic?

　　例2：您对将要招收的学生有什么样的要求，恳请老师给出指点。

　　例3：Could you please help me?

　　例4：老师，实在对不起，这几天我感冒了，所以论文还没能完成，您可不可以再给我几天时间？

　　例5：I am not sure about this and the assignment that we need to do.

　　例6：老师，不好意思，对于上课您说的那道题我还是没能理解。

　　通过对邮件语料的分析，发现中国学生倾向于使用"请求原因＋请求目的"的归纳式话语方式来表明他们的间接性请求，这样可以减少请求的言外之意，减轻对听话者面子的威胁。同时中国学生喜欢使用消极礼貌策略——致歉策略，这是学生使用道歉作为缓冲直接发出请求的一种形式，以示礼貌。

　　在最后署名方面，美国学生比较喜欢用积极礼貌策略来减少面子威胁，同时体现出美国社会师生之间的关系是平等、自由、民主的。所以他们经常使用"sincerely""yours"等词来凸显亲密程度和礼貌程度。而中国学生一般是使用"您的学生××"或者直接用"××"来凸显中国特色师生关系下的礼貌程度。

　　通过上述的分析我们不难发现，中美师生之间的语用礼貌程度存在着让人不可忽视的差异。语言是文化的载体，语言使用上的差异终究要追溯到文化上的差异。中国文化从总体上讲是伦理型文化，这是中国文化最重要的体现。在这种文化下，就形成了《三字经》中所说的"亲师友，习礼仪，孝于亲，所当执"的尊师重道、礼仪孝道为先的思想。其次，中国学生和老师之间的关系很大程度上是教与被教的关系，从邮件中比较难体现出朋友之间的交往关系，所以中国学生较多使用间接策略加之道歉策略。

美国有从各个国家移民过去的人们，为了生存就要靠自己的努力和奋斗，所以特别强调他们所说的"美国梦"。体现了美国所具有的强烈个人主义色彩文化，在这样的大环境下培养出的美国人就有了自我观念和自我意识。所以美国学生和老师之间往往呈现出一种平等的关系，即交往中的朋友关系。一方面，在邮件的请求策略上，美国学生更多使用的是规约性间接策略；另一方面，在美国自身的文化意识的影响下，教师和学生之间是一种平等、民主的关系，所以在邮件里称呼语和署名呈现出师生间的平等地位和亲密关系。

通过对中美师生间电子邮件语言的礼貌程度分析，进一步证明了语言与文化的密切关系，文化深深影响着语言的使用。由于文化价值观的不同，中美师生维护面子的具体策略实施有着明显的差异。在交际中，我们要特别注意礼貌的文化烙印，正确把握不同文化下礼貌策略的使用差异，选择合适的礼貌策略进行师生之间的交流，以避免语用失误。由于本文仅通过 57 封电子邮件来探析中美师生间用语上的礼貌程度之别，在取样上还存在一定的局限性，希望能通过今后的研究加以补充。

知识链接

微信和短信的区别

1. 消费方式

微信消耗流量，短信在话费套餐内或收短信费用。

2. 使用方式

微信在短信原有可以发信息的基础上，有了进一步的拓展和创新，将图片、语音、视频等功能融合得更加方便多元，满足不同人群的个性化要求。

3. 功能方面

短信功能相对单一，微信在不断更新迭代，一直有创新和变化。比如微信朋友圈就是对 QQ 空间的微缩和改良。使用微信可以了解身边朋友动向，知晓更多信息和知识。

4. 安全方面

短信息和微信在不同程度上都存在安全隐患。短信息经常会收到各种诈骗短信、广告短信，很多人会误信其内容而上当。微信因为本身的功能多样化，使得信息安全隐患也更加多元。

【任务演练】

选取一个主题，如同学聚会、生日送祝福、求职自荐、讲座邀请等，写出一封完整的电子邮件，并模拟回复该邮件。

第二节　微信公众号

【学习目标】

1. 了解微信公众号的概念、种类和写法。

2. 能根据实际需要，撰写合格的微信公众号文章。

3. 培养严谨细致的写作态度，树立正确的写作观念。

【知识储备】

微信(WeChat)是腾讯公司于 2011 年 1 月 21 日推出的一个为智能终端提供即时通信服务的应用程序，它为人们的网络社交提供了一种新的方式。在官方举办的微信公开课活动上，微信公布了最新数据：经过十多年的运营，微信的日活跃用户达到 13.19 亿。可见，微信在互联网时代具有不可替代的地位，并且在手机上得到了广泛的应用。

微信创办之初，主要通过把用户手机通讯录"转移"到微信好友列表中来建立社交圈，也正是因为这种形式，导致该社交圈具有较好的隐私性，和微博比较广泛的社交圈形成了鲜明的对比。好友之间可以通过微信进行信息交流，传输文件、图片等。除此之外，微信还推出了"朋友圈"功能。在这里，大家可以看到微信好友们所分享的日常生活并相互"点赞"，这也成为大家日常互动的方式，"晒朋友圈"一度成为互联网的热门话题。这一独特的社交功能促使了微信独特社交文化的形成。

一、微信公众号的概念和种类

1. 概念

微信公众号是指用户或商户在微信公众平台注册的应用账号。在微信平台上，企业可以与某一群体通过文字、图片、语音、视频等进行全方位的沟通与互动。目前，微信公众号可连接线上、线下，进行服务或商品销售。

2. 种类

微信公众号分为两种，一种是订阅号，一种是服务号。订阅号，任何人或团体均可注册，可向关注者推送消息，但不提供定制的菜单，没有先进的界面，无法使用开发模式。

服务号，仅限公司或单位注册，并提供自定义的菜单，通过认证后，可以有一个更高级的界面进行操作，每个月可推送几条消息。

在用户的通讯列表里，这两种微信公众号已经被分类了。当有新消息时，公众号不会主动给用户发送，而是需要用户自主到公众号列表查看。无论是服务号，还是订阅号，其认证均需要交纳一定的费用。

二、微信公众号语言风格和传播模式

1. 语言风格

(1) 文案类。文案类公众号的内容主要是各领域的相关知识，目的是让读者获取更多的知识，进而激发观点。比如，在名为"时差×"的公众号中，为了让读者更全面具体地了解阿根廷这个国家，介绍的过程中运用了许多方法，比如借助具体的图片、影片人物、地图等来刻画这一国家。如"时差×"第 21 条推送中的原文，"阿根廷是距离中国最遥远的国家，给人魔幻、飘逸、诗性、流浪的印象。阿根廷太远了，飞机无法一站到达，你需要穿越 1/2 个地球，经美国或欧洲转机，忍受 30＋小时的超长飞行才能最终抵达，远方之远，再文艺、矫情的人也会浮起一种流浪感。23 岁的阿根廷青年切格瓦拉就是从这里出发，骑着摩托车流浪南美洲，开始了他热血革命的一生，成为全球偶像……"。在此文案描写中可以发现，作者通过对比对阿根廷与我国距离进行描写，以 1/2 个地球、30＋小时的飞行旅程，对距离感进行细化，由此吸引读者，使读者形成更加具象的感知。此外通过引用切格瓦拉的名人故事，加深读者的阅读兴趣。行文至此，观看者已经能够对阿根廷产生遥远、文艺的感受，开始好奇这个诞生了"切格瓦拉"这类传奇人物的地方，因此更加神往。总而言之，文案类微信公众号的主要运营方式是发挥语言的艺术作用，可通过直白时尚、文艺多变的语言风格以及唯美的语境从多个角度吸引读者。

(2) 广告类。顾名思义，广告类公众号主要收集个别企业的某个品牌或者特定产品的广告宣传文案，目标是宣传产品。

例如，麦当劳的"鸡粥产品"推广案例，通过对粥碗的煽情营销吸引大众眼球，分析粥的制作成分，以情话模式下的简洁语言，让大众记住文字的同时也记住了这个产品。再比如梅赛德斯奔驰公众号，是用户与品牌进行连接的重要窗口。在这里，用户及粉丝能够了解梅赛德斯奔驰的品牌历史，查找车型信息，同时参与销售活动甚至预约试驾。奔驰公众号的文案一般与人生信条相关，比如"汽车发明者再次发明汽车"，此类简短的广告语能够在第一时间内，使读者形成对品牌的第一印象。而此类看似简短的广告，其实也包含精准的客户定位，将奔驰品牌与追求品质、追求创新、引领行业等标签挂钩，吸引商业精英以及成功人士的眼光，达到精准营销的目的。

一般情况下，相关公众号会找知名的品牌背书，基于品牌雄厚的资本以及长期积累的口碑，广告类微信公众号会有一定的粉丝基数。因此，在运营过程中，比起拓展粉丝数量，公众号会更加注重如何对相关品牌进行有效的营销。诸如奔驰等公众号，虽然仅用简短的语言，但已达到对品牌营销的目的，构成精准营销的经典案例。

(3) 营销类。营销类公众号的目的是在很短的时间内，吸引更多的粉丝，从而提高自己账号的价值。如果仅仅是通过广告文案的形式来进行宣传，那么将不会有什么显著的效果。这主要是因为，营销号不同于宝马等公众号，其没有比较成熟的品牌价值，所以在运营上它的影响力会很小。而要让一个营销号继续存在下去，就必须要建立一个品牌，吸引更多的粉丝。所以在写文章时，要更多地注意吸引读者的注意力，要用引人注目的标题来吸引读者。

2. 传播模式

(1) 朋友圈中的人际互动。微信好友圈提供了一种全新的形式，大家可以通过"发朋友圈"和"看朋友圈"进行交流。这个不需要具体主题的网上社交活动，让"不在现场"的朋友们可以在网上看到并了解对方的生活。微信朋友圈这一特殊的社交手段在网上迅速崛起，很快就吸引了大量的网民。"自我呈现"在朋友圈里的选择更多，每个人都想表现得更优雅、更富有、更有个性。但这些被修饰过的社交场景，有时候会和现实的生活间有很大的差异。而在朋友圈里过分"晒"，还会形成大量的信息垃圾，减少观众的社交积极性，从而影响到整个圈子的社交效率。

(2) 微信群中的群体传播。微信群刚刚出现时，其要求一个群内最多十几个人，随着其应用不断广泛，群容量也扩大至 500 人。也正是因为容量的扩大，有的群内人员间大都不认识，沟通的主要内容也不再局限于熟人之间的简单交谈。人数很少的微信群，如同学群、工作群等有利于每个人参与到群里的信息交流。微信小群和现实中的小群有很多相似之处，少部分人很少发言，但大部分人都会在群里发表自己的看法。随着群的规模越来越大，群里的成员之间的关系也越来越疏远，很多人对群里的人基本没什么了解，甚至对群里的大部分人都不认识，这也是他们选择不发表言论的原因。微信里的大群一般是围绕着一个话题而建立的，创办群的人占据了绝对的话语权，也有一些活跃的人提供了大量的内部消息。

(3) 微信公众号的广播式推送。微信公众号主要分为两类：第一类是众所周知的订阅账号，用户可以关注这些账号，订阅获取海量的媒体内容；二是企业、政府等机构的服务号。这些微信公众号都是通过群发的形式将消息发送给使用者。因为此类信息缺乏即时交互，没有要求订阅者一定要花时间查看，因此会造成手机中堆积的大量信息未被阅读。很多微信公众号上的文章，都是通过朋友圈里大家的转发而扩散的。

三、微信公众号的写作

1. 写作内容

公众号上的文章类型丰富多彩，有致力于传播知识观点的，也有希望能引起读者情感共鸣的。比如"××思维"创办之初，其内容对读者免费开放。而随着平台的扩大，其需要读者交纳一定的费用才可观看。"得×"APP 便是其旗下的产品，用户可以在该 APP 上购买听书、课程、大咖分享等服务。该公众号真正做到了将知识价值化，也创造了互联网时代的知识资本。"新世×"公众号在用户们入睡前给用户推荐文章，让大家在睡前观看，通过这样的形式，在情感上引起用户共鸣。除此之外，每晚该公众号都设立一个话题供粉丝们发表各自的看法，获取较多赞的留言会排名靠前，并且互动消息会不断反馈给用户。

2. 爆款文章的特点

爆款文章是指高打开率、高分享率、高阅读率的公众号文章。爆款文章的阅读量一般都在十万以上，甚至上千万，在网上被广泛转发，甚至还会成为热门话题，造成一种"现象级传播"。其特点包括以下三个方面：

一是主题要么与热点相关，要么与时代脉搏紧密相关，具有很强的时效性。正如中美两国之间的贸易大战即将爆发之时，有关"华为"的"贸易战"新闻很容易成为爆款文章。

二是有见解并且有自己的观点和看法。与专业新闻理论所提倡的客观化的爆款文章相比，网络上的爆款文章倾向于把报道的事实和自己的评论结合起来，不会约束自己的观点和看法，甚至追求鲜明、独特的风格，用一些偏激的表达来吸引读者的注意力，这一点需引起大家的注意，读者应保持客观的态度观看网络消息。

三是关于娱乐、轶事的内容。明星、八卦、趣闻等自带话题和人气的文章，往往都有爆款文章的特性。

3. 写作困境

微信公众号的写作着眼于受众的注意力和情绪，容易陷入过度娱乐化的传播困境。

第一，个别公众号选用和暴力、色情有关的标题来诱导用户点击，进而达到传播低俗内容或销售产品的目的，有时甚至捏造信息来撰写文章，进而谋取利润。青少年们要学会用社会主义核心价值观武装自己，守正扬拙。要具备较高的甄别意识，在如今信息大爆炸的网络社会上，汲取积极先进的知识，摒除有害信息对身心的不良影响。

第二，若个别公众号撰写了一篇流量高的爆款文章，接下来会有大量的公众号模仿甚至搬运该内容，这种行为的背后揭示出了当前互联网上原创优秀的文章缺乏保护的现状。

第三，公众号的传播及推广已经形成了一种固定的形式，甚至有些人拿这种形式做起了"生意"，他们甚至扬言："人人皆可以打造爆款文章，浏览量超过十万也不是不可能……"

第四，因为当前大流量可以转化为利润，所以有很多公众号为了营造流量大的假象，捏造数据欺骗用户和广告商家。

综上所述，微信公众号的文章在借用粉丝力量牟取利润、掌握用户需求、与用户沟通交流的同时，要树立起正向的品牌形象，引领正确的价值观，除此之外，还要让内容具备自己的特色、创作形式多样，进而形成竞争优势。

【例文分析】

中央网信办有关负责人表示，要在引导青少年理性追星上协同发力，共同营造文明健康的网上精神家园。针对网站平台，"清朗·'饭圈'乱象整治"专项行动督促其取消诱导粉丝应援打榜的产品功能、优化榜单规则、完善粉丝群圈管理。

据了解，下一步，中央网信办将通过加强网上涉明星信息规范、强化账号管理、完善黑产打击机制、探索建立粉丝引导机制等方式，为长效整治和规范粉丝文化打下坚实基础。

明星也要提高自身素养，为粉丝树立良好榜样。"学校、家庭、相关机构也要增强文化教育吸引力，帮助青少年提高网络媒介素养、形成抵制不良文化影响的自觉与自律。"孟威说。要帮助青少年形成正确的人生观、价值观和是非观，引导青少年理性追星，培养文明上网习惯。

(2021-08-13《人民日报》微信公众号节选)

【评析】　该例文树立了正向的追星观念，针对整个网络平台的"饭圈"乱象进行严厉的批评，并给出改善措施。同时严格要求明星以身作则，为粉丝树立榜样，对"饭圈"乱象正本清源。这体现出公众号强烈的社会责任感，起到引导正确的价值观、塑造正面形象的作用。

知识链接

QQ与微信的区别

作为两种最受欢迎的社交软件，QQ和微信虽然是同一家公司开发的社交软件，但是它们之间却存在竞争关系，在设计、定位、私密性、应用场景、功能产业等方面存在着很大的区别。

1. 设计

从设计的初衷来看，QQ具有独特的"在线"设计，但也支持离线、隐身等功能。而微信是为移动互联网设计的，没有"在线"的概念，微信永远无法保持即时响应状态，这是最典型的特征。

2. 定位

QQ 定位为青少年，而微信更多地被白领使用。QQ 是即时消息的集成商，而微信的社交属性偏向于媒体属性，尤其是在微信公众号出现后，这挤压了更多人上微博等其他社交软件的时间。

3. 私密性

QQ 空间中的消息、回复可以被所有人看到，而微信的朋友圈只能被朋友看见。因此，微信使用空间更封闭，私密性较强；QQ 更偏向于开放式的互动和社交。

4. 应用场景

微信和 QQ 的功能相似，目的是聊天。甚至 QQ 的功能比微信更强大。但微信是移动社交领域的产品，QQ 本质上仍然是 PC 社交的移动版本。

5. 功能产业

微信功能具有简单性，用户相对较成熟，推送的大部分内容都属于生活类别；而 QQ 推出的大多数内容都是年轻人群体使用的游戏和娱乐产品等。此外，微信没有会员功能，这意味着微信没有任何特殊权限，基本上每个用户的权限是相同的。

【任务演练】

1. 假如你是一位摄影公司的运营者。正值校园毕业季，需要为学生拍摄毕业写真。此时，你需要运营微信公众号。任务内容如下。第一，通过微信公众号增加粉丝数量。第二，通过微信公众号软文介绍工作室运营内容并推销拍摄产品。请根据任务进行微信推文写作。

2. 假如你是一位影评类公众号的运营负责人，请选择你最想推荐给公众的经典电影，通过上述知识内容，完成影片推广软文写作。

拓展阅读

微信公众号的创建

不同于传统媒体的严肃、官方，微信上的新闻写作语言相对自由，除了具备新闻写作的基本要求之外，平台上的语言风格更加灵活多变，或幽默风趣、轻松活泼，或言辞犀利、鞭辟入里，或平易近人、通俗易懂，文章经常紧跟时代的发展变化，这与微信用户的年轻化和平民化的特征对应，让用户及时获取新闻资讯，满足碎片化的阅读需要。

一、微信公众号的注册与认证

微信公众号的注册与认证程序如下：

（一）用户在使用本服务前需要注册一个微信公众号。微信公众号可通过 QQ 号码或电子邮箱账号绑定注册，建议使用未与微信账号绑定的 QQ 号码或电子邮箱账号来注册微信公众号。腾讯有权根据用户需求或产品需要对账号注册和绑定的方式进行变更，关于使用账号的具体规则，请遵守《QQ 号码规则》、相关账号使用协议以及腾讯为此发布的专项规则。

（二）用户可根据相关要求申请微信公众号认证。认证账号资料信息来源于微博认证等渠道，微信公众平台不再对认证账号信息进行独立审查，认证流程由认证系统自动验证完成。用户应当对所认证账号资料的真实性、合法性、准确性和有效性独立承担责任，违法侵权等行为与微信公众平台无关。

二、微信公众号的内容规范

(一)微信公众号平台内容是指用户使用本服务过程中所制作、复制、发布、传播的任何内容，包括但不限于微信公众号头像、名称、用户说明等注册信息及认证资料，或文字、语音、图片、视频、图文等发送、回复或自动回复消息和相关链接页面，以及其他使用微信公众号或微信公众平台服务所产生的内容。

(二)用户不得利用微信公众号或微信公众平台服务制作、复制、发布、传播法律、法规和政策禁止的内容等。具体如下：

1. 反对宪法所确定的基本原则的；

2. 危害国家安全，泄露国家秘密，颠覆国家政权，破坏国家统一的；

3. 损害国家荣誉和利益的；

4. 煽动民族仇恨、民族歧视，破坏民族团结的；

5. 破坏国家宗教政策，宣扬邪教和封建迷信的；

6. 散布谣言，扰乱社会秩序，破坏社会稳定的；

7. 散布淫秽、色情、赌博、暴力、凶杀、恐怖或者教唆犯罪的；

8. 侮辱或者诽谤他人，侵害他人合法权益的；

9. 含有法律、法规和政策禁止的其他内容信息。

(三)用户理解并同意，微信公众平台一直致力于为用户提供文明健康、规范有序的网络环境，用户不得利用微信公众号或微信平台服务制作、传播如下干扰微信公众平台正常运营，以及侵犯其他用户或第三方合法权益的内容，具体包括：含有任何"性"或"性暗示"的；骚扰、垃圾广告或信息的；涉及他人隐私、个人信息或资料的；侵害他人名誉权、肖像权、知识产权、商业秘密等合法权利的；含有其他干扰微信平台正常运营和侵犯其他用户或第三方合法权益内容的信息。

三、微信公众号的账号管理

微信公众号的所有权归腾讯公司所有，用户完成申请注册手续后，获得微信公众号的使用权，该使用权属于初始申请注册人，禁止赠予、借用、租用、转让或售卖。腾讯公司因经营需要，有权收回用户的微信公众号。

用户有责任妥善保管注册账户及账户密码的安全，用户需要对注册账户以及密码下的行为承担法律责任。用户同意在任何情况下不向他人透露账户或密码信息。当用户怀疑他人使用自己的账户或密码时，应立即通知腾讯公司。

用户应遵守本协议的各项条款，正确、适当地使用本服务，如用户违反本协议中的任何条款，腾讯公司有权依据本协议停止向违约微信公众号用户提供服务。同时，腾讯保留任何时候收回微信公众号、用户名的权利。

用户在注册微信公众号时，系统将自动匹配微信号。用户可以对微信号进行设置，但修改次数有限。

用户注册微信公众号后如果长期不登录，腾讯有权收回该账号，以免造成资源浪费，由此带来的问题均由用户自行承担。

四、微信公众号使用规则

微信公众号使用是指用户使用本服务所进行的任何行为，包括但不限于注册登录、申请认证、账号运营推广以及其他使用微信公众号或微信公众平台服务所进行的行为。根据有关规定，用户不得利用微信公众号或微信公众平台服务进行如下行为：

（一）强制、诱导其他用户关注、点击链接页面或分享信息的；

（二）虚构事实、隐瞒真相以误导、欺骗他人的；

（三）侵害他人的名誉权、肖像权、知识产权、商业秘密等合法权利的；

（四）申请微信认证资料与注册信息内容不一致的，或者推广内容与注册信息所公示身份无关的；

（五）未经腾讯书面许可利用其他微信公众号、微信账号和任何功能，以及第三方运营平台进行推广或互相推广的；

（六）未经腾讯书面许可使用插件、外挂或其他第三方工具、服务接入本服务和相关系统的；

（七）利用微信公众号或微信公众平台服务从事任何违法犯罪活动的；

（八）制作、发布与以上行为相关的方法、工具，或对此类方法、工具进行运营或传播，无论这些行为是否为实现商业目的的行为；

（九）其他违反法律法规规定、侵犯其他用户合法权益、干扰产品正常运营或腾讯未明确授权的行为；

（十）申请提交后3～7个工作日可正常使用。

参 考 文 献

[1]　沈括. 梦溪笔谈[M]. 储雨辰，译注. 北京：中华书局，2016.

[2]　陈承欢. 财经应用文写作[M]. 北京：人民邮电出版社，2021.

[3]　陈德余. 财经应用文写作[M]. 成都：西南财经大学，2022.

[4]　法律出版社法规中心. 中华人民共和国消费者权益保护法注释本[M]. 北京：法律出版社，2022.

[5]　耿云巧，马俊霞. 应用文书写作[M]. 北京：人民邮电出版社，2015.

[6]　李春燕，李龙健. "互联网＋"项目式常用应用文写作教程[M]. 北京：电子工业出版社，2021.

[7]　李佩英. 应用文书写作[M]. 2 版. 北京：电子工业出版社，2021.

[8]　刘春玲. 财经应用文写作[M]. 北京：人民邮电出版社，2021.

[9]　刘晓琴，倪倩茜，冉光波. 新编应用文写作[M]. 成都：西南财经大学出版社，2022.

[10]　宋应星. 天工开物[M]. 杨维增，译注. 北京：中华书局，2021.

[11]　张瑞年，张国俊. 应用文书写作大全[M]. 北京：商务印书馆国际有限公司，2016.